中央编译局文库出版工作领导小组（编委会）

主　　任：贾高建
副 主 任：俞可平　魏海生　陈和平　柴方国　杨金海
委　　员：崔友平　沈红文　杨雪冬　季正聚　陈家刚
　　　　　赖海榕　郗卫东　张文成　刘明清

中央编译局文库出版工作领导小组办公室

主　　任：薛晓源
成　　员：徐向梅　苗永姝

中央编译出版社文库编辑中心编辑小组

刘明清　薛晓源　谭　洁　董　巍　贾宇琰
冯　章　曲建文　苗永姝　邓　彤　杜永明
盛菊艳　李媛媛　薛迎春　董　妍

国家"十二五"重点图书

马克思主义研究资料

第27卷

主　编　杨金海
副主编　冯　雷（常务）　薛晓源

马克思恩格斯列宁相关书信及其研究 II

本卷主编　史清竹

《马克思主义研究资料》顾问委员会

　　贾高建　俞可平　宋书声　殷叙彝　詹汝琮　张钟朴

　　李洙泗　冯文光　赵家祥　严书翰　梁树发　郭建宁

《马克思主义研究资料》编辑委员会

　　主　编：杨金海

　　副主编：冯　雷（常务）　薛晓源

　　编　委　（按姓名拼音排序）

　　陈喜贵　冯　章　黄晓武　江　洋　李百玲　李义天

　　李媛媛　林进平　刘仁胜　刘　英　刘元琪　吕增奎

　　马　瑞　苗永姝　彭萍萍　盛菊艳　史清竹　武锡申

　　姚　颖　苑　洁　郑　锦　郑天喆　周艳辉

参加本卷编辑出版工作的有

　　盛菊艳　苗永姝　曲建文

总　序

呈献给读者的这套《马克思主义研究资料》丛书，旨在服务于我国正在实施的马克思主义理论研究和建设工程，积极吸收和借鉴国外马克思主义研究成果，对改革开放以来中央编译局编译的有关国外学者研究马克思主义的成果，以及少量相关的国内学者的研究成果整理出版，为我国马克思主义研究提供基础性的参考资料。本丛书计划出版37卷，三年内陆续完成编辑和出版工作。

编译国外学者关于马克思主义的研究成果，并对相关问题展开深入探讨，是马克思主义经典著作编译研究的基础性工作。中央编译局作为马克思主义经典著作编译研究的专门机构，历来十分重视这项工作。20世纪50年代以来，特别是改革开放以来，中央编译局的同志们编译了大量国外学者关于马克思主义的研究文献，也发表了不少自己的相关研究成果。这些成果曾经在中央编译局编辑的《马列著作编译资料》、《马列主义研究资料》、《马克思主义与现实》等刊物公开发表，或在内部刊物《马克思恩格斯研究》、《列宁研究》等刊载。这些成果对于推进马克思主义经典著作的编译和研究工作发挥了重要作用，时至今日，一些学者仍然把它们当做研究马克思主义的珍贵资料。

然而，随着近年来中央实施马克思主义理论研究和建设工程的深入推进以及马克思主义学科建设的快速发展，这些研究资料的留存情况已经远远不能适应形势发展的需要了。《马列著作编译资料》和《马列主义研究资料》早已停止出版，很多人难以找到原有资料；《马克思恩格斯研究》等内部刊物刊载的文章没有公开面世，也难以为人们广泛使用；而新编译的文献资料又很零散。因而，希望中央编译局提供马克思主义研究资料的呼声越来越高。

为了继承前辈的事业，适应学界的需要，尽可能全面系统地收集整理中央编译局近几十年来编译的国外学者关于马克思主义的研究成果以及相关的国内学者的研究成果，中央编译局专门成立了《马克思主义研究资料》丛书课题组，并对该项工作提供了基金资助。课题组不仅在局内组织力量进行工作，而且争取到社会力量的支持。经过课题组同仁两年多努力，已经形成一批编辑成果，还将继续补充、完善并陆续推出。这套《马克思主义研究资料》丛书就是这些成果的集中体现。

本丛书力求体现如下四个特点，这也是丛书编辑工作所力求遵循的四条原则：第一，保证文献性。本丛书主要收集改革开放以来中央编译局刊物发表的有关马克思主义理论编译和研究方面的成果，这些刊物包括公开出版的《马列著作编译资料》、《马列主义研究资料》、《马克思主义与现实》、《当代世界与社会主义》、《经济社会体制比较》、《国外理论动态》等，也包括内部刊物《马克思恩格斯研究》、《列宁研究》、《斯大林研究》、《马克思恩格斯列宁斯大林研究》等；少量收集其他杂志发表的中央编译局学者编译或撰写的有关文章；个别收集与中央编译局长期合作的其他学者的相关文章；对所收商榷性文章涉及的其他学者的成果，也作为附文收入，以示对相关学者的尊重，也便于读者在阅读正文时参考。收集整理这些学术成果的目的主要是为学界研究马克思主义提供参考资料,同时帮助人们了解马克思主义研究的历史进程和思想脉络。因此,本丛书所收文献力求保持其历史原貌,包括其中的人名、地名、术语、引文等,都不作改动,以便读者进行文献考证之用,只对个别错漏文字等进行校正,对于文中可能产生歧义的地方,以"本丛书编者注"的方式加以说明。其中读者特别应当留意的是译名、术语的不统一问题,例如关于《马克思恩格斯全集》历史考证版,就有多种表达方式:原文版、国际版和 MEGA 版,其中,往往又以"老"、"新"、"MEGA^1"、"MEGA^2"、"MEGA1"、"MEGA2"等来区分历史考证版第 1 版和第 2 版。第二,突出编译性。本丛书所收文献中,以国外学者的成果为主,包括国外学者关于马克思主义经典作家的著作、思想、生平事业,乃至书信往来、工作生活等方面的研究文献,凡比较有资料价值的,均在收集之列。如上所述,国内学者的相关考证性成果,包括经典著作翻译、版本、传播、重要术语考据等文献,凡具有资料价值的,也一并收入,但这部分内容所占比例较小。第三,力求系统性。上述几十年来形成的这些编译研究资料繁茂芜杂,十分零散,使用起来很不方便,编辑整理就更为困难。为把这些宝贵文献整理面世,使之更好地发挥作用,编辑人员下了很大功夫。在收集整理中,我们力图分门别类,尽可能将同类资料按照一定逻辑顺序编排,使之呈现一定的系统性,以便读者全面掌握有关资料。第四,力争权威性。本丛书力争选编国内外在相关研究领域具有一定权威性的专家学者的具有代表性和影响力的文献。为保证文献的权威性和准确性,我们对文献的引文进行了校订,特别是对有关马克思主义经典著作的引文进行了原版原文核对,并对注释尽可能地作了规范化处理,以便读者更准确地了解引文及其出处。

基于上述考虑，本丛书的编排体系大体分四个部分。第一部分是经典著作研究，包括关于《共产党宣言》、《资本论》等手稿、创作、版本、传播诸方面的研究文献；第二部分是基本理论研究，包括哲学、政治经济学、科学社会主义以及政治学、法学等方面的研究文献；第三部分是版本和传播、编译以及生平事业研究；第四部分是国外马克思主义研究。每一部分包括若干卷。每一卷都有本卷编辑说明，对本卷编辑的思路、内容和有关技术问题作简要交代。各卷内容按照逻辑顺序进行编排，在此基础上再按照时间顺序编排。各卷内容一般要作分类，并加分类标题，以便读者阅读研究。

需要说明的是，由于本丛书是整理编辑已有的文献，而且主要限于整理编辑中央编译局学者编译和研究的部分成果，这就决定了本丛书不可避免地存在一些缺憾。一是这些文献中有的观点不一定正确。选编这些文献并不意味着编者赞同其中的观点，我们的目的仅仅在于为人们研究马克思主义提供参考资料，其中正确的思想成果可以作为我们研究借鉴的思想资源，而错误的观点可以作为我们研究批评的对象。例如，对有关马恩对立论的观点，我们是不赞成的，但为了让研究者了解、研究和批评这种观点，也收入了相关文章。所以，谨请读者在使用这些文献时注意辨别是非。二是这些文献存在质量参差不齐的情况。由于这些文章的作者、译者水平不同，写作时间、背景、针对的问题、产生的影响以及发表的刊物等不同，其质量也就有一定差别。例如，有的概念和译文在今天看来不一定科学、准确，有的文献曾经很有价值而在今天看来最多只有学术史的价值。在选编过程中，我们尽量收入那些分量较重、影响较大的文献，但为了比较全面地反映学术史的原貌并提供尽可能详细的研究参考资料，也收入了一些篇幅较短、影响不大但有一定资料或史料价值的文献。另外，有少量比较重要的文献，由于作者或译者不同意收入，也不得不忍痛割爱。三是这些文献的系统性、规范性不太强。尽管我们努力按照上述编辑原则工作，对这些文献进行了分类整理，力求全面系统地提供给读者相关方面的文献资料，但由于这些资料十分繁杂，彼此之间的关联性不强，有的方面资料较多，有的较少，且发表的刊物、时间等不同，体例也很不统一，整理起来难度极大，加之各位编者的研究角度不同，水平各异，所以，每一卷书的结构、篇章、内容、观点等都不尽相同，其规范程度也不尽一致。对本丛书存在的以上不足或缺憾，谨请读者鉴谅；对其中可能存在的疏漏和错误之处，谨请读者批评指正。

本丛书在编写和出版过程中，得到了各个方面的大力支持。中央编译局对此项工作高度重视，始终给予鼎力支持。国家出版基金将本丛书列入2013年度资助项目。中央编译出版社为本丛书申报国家出版基金项目并最终立项，以及为丛书出版做了大量工作。本丛书所收文献的译者、作者和出版者，凡已联系上的，均给予我们大力支持，同意使用这些文献；对尚未联系上的，我们将尽力联系，也请相关同仁主动联系我们。丛书顾问委员会的专家对丛书的编写工作给予热情指导，编委会成员和课题组同仁为丛书的编写付出了辛勤劳动。在此一并致以衷心的谢意！

《马克思主义研究资料》
编辑委员会
2013年12月10日

编辑说明

本卷主要收录了马克思和恩格斯同时代人的有关书信,其中包括他们的亲人、朋友、同事写给他们的书信,也包括这些同时代人相互之间的通信。本卷还收录了部分译者和编者围绕这些书信写作的译者说明、译后记和编者说明,记录了当时发现这些书信的时间、情形以及翻译过程等情况。

需要说明的是,有些书信在上世纪80—90年代发表的时候,是附有马克思和恩格斯的书信的。但是,根据本丛书的编辑原则,马克思和恩格斯的书信未收入本丛书。感兴趣的读者在阅读本卷时,可以参阅已出版的《马克思恩格斯全集》书信部分的有关内容。

在《马克思恩格斯全集》中,其他人写给马克思和恩格斯的书信收录较少,本卷收录的很多致马克思、恩格斯的书信是首次公开发表,马克思和恩格斯同时代人相互之间的许多通信也是第一次公开发表。这些书信是理解马克思、恩格斯本人书信的重要资料,也是研究他们的生平活动和思想发展的重要资料。

为保持文献性,本丛书的注释尽量保持原貌,不作改动;但对原注释有错误或有遗漏的,我们尽可能查阅了有关文献,作了必要的规范和完善;对有些查找不到的,保留原来的内容和格式。

目 录

罗兰特·丹尼尔斯致卡尔·马克思的九封信 ………………… 1
   译者前言 ……………………………………………………………… 1
   1. 1851年2月8日致马克思 ………………………………………… 2
   2. 1851年2月28日致马克思 ……………………………………… 5
   3. 1851年3月25日致马克思 ……………………………………… 6
   4. 1851年4月5日致马克思 ……………………………………… 10
   5. 1851年4月12—13日致马克思 ………………………………… 13
   6. 1851年4月24日致马克思 ……………………………………… 17
   7. 1851年4月26日致马克思 ……………………………………… 25
   8. 1851年5月25日致马克思 ……………………………………… 26
   9. 1851年6月1日致马克思 ……………………………………… 31
索菲娅·哈茨费尔特1864年10月1日致卡尔·马克思 ……… 37
索菲娅·哈茨费尔特1864年11月21日致卡尔·马克思 …… 39
   编辑部附记 …………………………………………………………… 43
威廉·李卜克内西等人在《论住宅问题》写作时期写给恩格斯的
   一批未发表的书信 …………………………………………… 45
   译者说明 ……………………………………………………………… 45

1. 威廉·李卜克内西致弗里德里希·恩格斯 …………… 49
2. 威廉·李卜克内西致弗里德里希·恩格斯 …………… 52
3. 威廉·李卜克内西致弗里德里希·恩格斯 …………… 54
4. 威廉·李卜克内西致弗里德里希·恩格斯 …………… 56
5. 阿道夫·赫普纳致弗里德里希·恩格斯 ……………… 58
6. 威廉·李卜克内西致弗里德里希·恩格斯 …………… 58
7. 阿道夫·赫普纳致弗里德里希·恩格斯 ……………… 60
8. 阿道夫·赫普纳致弗里德里希·恩格斯 ……………… 63
9. 鲁道夫·宰弗特致弗里德里希·恩格斯 ……………… 65
10. 威廉·李卜克内西致弗里德里希·恩格斯 ………… 66
11. 阿道夫·赫普纳致弗里德里希·恩格斯 …………… 69
12. 鲁道夫·宰弗特致弗里德里希·恩格斯 …………… 70
13. 威廉·李卜克内西致弗里德里希·恩格斯 ………… 72
14. 鲁道夫·宰弗特致弗里德里希·恩格斯 …………… 74
15. 威廉·李卜克内西致弗里德里希·恩格斯 ………… 75
16. 保尔·施土姆普弗致弗里德里希·恩格斯 ………… 79
17. 威廉·李卜克内西致弗里德里希·恩格斯 ………… 81

威廉·李卜克内西给弗·恩格斯的二十三封信 …………… 85
1. 1875年2月1日致恩格斯 ……………………………… 85
2. 1875年4月21日致恩格斯 …………………………… 86
3. 1875年4月23日致恩格斯 …………………………… 89
4. 1875年10月15日致恩格斯 ………………………… 92
5. 1875年10月25日致恩格斯 ………………………… 93
6. 1875年11月1日致恩格斯 …………………………… 95

7. 1875年11月16日致恩格斯 …………………… 96

8. 1875年12月26日致恩格斯 …………………… 97

9. 1876年2月26日致恩格斯 …………………… 98

10. 1876年4月7日致恩格斯 …………………… 98

11. 1876年4月12日致恩格斯 …………………… 101

12. 1876年4月26日致恩格斯 …………………… 101

13. 1876年5月16日致恩格斯 …………………… 102

14. 1876年6月10日致恩格斯 …………………… 103

15. 1876年6月29日致恩格斯 …………………… 105

16. 1876年7月20—25日致恩格斯 …………………… 106

17. 1876年8月31日致恩格斯 …………………… 107

18. 1876年9月19日致恩格斯 …………………… 109

19. 1876年9月27日致恩格斯 …………………… 110

20. 1876年10月4日致恩格斯 …………………… 110

21. 1876年10月16日致恩格斯 …………………… 111

22. 1876年11月30日致恩格斯 …………………… 112

23. 1876年12月8日致恩格斯 …………………… 113

恩格斯和英国工人运动活动家马洪 …………………… 115

1. 1887年6月14日致恩格斯 …………………… 122

2. 1887年6月24日致恩格斯 …………………… 125

3. 1888年1月14日致恩格斯 …………………… 126

康拉德·施米特等人就有关历史唯物主义问题给恩格斯的书信选登 …………………… 128

1. 保尔·恩斯特致弗·恩格斯 …………………… 128

2. 康拉德·施米特致弗·恩格斯 …………………… 130

3. 约瑟夫·布洛赫致弗·恩格斯 …………………… 133

4. 康拉德·施米特致弗·恩格斯 …………………… 135

5. 康拉德·施米特致弗·恩格斯 …………………… 139

6. 康拉德·施米特致弗·恩格斯 …………………… 143

7. 康拉德·施米特致弗·恩格斯 …………………… 146

8. 康拉德·施米特致弗·恩格斯 …………………… 149

9. 康拉德·施米特致弗·恩格斯 …………………… 152

10. 弗兰茨·梅林致弗·恩格斯 …………………… 156

11. 乔治·威康·兰普卢致弗·恩格斯 …………… 159

12. 弗兰茨·梅林致弗·恩格斯 …………………… 161

13. 瓦尔特·博尔吉乌斯致弗·恩格斯 …………… 162

14. 康拉德·施米特致弗·恩格斯 …………………… 163

15. 威纳尔·桑巴特致弗·恩格斯 ………………… 166

16. 康拉德·施米特致弗·恩格斯 …………………… 167

维·阿德勒致弗·恩格斯的信（一） …………………… 172

1. 1890年1月21日致恩格斯 ……………………… 173

2. 1890年12月9日致恩格斯 ……………………… 176

3. 1891年6月22日致恩格斯 ……………………… 178

4. 1891年9月2日致恩格斯 ……………………… 180

5. 1891年12月29日致恩格斯 …………………… 181

6. 1892年5月26日致恩格斯 ……………………… 184

7. 1892年8月25日致恩格斯 ……………………… 185

8. 1892年9月22日致恩格斯 ……………………… 190

9. 1892年9月22日致恩格斯 …… 192
维·阿德勒致弗·恩格斯的信（二） …… 194
10. 1892年10月10日致恩格斯 …… 194
11. 1892年10月26日致恩格斯 …… 196
12. 1893年3月18日致恩格斯 …… 197
13. 1893年10月11日致恩格斯 …… 198
14. 1893年11月26日致恩格斯 …… 199
15. 1894年1月1日致恩格斯 …… 203
维·阿德勒致弗·恩格斯的信（三） …… 205
16. 1894年3月19日致恩格斯 …… 205
17. 1894年4月4日致恩格斯 …… 207
18. 1894年6月17日致恩格斯 …… 209
19. 1894年7月13日致恩格斯 …… 210
20. 1894年12月17日致恩格斯 …… 213
维·阿德勒致弗·恩格斯的信（四） …… 216
21. 1894年12月25日致恩格斯 …… 216
22. 1894年12月27日致恩格斯 …… 217
23. 1895年1月23日致恩格斯 …… 218
24. 1895年6月15日致恩格斯 …… 221
25. 1895年7月13日致恩格斯 …… 225
普列汉诺夫致恩格斯的十封信 …… 227
1. 1893年3月14日致恩格斯 …… 227
2. 1893年3月25日致恩格斯 …… 228
3. 1893年5月4日致恩格斯 …… 229

4. 1894年5月底致恩格斯 …………………………………… 230

　5. 1894年7月（10月左右）致恩格斯 ……………………… 235

　6. 1894年10月30日致恩格斯 ……………………………… 237

　7. 1895年2月2日致恩格斯 ………………………………… 238

　8. 1895年2月20日致恩格斯 ……………………………… 239

　9. 1895年3月3日致恩格斯 ………………………………… 242

　10. 1895年5月底—6月致恩格斯 …………………………… 244

理查·费舍致弗·恩格斯 …………………………………………… 247

　1. 1895年3月6日致恩格斯 ………………………………… 247

　2. 1895年3月14日致恩格斯 ……………………………… 249

新发表的恩格斯和马克思家属之间的通信 ……………………… 254

　1. 燕妮·马克思致弗·恩格斯 ……………………………… 255

　2. 燕妮·马克思致弗·恩格斯 ……………………………… 256

　3. 燕妮·马克思致弗·恩格斯 ……………………………… 259

　4. 保尔·拉法格致弗·恩格斯 ……………………………… 262

新发表的恩格斯和马克思家属之间的通信（续） ……………… 264

　5. 保尔·拉法格致弗·恩格斯 ……………………………… 264

　6. 燕妮·龙格致弗·恩格斯 ………………………………… 266

　7. 保尔·拉法格致弗·恩格斯 ……………………………… 268

　8. 保尔·拉法格致弗·恩格斯 ……………………………… 270

　9. 保尔·拉法格致弗·恩格斯 ……………………………… 272

　10. 劳拉·拉法格致弗·恩格斯 …………………………… 274

　11. 爱琳娜·马克思－艾威林致弗·恩格斯 ……………… 277

12. 爱琳娜·马克思-艾威林致弗·恩格斯 …………………… 279

13. 爱琳娜·马克思-艾威林致弗·恩格斯 …………………… 288

马克思恩格斯早期活动文献——同时代人之间的书信（1841—1846）

摘编（一） …………………… 292

1. 爱德华·梅因致阿尔诺德·卢格 …………………… 295
2. 埃德加尔·鲍威尔致布鲁诺·鲍威尔 …………………… 297
3. 爱德华·梅因致阿尔诺德·卢格 …………………… 298
4. 爱德华·梅因致威廉·弥勒 …………………… 299
5. 布鲁诺·鲍威尔致阿尔诺德·卢格 …………………… 300
6. 莫泽斯·赫斯致倍尔托特·奥艾尔巴赫 …………………… 302
7. 阿尔诺德·卢格致阿道夫·施塔尔 …………………… 303
8. 格奥尔格·荣克致阿尔诺德·卢格 …………………… 305
9. 格奥尔格·荣克致阿尔诺德·卢格 …………………… 306
10. 布鲁诺·鲍威尔致阿尔诺德·卢格 …………………… 308
11. 布鲁诺·鲍威尔致阿尔诺德·卢格 …………………… 310
12. 阿尔诺德·卢格致路德维希·费尔巴哈 …………………… 311

马克思恩格斯早期活动文献——同时代人之间的书信（1841—1846）

摘编（二） …………………… 313

13. 阿尔诺德·卢格致罗伯特·普鲁茨 …………………… 313
14. 阿尔诺德·卢格致路德维希·费尔巴哈 …………………… 315
15. 布鲁诺·鲍威尔致阿尔诺德·卢格 …………………… 317
16. 布鲁诺·鲍威尔致埃德加尔·鲍威尔 …………………… 318
17. 阿尔诺德·卢格致尤利乌斯·弗吕贝尔 …………………… 319

18. 老弗里德里希·恩格斯致卡尔·威廉·摩里茨·斯涅特拉格 …………………………………………………… 324
19. 莫泽斯·赫斯致倍尔托特·奥艾尔巴赫 ………………… 325
20. 罗伯特·普鲁茨致达哥贝尔特·奥本海姆 ……………… 327
21. 阿尔诺德·卢格致格奥尔格·海尔维格 ………………… 328
22. 摩里茨·弗莱舍致达哥贝尔特·奥本海姆 ……………… 329

马克思恩格斯早期活动文献——同时代人之间的书信（1843年2—10月）摘编（三） ……………………………………………… 331
23. 阿尔诺德·卢格致路德维希·卢格 …………………… 331
24. 阿尔诺德·卢格致摩里茨·弗莱舍 …………………… 333
25. 威廉·冯·圣保罗致毕特尔 …………………………… 334
26. 阿尔诺德·卢格致尤利乌斯·弗吕贝尔 ……………… 336
27. 威廉·冯·圣保罗致毕特尔 …………………………… 337
28. 威廉·冯·圣保罗致毕特尔 …………………………… 338
29. 毕特尔致阿道夫·亨利希·冯·阿尔宁-博伊岑堡 …… 339
30. 威廉·冯·圣保罗致毕特尔 …………………………… 340
31. 欧根·胡恩致达哥贝尔特·奥本海姆 ………………… 341
32. 阿尔诺德·卢格致路德维希·费尔巴哈 ……………… 342
33. 阿尔诺德·卢格致路德维希·费尔巴哈 ……………… 343
34. 阿尔诺德·卢格致尤利乌斯·弗吕贝尔 ……………… 346
35. 阿尔诺德·卢格致摩里茨·弗莱舍 …………………… 348
36. 阿尔诺德·卢格致尤利乌斯·弗吕贝尔 ……………… 349
37. 阿尔诺德·卢格致路德维希·费尔巴哈 ……………… 350

38. 阿尔诺德·卢格致母亲 ……………………………………… 351

39. 尤利乌斯·弗吕贝尔致达哥贝尔特·奥本海姆 ……………… 352

燕妮·马克思给贝尔塔·马克海姆的信 ………………………… 353

1. 燕妮·马克思致贝尔塔·马克海姆 ……………………………… 353

2. 燕妮·马克思1863年1月28日致贝尔塔·马克海姆 ………… 355

3. 燕妮·马克思1863年2月12日致贝尔塔·马克海姆 ………… 360

4. 燕妮·马克思1863年7月6日致贝尔塔·马克海姆 ………… 362

5. 燕妮·马克思1863年10月12日致贝尔塔·马克海姆 ……… 365

燕妮·马克思（女儿）致路·库格曼 ……………………………… 368

1. 燕妮·马克思1870年11月19日致路·库格曼 ………………… 368

2. 燕妮·马克思1871年1月27日致路·库格曼 ………………… 371

3. 燕妮·马克思1871年4月3日致路·库格曼 …………………… 374

4. 燕妮·马克思1871年4月18日致路·库格曼 ………………… 375

5. 燕妮·马克思1871年10月16日致路·库格曼 ………………… 377

6. 燕妮·龙格1872年12月23日致路·库格曼 ………………… 378

7. 燕妮·马克思1873年5月12日致路·库格曼 ………………… 381

保·拉法格1881年的六封信 ……………………………………… 383

1. 保·拉法格1881年4月致保·布［鲁斯］ ……………………… 383

2. 保·拉法格1881年10月26日致霍·梅萨 ……………………… 387

3. 保·拉法格1881年10月底致贝·马隆 ………………………… 391

4. 保·拉法格1881年11月30日致《平等报》社 ………………… 393

5. 保·拉法格致保·布鲁斯 ………………………………………… 394

6. 保·拉法格致某人 …………………………………… 401

　　译者附记 …………………………………………………… 404

爱琳娜·马克思－艾威林致霍雷修·布莱恩·唐金 …………… 405

　　译后记 ……………………………………………………… 407

新发现的卡尔·马克思和劳拉·拉法格的书信 ………………… 410

　　1. 劳拉·拉法格致约翰·斯帕戈 ……………………… 412

　　2. 劳拉和保尔·拉法格致约翰·斯帕戈 ……………… 415

　　3. 劳拉·拉法格致约翰·斯帕戈 ……………………… 415

　　4. 劳拉·拉法格致约翰·斯帕戈 ……………………… 416

　　5. 劳拉·拉法格致约翰·斯帕戈 ……………………… 418

罗兰特·丹尼尔斯致卡尔·马克思的九封信[*]

译者前言

马克思的好友罗兰特·丹尼尔斯在1851年6月被捕前，从2月初到6月初这四个月内一共给马克思写了九封信，从这九封信中可以看出马克思在同年3月20日、3月25日至4月4日之间、4月13、15、16、26日、5月19日也给他写过七封信，可惜这七封信都没有保存下来。

第一次全文译出的丹尼尔斯的这九封信，不仅有历史意义，而且也有理论意义，在一定程度上可以使我们推想出马克思的那七封没有保存下来的信的内容，使我们看到当时马克思对哲学、科学、技术问题的态度。

1851年初，丹尼尔斯完成了他的《小宇宙。生理学的人类学概论》的长篇手稿，试图把马克思的思想应用到自然科学领域，并得出了必须对社会进行共产主义改造的结论。他把这篇文章送给马克思审阅，希望马克思为它写一篇序言。1851年4月2日，马克思在给恩格斯的信中谈

---

[*] 本文选自《马列主义研究资料》1984年第4辑。

到了这篇文章,恩格斯在4月3日的回信中也谈了他对这篇文章的看法。(见《马克思恩格斯全集》第1版第27卷第247、251页)

丹尼尔斯在这九封信中与马克思讨论了以下这些问题:人和环境的相互作用,人的积极活动和社会生活条件,意识在这一过程中的作用,最新的科学发现和技术发明,农业中使用电力的可能性,以及关于"催眠术"这种骗人的学说,等等。

这九封信保存在苏共中央档案馆,将发表于《马克思恩格斯全集》国际版新版第三部分第四卷,现根据苏联《哲学问题》杂志1983年第5期译出。

1. 1851年2月8日致马克思

[1851年2月8日]

亲爱的马克思:

从你给贝克尔的信中,知道你还记得你那年住在这里时我给你看过的那篇草稿,那是为了写一篇较长的文章①而准备的。现在文章已经定稿了,这里的友人一再催我发表,我冒昧地请你首先谈谈你对它的判断,也就是说,请你提出尖锐的、率直的批评。我记得,你那时对我说过,这篇东西写完以后可能被学校采用。去年冬天在工人联合会讲课时,我发现那部稿子没有明确表达我所期望的东西。因此,只凭我的那

---

① 指丹尼尔斯的手稿《小宇宙。生理学的人类学概论》。他在1849年5月以前就写了初稿,1849—1850年冬天他利用这部初稿在科伦工人教育协会讲生理学。他完成全部手稿不迟于1851年1月。

一点实在可怜的写作能力，我又改写了一遍，最初我想写得快一些［……］幸亏你当时提了意见，后来我又有了一些经验，所以才会有今天这份改写稿。因此，在费了这样一番力气以后，当我出乎意料地发现你在给贝克尔的信中称赞我当时所写的片断时，我就尤其希望并诚恳地请求你能对它提出严格的批评意见。这篇文章留在我手里，再从形式和内容方面润色一下，对我来说并不费事。必须在正文的前面加写一些概念的定义，写一段绪论，这总是一件难事。我最初的想法是要批判医学，批判现代生活方式。考虑到我的写作能力十分有限，能写出这个初稿，我无论如何是应当感到满意的。我的计划是否值得我为了实现它而付出牺牲，这是一个大问题。我为这个精神上的东西赔上自己的身体，而在这方面我又能理解到什么程度才能再写某种有价值的东西，这还是值得怀疑的。对我来说，最好是自己能有一份［……］医学杂志或自然科学杂志［……］，这样我就能试试自己的力量，写一些关于现代学术文章的短评，当然也就不必发表我目前的这篇文章，只把它放在手边留待以后翻阅罢了。

这里有人责怪我，说在我的文章中，由于我对"自由意志"和"本能"的理解，存在着两个不能并存的论点，还说我把人设想为一个现成的机体，从人的机体引申出社会。有人想使我相信我这样做是在为《晚邮报》效劳。我不知道什么《晚邮报》，我也不理解他们反对我的理由，更不知道黑格尔对自由的看法。所以，老实说，我不能向你准确地表达他们对我的责难。但是，只提这一些就足以使你在我的著作中发现可能有的异端邪说了。此外，我还记得文章还特别攻击了傅立叶的"愉快和不愉快"这一范畴和他的"引力论"①。

---

① 指傅立叶在《关于四种运动和普遍命运的理论》（1808年）中所阐述的理论。

至于标题,一部分是为了开玩笑,一部分是从书商的兴趣出发,我模仿了洪堡的著作《宇宙。物理学的世界观概论》。

如果你有空,请你能使我荣幸地读到你的评论。

我总希望能听到一些关于你的消息。你还在研究政治经济学吗?

插图铜版已经快要制成,我将听到关于你的详细消息。

我找到一个卖书的好机会①。当然,那些古董商开出的价钱低得令人难以置信。等我看完文章的清样,我就有空了,我再去试试。

你全家人都好吗?我这里一切都好,我的妻子衷心问候你和你的夫人。

你的　丹尼尔斯
1851年2月8日于科伦

我的稿子,最近几天你将收到,可能是一个邮包。至于你用什么方法给我寄回来,我再写信告诉你。

伦敦索荷区第恩街28号
卡尔·马克思先生收

---

① 1849年5月马克思被迫离开科伦时,有一批书留在丹尼尔斯的家里。1850年,丹尼尔斯开了一个书单子,上面有马克思作的记号。他算了一下,大约有四百本。1861年初,这批书才还给马克思(参看《马克思恩格斯全集》第1版第30卷第126、143、152、159、571页)。

2. 1851年2月28日致马克思

[1851年2月28日]

[……] 如果你有几小时的空闲,就请你读一读那篇不太长,誊写得也比较清楚。我真想听到你的意见,我已经焦急地等待三个星期了①。在这段时间,我什么事也没做。如果你认为它值得发表,那么你就会理解:为了写这篇东西,我失去了目前的地位,断送了所谓的功名前途。后一种损失还好忍受,可是我毕竟还是有前途的,我是以这种未知的前途在冒险。我有时想另外研究一些我比较有把握的东西,可是现在我只好牺牲自己的地位和专业了。舍弃是困难的,何况既然是出自本意。要是由外部必要性引起的,那就容易多了。如果我开始等待这种难以捉摸的必要性,我就又很难获得新的立足点。总之,我简直不知道该怎么办。你知道,你的批评意见一定会帮助我作出决定。由于我有这样一些个人的原因,请你不必考虑我关心的这件事的本质,在时间允许的范围内,尽快来信详细地谈谈你对我的作品的看法。

你的 丹尼尔斯
1851年2月28日于科伦

---

① 马克思在1851年1月底2月初,通过海尔曼·贝克尔收到丹尼尔斯的手稿。

3. 1851年3月25日致马克思

[1851年3月25日]

亲爱的马克思：

　　昨天收到我盼望已久的你的20日的来信。在你的批判分析以后，我必须在弄清你的反对意见以前暂不发表。我的文章有两个方面：一是关于自然史的，二是关于历史和社会的。在这里，主要的和唯一富有成果的是二者的结合。如果不能结合，那么整篇文章就失去价值了。经过你的批评，我不得不承认的确是这样。请不要见怪，要是我早把这些问题和怀疑提出来向你请教就好了。其实，我并不认为从生理学方面来描写人是我唯一的任务。相反地，我觉得我的观点和你的观点是完全一致的，尽管我没有充分地专门强调你提醒注意而为我所缺乏的那一面。我愿意研究你所指责的主要之点，请你以后在这方面给我更详细的回答。

　　文章所阐述的个别论点，依你看来，或者过于偏重力学方面，或者过于偏重解剖学方面，与生理学方面根本不相称。我认为，这取决于叙述的形式。我的文章的重点是从生理学上描述人的行动。我试图说明这些行动，把它们归结为生理学上所承认的合乎规律的反射运动，并使它们服从于普遍规律。我认为这就是唯灵论的主要支柱。所以说，人的行动是一种反射运动，是通过外部世界所引起的感觉、表象和概念而对外部世界产生的反应。概念是自然物"人"所特有的产物。所以，"把社会仅仅理解为普通个人的概念的相互作用"，这是很自然的，因为必须用唯物主义来解释人类社会存在的可能性，而不能用唯灵论的观点来解释。

但是，除了这种你称之为唯心主义的方法，我连历史也弄不清楚。只有概念才始终是人和自然界、个人和社会之间的中介环节。人对自然界发生反应，是通过感性印象而产生感觉、表象，而在人身上则主要是产生概念。反射运动作为概念的结果而制约着人的行动。于是自然界改变了，出现了迄今所不存在的新的产物。因此，下一代人所遇到的自然界已不是前一代人所遇到的那个样子。刺激改变了，新的概念也将随着形成，由概念产生的反射运动也必然改变，人的行动也将变得与前一代人的行动不同。于是历史将达到一种新的状况，一般地说，历史就是这样形成的。

你说，我必然会难以抉择："要改变社会、关系，就必须改变意识；要改变意识又必须改变社会、关系"。但是我认为，我已经摆脱了这种观点，因为在回答什么时候唯灵论的观点才会消失这个问题时，我就说过，只有当科学迄今在生理学领域所取得的成果有了实践意义时，唯灵论的观点才会消失。这就是说，或者应该说，对世界了解得越多，就像用生理学的生命规律通过人本身产生完美的机体一样，人们就会越来越看清先验统治的非现实性。我认为，我这样说就是在直接反对有些人的观点，因为这些人说，他们的体系被人民掌握以后，人民才会成熟起来，如果这个问题还需要特别强调一下，这是可以做到的。我认为，你称之为意识而我称之为概念的那个东西，是一种完全不同的东西。历史发展的意识是在大的历史时代过后 ex Post ［事后］产生的。现实的历史是群众对历史地改变了的那个自然界和社会的反应，是通过来自自然界和社会的特殊概念、感觉等等而发生的反应，如果愿意也可以说，是通过需要而发生的反应。但是和动物不同，自然物"人"的这些需要总是同概念联系着的。法国革命时期的恐怖主义者并没有意识到他们是在为资产者打江山，但是他们的行动却是对封建主统治结果的反应，是由这些结果而产生的感觉和概念的产物。因此，概念永远不会成为支配一定历史时代的"统治力量"①，但是它们在不断变化，连续地从一定关系中产生出来，它们的反射运动也在从不同于以往时代的材料中产生新的材料。

所以概念是一种独特的"感觉"，它与人的"表象"不同，是由于感性印象在头脑中产生的。概念始终是外部世界和对外部世界的反应之间的中间环节，是刺激和作为反射运动随着刺激而发生的人类活动之间的中间环节。

个人和社会的关系也是如此。一般的东西、纽带、联系——这一方面是由过去世代所特殊地改变了的自然界，另一方面是继承下来的概念。上述的一般客体将在每个个人身上引起或多或少同样的概念。至于我没有过高地评价继承下来的概念、传统，特别是个人健康和整个社会健康的生产方面，很遗憾，其原因是根据我的日常的经验。无产者没有意识到自己的阶级地位，仍然按照概念行动。他们的这种行动，就解放无产者这个最高目的而言，是不自觉的（例如，无产者同其他人一起致力于劳动工具的改善，结果使自然界的开发只有在完全不同的另一种社会关系下才是可能的），但是这种行动是他们的概念（包括传统的概念和新获得的概念）的必然的反射运动。

在自然史领域中，通过许多世纪以来的仔细观察和数学计算，我们现在已经能够确定彗星在什么时候能够重新出现，或者一般地说，

---

① 这是青年黑格尔派唯心主义历史观的一个重要的论点，马克思和恩格斯在《德意志意识形态》中曾专门予以批判（见《马克思恩格斯全集》第1版第3卷第15、16、21页）。这个术语，马克思可能在信中用过，这也证明丹尼尔斯熟悉《德意志意识形态》这份手稿。

只要有足够时间的观察，我们就能够根据已知的发展，作出关于未来发展的结论。恰恰与此相反，我们只是到现在才能够以自然科学家的坚定信念，预见社会的未来发展。[……] 如果我在这方面自觉地工作[……] 我就会用一定的概念 [……] 来想象未来的发展。

总之，我们在经历如下的循环：

第一代。自然界——人（作为两个基本因素的自然界和人）——概念（感觉、表象）——行动——改变了的自然界——改变了的人。

第二代。改变了的自然界——改变了的人——改变了的概念（感觉、表象）——改变了的行动——改变成另一个样子的自然界——改变成另一个样子的人。

在这个第二代中包括：改变了的自然界——落后的人（组成军队的农民）——传统的概念、感觉或激情（热情，高尚的激情）——矛盾的行动、斗争、反应——征服自然界的有限的改进——人的完善化的有限的改进。

这就是发展的进程。现在已经有了开端：（1）改造整个自然界（在世界贸易和工业方面）；（2）整个欧洲居民的均衡的发展。

其结果是：认识宇宙，对人的关心，认识小宇宙——最后的矛盾和斗争；

然后：在征服自然界方面的均衡的进步，——在人的完善化方面的均衡的进步。

你看，我这里写的是关于感觉和表象的概念。在我的手稿中，凡是在谈到人的最好的表现时，我总是常常在需要谈到引力或激情或表象的地方谈到概念。

请来信告诉我，你是否认为我这里所说的观点是正确的，那时候我将在可能的地方着重加以说明。

由于弗莱里格拉特（他向你问好）住在这里，我身体有些不舒服，今天不能再写了。我想，我的观点已经阐述得够清楚了，至少你可以提出你的评价。

请你快些来信。

你的 罗·
1851年3月25日于科伦

这个标题没有用那句不是属于我的题词①，你是否喜欢？
前言中的那段历史发展你是否认为写得还不错？
可能你并不认为在附录中总是像在同风车搏斗？

4. 1851年4月5日致马克思

[1851年4月5日]

亲爱的马克思：

昨天收到你的信，我立即采取步骤，以便在24日以前把你所要求的东西转寄给你。因此，不必担心，到时候一切都会就绪的。我所以要匆忙地给你写这封信，就是为了让你今后不要为此操心。关于那两个有

---

① 在丹尼尔斯的《小宇宙》的前面有一句题词：(Il faut en finir)。["必须把它消灭"]这是法国政治活动家路易-安东·阿尔涅·帕热斯的一句话。亨利希·毕尔格尔斯曾建议丹尼尔斯用这一句话作题词（见1851年4月12—13日丹尼尔斯给马克思的信）。

价值的人，我一点也不了解。你同施莱赫尔和荣克是什么关系？我认为我们不必去找他们。但是也不妨弄清楚应该如何应付他们。

我不同意你对费尔巴哈的看法。当然，从布·鲍威尔和施蒂纳转向科学是容易的，因为前者已经是一位历史学家，后者也创立了一个社会体系。他们把自己的思想写在一些科学著作中。费尔巴哈还在继续研究哲学和宗教，而且一直要把它们骑到死，尽管他本人也知道他不能超出思辨的范围（见《论死与不死》第［……］页）。正像海涅是［最后］一位最伟大的浪漫主义者和浪漫主义批评家一样，费尔巴哈也是最后一位骑死了自己的马的思辨哲学家。海涅不是已经做到了吗［？］海尔维格不是因为比别人更早地歌颂政治而成为一位更伟大的诗人吗？海尔维格不过是把现实关系罩上一层浪漫主义的轻纱，同样，布·鲍威尔也是思辨地解释了历史，施蒂纳思辨地解释了社会。我完全知道，费尔巴哈心安理得地用他的"人类学"① 来说大话，但是他的人类学并不是真正的人类学，因此他一旦遇到真正的人类学，他就是反动的了。他想研究科学，但是没有深入进去，而我倒喜欢那种带着思辨的脏东西来研究科学的人，并不喜欢那种一开始就脱下自己身上破衣烂衫的人。对你来说，当然，这一切都具有另一种意义。你是历史学家，你所注意的是不同历史时代的概念的内容，你能平心静气的等待，一旦鲍威尔先生和施蒂纳先生闯进你的领域，你就会抓住并击败他们。而对我来说，我总是要纯粹从生理学方面考虑来构成概念，我试图把科学从哲学中解放出来②，我也立刻想到了一个过渡点——费尔巴哈。我准备真的同意他的"人类学"，我相信，将来费尔巴哈一定是一个反动家伙。

---

① 指费尔巴哈的唯物主义带有人类学性质。
② 丹尼尔斯指的是全部以往的哲学，即马克思以前的哲学。

要是我把《费尔巴哈文集》①寄给你，我对你有一个要求。这套文集是属于公民奥伊彭②的，此人素有洁癖，家中的一切也一尘不染，他不太同意把他的书寄这么远。他亲自包装，唯恐有损。我已向他作了保证，如果你不想让我有一笔多余的支出，你一定要当心，不要弄脏封面和书页。凭你看书的习惯③，这一点对你来说，难免有些困难，但是这一次你一定要倍加小心。

你还没告诉我，你生的是男孩还是女孩④？你的那个死去的男孩的漂亮的照片以及手稿⑤，我都收到了。

请代我和我的妻子向你的夫人问好。

你的　丹尼尔斯
1851年4月5日于科伦

伦敦
卡尔·马克思先生收

---

①　指1851年以前的《费尔巴哈文集》（八卷本），丹尼尔斯给马克思寄去七本，没有把第六卷寄去。

②　奥伊彭是丹尼尔斯的科伦友人之一。

③　马克思看书时喜欢用铅笔在页边上做许多记号。根据拉法格的回忆："书对于他乃是脑力劳动的工具，而不是装饰品，他常说'它们是我的奴隶，一定要服从我的意旨。'……他常常折叠书角，画线，用铅笔在页边空白上作满记号。"

④　指1851年3月28日出世的马克思的女儿弗兰契斯卡。

⑤　指马克思的儿子亨利希·格维多的照片，他在1850年11月19日死亡。

5．1851年4月12—13日致马克思

[1851年4月12—13日]

亲爱的马克思：

在你收到这封信的同时，或者在这几天，你将收到钱。我还得赶快把费尔巴哈文集给你寄来。至于我的文章，那么直到现在，在把它重读一遍之后，我才彻底明白它在一切被指责之点上是完全失败的。但是已不能改写了。这篇东西连我也讨厌了。要是你认为这篇文章还可以发表，也就是说，还值得就照这样发表，那么我设法老实地指出几条错误来减轻现有的缺点，故意不提你曾提到的那个方面。

［……］请不要再修改了，必要时再请你改正这些错误［……］用的是好纸。① 如果你不喜欢它们，那么，誊清后给我寄回。我真无法告诉你我的这篇文章已经使我感到多么厌烦。

关于由科塔②出版你的政治经济学一事③，我还同弗莱里格拉特谈过。他告诉我，科塔对弗莱里格拉特的建议有两条不同的答复，这位男爵对阴暗的前景相当悲观。出版商海尔堡④的建议不是来自弗莱里格拉特，而是来自科塔的一位代理人，请你记住他的地址是：

海尔曼·艾布纳尔，美因河畔法兰克福。

---

① 此处手稿断续不清。
② 约翰·格奥尔格·科塔，冯·科滕多夫（男爵）是德国出版商。
③ 指《政治经济学批判》。
④ 路易·海尔堡（1818—1852）是德国新闻工作者。

弗莱里格拉特已经给他写了信，并提到了你的著作。他要你直接与艾布纳尔联系，说明全部计划，［但是］你要写得能让人看清楚。［你这封信中］有些地方我只有用放大镜才能辨认［……］

［……］最好使她忙得喘不过气来①。如果我是对的，就请你来信并告诉我怎样才能着重指出科学共产主义②。我本人认为这是完全必要的。但是我无意中更多地依靠了费尔巴哈，正像你依靠了布·鲍威尔和施蒂纳一样，结果我的这篇文章很不完美，只是批判性的。如果文章在这方面带有终结的性质，那么这也可以算作是某种功绩，毕尔格尔斯的题词也就算是正确的了。

还有一件事。你知道前不久有人诋毁［……］拉萨尔。弗莱里格拉特有足够的理由认为这些事绝不会让人知晓。鲁普斯即将去美国，我们又为此募集了［一笔钱］。根据认捐名册，这次有十个塔勒。自从三个星期以前把钱全部寄出以后，第一笔钱尚未偿还，自然已被遗忘了，但是既不是我也不是弗莱里格拉特忘记了，我们还记得过去的那些事，而且对最近这件事也早有所料。拉萨尔（他的专业，也就是说，他的文职或社会地位是很独特的；他的主要力量，我认为，在于因经常研究民法典而发展起来的逻辑性，在于从［母亲］乳汁中所承受的固执性）现在［相当］孤独。这都是因为毕尔格尔斯搬来了③，因为年轻的民主

---

① 此处手稿断续不清。

② 丹尼尔斯在这里第一次使用了"科学共产主义"这个术语，可能他是从马克思的一封没有保存下来的信中借用的。

③ 1850年3月底，亨·毕尔格尔斯从杜塞尔多夫移居科伦，在哈茨费尔特伯爵夫人家中任家庭教师，教她的儿子保尔念书。

主义者哈茨费尔特①和父亲②一同反对民主,反对他离开母亲③,也因为这件案子④拖得太久,我也认为,它一开始就是旷日持久的。和解的企图被毕尔格尔斯拒绝了⑤(这次会面的借口是拉萨尔已蹲过监狱。勒泽尔也在被请之列,要他向大家婉言解释一番,他也拒绝了邀请)。弗莱里格拉特,作为杜塞尔多夫的居民,一定会代人受过。拉萨尔感到有人背叛了。在杜塞尔多夫只有这个流氓无产者。他同捷列林格⑥有联系,这证明他并不太厌恶这种辅助力量。捷列林格的小册子的出版显然表明了拉萨尔的声望,特别是在科伦的声望,当然这种声望并非一贯是无可非议的。我想,他会到伦敦来,找你或找其他什么人,这就不得而知了。请你当心些。关于你最近缺钱一事,他毫无所知。

再见!

你的 丹·

1851年4月12日

---

① 保尔·哈茨费尔特(1831—1901)是哈茨费尔特夫人的儿子,普鲁士外交官。

② 维尔登堡·哈茨费尔特(生于1798年)是哈茨费尔特夫人的丈夫,普鲁士外交官。

③ 哈茨费尔特伯爵夫人(1805—1881)是拉萨尔的朋友和信徒。

④ 指从1846年开始一直延续到1854年的哈茨费尔特伯爵夫人离婚案,拉萨尔是这件案子的律师。

⑤ 1851年4月拉萨尔出狱后,曾邀请同他断交一年多的毕尔格尔斯。后者拒绝邀请。毕尔格尔斯的拒绝并不是出于私人关系,而是反映了共产主义者同盟科伦中央委员会这时对拉萨尔的警惕态度。

⑥ 爱德华·弥勒-捷列林格(生于1808年)是德国法学家和政论家,1848年革命失败后流亡英国,在刊物上诽谤马克思和恩格斯。

刚刚收到你的信，我也觉得金克尔的东西可笑。昨天这封信没写完，因为今天我要给你往伦敦寄十五英镑。你收到钱以后，总是太马虎。这一次一定要及时告诉我。今天我要给你寄去费尔巴哈文集，其中不包括《比埃尔·培尔》①，如果你需要，请来信告知。

在今天的这封信中，你没有再提我的手稿。看来你认为问题已经解决了。我可不这么想。我简直无法改正那些不足之处，除非全部改写。不管怎样，我还想同你谈谈，不用书面形式。

告诉我，你对上述计划有什么看法。

至于你说的那些新发现，其中大部分我也不是不感兴趣的。我早就听说了，认为这是胡说八道。的确，在德国人们太无知了，不久前才听说有"电气机车"。你说，煤气会代替煤取得蒸汽，从而可以使费用减少到百分之一。我从书刊上知道美国有一个发现，由于这个发现，人们通过一种特殊的操作方法而分解出的氢气，可以用于燃烧，这样［海洋］就会提供取之不尽的燃料。你说的燃烧，或机器中水蒸气的［……］。不久前在德国有一些非同寻常的发现，对整个工业领域来说都是很有意义的，这就是用这种简便的操作方法通过褐煤来提取［……］，费用只有生产生铁的百分之一多一些（指的是所谓铸钢）。这种方法在伊泽尔隆和比利时已经采用了。

我不记得我以前曾否提醒你注意这一点。我认为，必须指出各个工业部门（也就是现今进行工业生产的地方）目前生产中的不合理现象，以及在时间和材料方面的浪费现象，因为这种情况使科学在许多领域超过了生产。这种情况在农业方面是十分明显的，而在工业方面也是如此，因为这里所使用的资本，对于达到最大效果来说，还过于微少。

---

① 这是《费尔巴哈文集》的第六卷。

你对科学（即现实科学）百科全书有什么想法？在这方面我记得有三种百科全书：

（1）古代世界衰落时期的普林尼的《博物志》。

（2）中世纪结束以前十三至十五世纪的现实百科全书。佩特律斯·德·阿连科的《世界记述》（1410年），神甫赖施的著名的《哲学珍奇》（1496年）。

（3）上个世纪的百科全书①。

请保重身体，常给我来信。向你多多问好。

你的　罗·

《汉堡消息报》上的那篇东西②是不是捷列林格写的［……］？在《巴黎》上也有文章提到了这一点。

伦敦索荷区第恩街28号

卡尔·马克思先生收

6. 1851年4月24日致马克思

［1851年4月24日］

亲爱的马克思：

本月15日的来信已收到。昨天正巧遇到约瑟夫·鲍威尔先生，托他通过路易·舒耳茨，给你带来一个小盒子，其中有七本《费尔巴哈文

---

① 指狄德罗和达兰贝尔主编的百科全书。

② 指1851年2月28日《汉堡消息报》上的小品文《亡命之徒（Ⅱ）》。

17

集》。现在简单地回答你所探询的关于催眠术的问题。这种现象一开始是个别病态的梦游状态。这种状态是否能随意引起，至今尚无定论。但是这里常常有些病人故意欺骗，使研究工作难以进行。我本人只有一次看到过一个周期发作的特殊情况，这是在柏林沙利特①的两年时间内看到的。发作开始于每月的望日。在行走和吟诵时，感觉就完全没有了。我为了要证实这一点，曾用一根小针刺一个小姑娘。她所吟诵的很令人注意，而且都是自己编的歌颂月亮的诗句。仅仅这一点就足以教人怀疑；两年后这种骗局就揭开了。这位女病人企图用假装的夜游和吟诵来加强人们被她真正的夜游所激起的兴趣，何况她又是一个不幸的、多病的女仆，对她来说，让好奇的人扎几针而能让她住在沙利特，真是最丰富的报酬了。至于说到由人工引起"未卜先知"的真正的催眠术，那么请你相信，要是谁掌握了这种本领，他也许就会保守秘密，绝不会当众表演。只要这个人有一支所罗门王的宝石戒指②，他就会用自己的礼物取得这样的威力。你不能给我提出任何相反的事实。大约半年以前，我在《加利纳尼通报》③上看到一个伦敦的魔术家，他的本领远远地超过了费城的巴斯科。他随便请一位观众走上台去，立刻在他身边就出现了一个面貌完全相同的人，与那个真正存在的人毫无区别，而且也无法区别，因为他就是他的影像。这是伦敦的物理学家们绞尽脑汁想出来的光学试验。你想，这个人（他的名字我已忘了）要是搞催眠术，他会有多少信徒！那些搞催眠术的人都是伪装不为私利的。我想告诉你一件

---

① 沙利特是柏林的一座医院，建立于1710年。

② 所罗门是古犹太王，在中世纪文学中，特别是在东方文学中以英明公正的君主著称。根据传说，所罗门王的宝石戒指具有神奇的功能。

③ 《加利纳尼通报》是从1814年起在巴黎出版的英文报纸。

事,这使我想起一位画家,他向那位想要画像并打听价钱的轻浮女人说:"美人儿,我可以免费替你画张像。"那个女人回答:"不,这对我是太贵了。"在一些有着从事各行各业人们的大城市里就有这样的事:有人专门喜欢欺骗别人,不是为了自己的私利,而只是为了满足这一嗜好而免费地表演。

对公众起影响,犹如对人使用氯仿和输血一样,其危险性我不想过高评价。至于用氯仿作为麻醉剂来使人受孕,这种情况在德国也并不少见,不久前在杜塞尔多夫就发生过。干这种事的人反而被人称作"有趣的"医师。巴黎有一个牙医师,因犯有这种罪行被关进土伦的苦役监狱,当局允许他在土伦行医,据报纸记载,此人在监禁的几年中竟为自己挣得一笔六万法郎的财产,因为土伦的女人都渴望享受这个 Scélérat par l'amour［可爱的坏蛋］的帮助。至于输血,对供血者来说,其危险性比被输者要小一些,十七世纪的一位瑞典亲王,像许多人一样,也在自己身上作了试验。一下子输入大量的血液,这是做不到的。一般来说,在输血前,供血者能供多少,才能给被输血者输入多少。现在依然如此。如果在这方面真的有什么新东西,那么那些医学杂志必然会有所融。我认为,那些骗子都掌握了这个技能,这可能是因为人们已经发明了一种完美的注射血液的器械,使用这种器械将会使这种手术容易多了。不,这一切绝不会使我们这个充满警察恐怖的社会发生任何影响。只要采用一些严厉的警察措施,一切都会照旧。他们有摩西和先知们——他们有霍乱和梅毒,尽管如此,要是他们不考虑对人的关注,什么东西也不能帮他们的忙。结果会怎样呢?加强警察监督。对付梅毒,正在开设妓院,对付霍乱,只清理几条河渠,还要教人不要多想［……］那时就会产生迷信,寄希望于来世,屈服于不可克服的力量。人们对自己身体的状况漠不关心,而工艺上的某种发明,对资产者来说比毒药和鼠疫更加可怕，尽管这种发明的最终结果对人的身体间接地产生有害的影响，把一部分人变成无产者。但是，外科疾病比内科病更使人感到害怕，同样，被马蹄子踢一脚比瘰疬病更使人恐惧，总有一天，现代的生产方式也许会由于一种用起来像手枪一样的爆炸装置的发明而被消灭，但是被炸毁的不是一个人，也许是整个一座工厂。但是这一天还早得很，其实船长沃纳①的发现据说还没有得到证实。这也许是一个开始，就像先有平射炮后有来复枪一样。的确，在我们这个社会中，每一项新的发现都具有破坏作用，但只是对某个阶级有破坏作用，目前资产阶级还不明白为什么要对人关注，他们并没有惴惴不安。每个人都以为打击轮不到自己头上，慢性病就是这样发展起来的。

也无法向资产阶级证明他们的生产方式是不合理的。只要有人还将获得利润，他就一直不会管这是怎样发生的。Après nous le déluge［我死后哪怕洪水滔天］。现代生产方式的不合理性就在于劳动力的浪费，也在于对人的身体的恶劣影响。

如果有些牧主由于村社草地的分割而不得不在夏天和冬天把牲畜关在栅栏里，那么由于这种违反自然的养育所造成的坏质量的乳汁和油脂，对于牧主来说是毫无关系的，反正他能用这些产品卖上一定的价钱。一头乳牛早就有了肺病，而牧主或其他人的婴儿喝的就是它的奶。铅矿的矿主以及生产碳酸铅白的工厂主，根本不关心他们的百分之七的工人已经有了铅中毒。孩子们患了肺结核，医师和警察一请就到，而他们已经死了，于是神父这位天堂的警察来安慰一番。最好能告诉工厂主，把不同种类的工厂合并一下，一个工厂的废料将被另一个工厂用同样的机器来加工；最好能向他证明，工厂越大，生产一定数量产品所需

---

① 赛米尔·阿尔弗莱德·沃纳（死于1853年）是英国的发明家。

用的人手就越少，他对生产中现存的不合理现象无动于衷。他唯利是图，不可能知道在有组织的社会中最大限度地节约劳动对大家都是有好处的。

因此，任务看来就在于：

（1）详尽地批评现代生活条件，也就是说，必须指出，现代生产方式和交往方式以及社会组织，造成了各种特殊病症的出现（我想做这件事，但是材料不足）。

（2）不从利润角度而纯粹从科学观点来证明现代生产方式的不合理性。向大家指明，只关心利润就不会实现许多重大的要求，就会掺假，浪费大量的劳力，等等，而且根本就不会注意到科学的成就，只注意利润。

这两项工作各有不同。前者需要有医学知识，后者需要有机械、技术方面的知识。这两项工作相辅相成，因为化学家和技术人员总是关心生产者的安全的，也就是说，总是关心实际生产者即工人的安全的。

最终应该生产什么才能获得最大的享受呢？

怎样才能做到这一点呢？生产健壮匀称的人体。

怎样才能产生这种身体？这取决于原料的质量，即使只在家里生产，或者是公牛，或者是公牛吃的干草，也取决于殖民地的社会关系（那里的生产者是奴隶或自由人，这也要影响到原料的质量）等等，等等。

我既然已经指出了目前那些折磨人的有害现象，揭示了它们的根本原因，即生产方式，那我就希望消除这些有害的现象，只要大家在这方面齐心协力，就会促使这些要求的实现。"你喜欢建立什么样的社会形态就建立什么样的社会形态，只是不要让我受到那些公害，要是你做不到，就请滚开。"

另一方面，如果说，化学已经证明人们可以得到一种东西，尽管花钱不少，但是十分清洁，那么，标准就是清洁，而不是价廉。我不关心利润，但并不是不关心我的食品的清洁。我的准则现在是而且永远是人的身体。这个问题应该这样来理解，我认为人的身体就是评价个人和社会形态的作用的标准。你怎样生产，生产什么，都应该用这个标准来衡量，因为大家都认为，这不仅与某个资产者的幸福有关，而且与摇篮里每一个婴儿的幸福有关。"所有的铅矿必须停止开采，除非能使这种生产成为无害的生产。"

我想，我们可以这样表述我们的要求：**严格的科学生产应该有利于人的身体。**

通过做这两项工作，新的生产方式的基本特点就初具轮廓了，社会形态也就自然而然地形成起来。

至于百科全书，所有的撰稿人都应该知道这个一般的观点，也就是说，都应该知道做这件事的目的。你的政治经济学一旦问世，你将使德国的许多自然科学家和技术家认识到自己的革命作用，到那时，分派这部百科全书的写作任务也许就会容易多了。现在我们还没有人来做这件事。

在这方面的研究工作中，最好能专门批判地为物理学改写一些陈旧的定义，这件事由你来做是最合适的。如果你在完成经济学著作以后，完全埋头于自然科学特别是工艺学的研究，这也许是很有好处的。只有自然科学才能解放世界。学校中对自然科学极端轻视，这完全是一种自觉的马基雅弗利主义的表现。自从英国有一位大主教（魏兹曼？）[①] 用

---

① 尼古拉斯·魏兹曼（1802—1865）是英国天主教神父，1850年起为韦斯明斯特大主教和红衣主教。

天主教的精神研究了自然科学，后来，在我们德国也有一个以君特博士和韦特为代表的改革派①，那些年轻的神学家对此也心向神往。这帮人在德国到处都有，并得到红衣主教施瓦尔岑堡②的庇护。不久他们一定会在那些常常谈论旧天主教和新天主教的年轻教徒中找到许多拥护者。这一切都是唯理论逼出来的，唯理论想在天主教中寻求答案，但是不久一定会受到罗马方面的抨击，再说，耶稣会士也认为它不能消除历史和自然科学的强大影响。洪堡的《宇宙》一出版，在德国到处可以见到通俗的自然科学著作，其中有不少还是按无神论精神写的。

  威勒尔的著作，我不知道，也许还没翻译出来。没有一个书商知道这本书。你能否把它的出版年代告诉我？我也很感兴趣，希望你能详细地告诉我上封信中所提到的那些发现。尤其是我也不明白怎样用电力来耕地③。如果你知道，请来信告诉我。

  在我刚刚向你谈到你一向特别喜欢的催眠术这种骗人的勾当以后，我必须再一次十分严肃地提醒你注意一个骗子。拉萨尔和毕尔格尔斯绝交，这并不是个人的事，我认为你对拉萨尔的看法是错误的。我和许多人都认为他是一个浅薄的吹牛家，纯粹是一个民主骗子，总有一天会像

---

① 指奥地利天主教神甫、神学家安东·君特（1783—1863）的学说，他的学说把笛卡儿的二元论同谢林和黑格尔的泛神论对立起来，在维尔腾堡、奥地利和普鲁士莱茵地区的天主教徒中广为流传。1848年秋，奥地利医师、天主教神学家埃曼努尔·韦特（1787—1876）开始宣传君特的学说。但是天主教教会并不同意君特的学说。

② 弗里德里希·施瓦尔岑堡（1809—1885）是德国红衣主教，波希米亚封建教权派的领导人，主张扩大天主教会的权力。

③ 见丹尼尔斯1851年4月12—13日致马克思的信，还可参看《马克思恩格斯全集》第1版第27卷第263—265、270—271页。

捷列林格一样暴露出自己的真面目。一旦手中缺钱，巴比伦的日子①就过不下去了。我很担心，这个"刚毅的斯巴达人"（见《新莱茵报》，海涅的信②）也许善于玩弄波斯人的把戏。至于谈到天才，最近我们这里有两位不可多得的人③，我对其中一位颇寄以希望。现在我们在柏林一切条件都很好。

应该结束这封信了。我的哥哥想把这封信带走④。我打算把我的手稿交出去，真希望在它前面能有一篇简短的序言。你是否能写一篇短序，当然，以我的名义写。你对我这篇文章的缺点比我自己更有所知。要是你同意写，我就去找奥托·维干德。问题在于我希望弄到一些钱。但是，我担心许多书商都会拒绝我，除非有某一个书商能怜悯我。

弗莱里格拉特来信打听你是否去过法兰克福，是否给那里寄去了提纲？⑤

希望你赶快写完。关于法译本和英译本的情况如何？

基恩又到这里来了，至于他的报纸，⑥他当然要竭力推销。如果你不及早下手，那么译文自然会另有人去搞，你也就失策了。

---

① 指拉萨尔得到哈次费尔特伯爵夫人的援助。
② 亨·海涅1845年1月3日致瓦尔恩哈根·冯·恩泽的信，发表于1849年1月4日《新莱茵报》。他在信中说拉萨尔是一个"勇敢地迎接殊死战斗的刚毅的角斗士"。
③ 指阿伯拉罕·雅科比（1830—1919）和约翰·米凯尔（1828—1901）。
④ 指弗兰茨·约瑟夫·丹尼尔斯；他是科伦的酒商，常把科伦共产主义同盟中央委员会的信件和材料随着自己的业务函件转交伦敦。
⑤ 指为马克思的《政治经济学批判》寻找出版商。
⑥ 指伦敦出版的一家英国日报《晨报》，当时基恩是该报科伦的通讯员。

再见。问候你的夫人,请尽快回信。

你的 丹·

1851年4月24日于科伦

7. 1851年4月26日致马克思

[1851年4月26日]

亲爱的马克思:

你在实现鲁普斯关于通行证的要求时务必多加小心。可以有把握地说,伦敦发出的信件都有人检查。

要是你把《费尔巴哈文集》寄还给我,请尽量包装好,最好用一个木盒子。现在博览会即将开幕,你也许可以节省一些邮费了。

你对又在计划出版的杂志①有什么看法?从你的这封信来看,你是不太赞许的。

在法国,由于总统任期的被迫延长,最倒霉的将是卡芬雅克②了。他应该用手中的长剑自卫,否则他的漂亮话将被人耻笑了。这种冒险的

---

① 共产主义者同盟准备出版一份月刊《新杂志》。在共产主义者同盟科伦中央委员会和约瑟夫·魏德迈的倡议下,1851年春天产生了这一计划。5月份,由于在科伦开始逮捕共产党人,出版计划未能实现。

② 1851年,法国波拿巴派集团要求修改法国1848年11月4日的宪法,特别是要求修改有关选举总统期限的条文。波拿巴派力图延长路易-拿破仑的执政时期,把复辟帝国当作自己的目的。卡芬雅克将军这时是反对政府的。

二者择一，将带来比六月十三日①更大的事件。你的看法如何？

昨天来了几个客人：

施特罗特曼②先生。从他口中得到了以下这些好消息：

（1）司徒卢威已去美国；豪格退出了［委员会］；金克尔同卢格和荣克闹翻了，也许，去找维利希和沙佩尔了。

（2）汉堡报纸上的那篇文章大概是伦敦的哈夫纳写的。

我刚刚知道，鲁普斯的通行证已经弄到，你就不必为此操心了。请尽快回信，把序言寄来。

你的　丹·

8. 1851年5月25日致马克思

［1851年5月25日］

亲爱的马克思：

你19日的来信总算平安收到，在这多事之秋，连我也未免感到有些奇怪。你可能已经从报上知道贝克尔、勒泽尔已被逮捕，当局又下令逮捕毕尔格尔斯。③我想把我们所知道的详情告诉你，这封信就由明天

---

① 1849年6月13日，小资产阶级山岳党在巴黎举行了一次和平的示威游行，抗议总统和立法会议多数派破坏法兰西共和国的宪法。这次游行被军队驱散。

② 阿道夫·亨利希·施特罗特曼（1829—1879）是德国作家，资产阶级民主派，金克尔传记的作者。

③ 1851年5月在科伦开始逮捕共产主义者同盟盟员。5月20日，科伦各家报纸刊登了海·贝克尔、毕尔格尔斯和勒泽尔家里被搜查以及贝克尔和勒泽尔于5月19日被捕的消息。毕尔格尔斯不在科伦，逃避了这次逮捕，他是在德累斯顿被捕的。

去伦敦的基恩夫人寄出。

毕尔格尔斯和贝克尔曾去汉诺威出席北德意志民主派召开的代表大会①。那里已有九个人，其中包括《不来梅每日纪事报》的几位编辑以及杜朗先生②。经过两天的辩论，终于使所有的与会者，除了布伦瑞克左派的领导人鲁齐乌斯博士，都同意了《宣言》中所阐述的共产党的那些要求③，只不过在词句上修改得更明确些。贝克尔回来后，又到爱北斐特去，那里正好举行民众大会。但是他并没有参加。不知是谁起草了一份匿名的号召书，可能是爱北斐特的工厂主们煽动的，参加集会的有一千二百人至一千五百人。工厂主们希望有部队来，他们也就可以使工厂停工了，因为局势已越来越坏。当时冯·诺特荣克先生正在莱比锡，也让人逮捕了④，据说，他身上有几封牵连别人的信件。这些事我们在第二天才知道，并采取了必要的措施。一个星期后，这三个人受到盘问，大概也毫无结果。毕尔格尔斯的事最后会怎样，我们不知道。审前羁押可能会有六个月。你的文集的印刷以及那份杂志的出版，现在又要延期了⑤。你想不到我比你还要不走运。关于那几个被捕的人，情况也并不是那么可怕，至少县长本人已放出这样的风声，说贝克尔名誉很

---

① 指1851年5月7—9日在汉诺威召开的"民主报刊协作同盟"临时理事会的会议。

② 鲁道夫·杜朗（1807—1870）是德国政论家、小资产阶级民主派，1850年任德国民主派报纸《不来梅每日纪事报》的编辑。

③ 指《共产党宣言》第二章结尾中所提到的纲领。

④ 德国裁缝、共产主义者同盟科伦中央委员会特使诺特荣克于1851年5月10日被逮捕，在科伦共产党人审判案（1852年）中被判处六年监禁。

⑤ 指贝克尔准备出版的马克思文集以及共产主义者同盟的月刊《新杂志》。

不好，因为从文件中发现他与伦敦的中央委员会有联系（!）① 看来，由于这次逮捕太可耻了，才对公众散布这种责难。

现在答复你的来信。②

关于电力的应用，我要同物理学的行家们谈谈。我只能从理论上理解。现在人们对土地的耕种——松土、施肥——最后只会加速破坏土壤中的无机部分。电力使这种现象更为严重，这也是事实。我不太明白，根据你绘制的装置怎样才能产生电流。只有把正电和负电联接起来，电流才能产生。如果我设计一个用各种金属做成的金属网，使联结的一端比另一端更炽热，那么电流就产生了。所以根据你的草图③，做导线应该用不同的金属。如果一个联结点从上面接到一根木桩上，另一端焊接在地下的另一根木桩上，那么显然这两处（一处在地面上，另一处在地面下）的温度就永远是不同的。此外，我根据物理学知道，在这种情况下，电流的力量与电线的长度成反比，也许这就使你认为这种过分庞大的装置是无用的。我也不知道用一种金属导线做的试验有什么结果。我不明白，如果用一根横向导线，在它的一端放一块木炭，在另一端放一块锌片，是否更好些。其次，我不明白为什么要严格遵守南极和北极的方向，我认为，这是因为这里没有纯粹的热电流，而磁场可以起一定的

---

① 这时共产主义者同盟伦敦中央委员会已停止活动，它的全权于1850年9月转交给科伦中央委员会。维利希—沙佩尔集团不服从这一大多数人的决议，这就造成了共产主义者同盟的分裂，他们自己另外成立了一个组织。

② 马克思1851年5月19日给丹尼尔斯的信没有保存下来，看来马克思想要了解丹尼尔斯对他这时很感兴趣的关于在农业中应用电力的问题的意见。（参看《马克思恩格斯全集》第1版第27卷第264—265页）

③ 马克思在5月15日给丹尼尔斯的信中大概也像5月5日给恩格斯的信一样，画了一份草图。（参看《马克思恩格斯全集》第1版第27卷第264页）

作用。我还不明白这对土壤本身所起的作用。但是，无论如何也许可以认为这并不是骗人的，我一有机会就要竭力弄清楚，当然在这里，在科伦，这是很不容易办到的。请把那份载有详细记述的《经济学家》杂志交给基恩夫人。①

刚才基恩夫人派一个送信人来这里索取信件。这封信没有写完，因为毕尔格尔斯在德累斯顿被捕的消息传来了，必须为此采取相应的措施，其次是因为我的妻子在十点钟生了一个健壮的男孩②。她要我替她向你和你的夫人多多问好。

你对法国发生的事件有什么看法？在上一封信中我已经问过你了。莫非社会主义者要坐失良机？工厂到处停工，甚至埃米尔·冯·日拉丹先生③也想大干一场。

提醒你的朋友们，让他们不要往这里寄"信"。④

在我这部手稿的序言中应该谈到，它的目的就在于用对于人和自然界的科学的、实践的观点来代替德国哲学的、思辨的、毫无成效的无神论，在于阐明共产党据以自称为无神论的共产主义政党的那些基本原则。这是不会太吸引人的，何况文章中还有不少缺点，所以我将要把它藏在书桌里。我也没有找到出版商。日内我还要给你再写一些。

你的　丹尼尔斯

---

① 指《引人注目的发现——电和农业》，载于1845年《经济学家》杂志第17、18期。

② 指丹尼尔斯的儿子罗兰特。

③ 埃米尔·日拉丹（1806—1881）是法国资产阶级政论家、政治活动家，以政治上毫无原则著称，1850—1851年为立法议会议员。

④ 丹尼尔斯指的是经过邮局公开投递的信件。

你告诉我的关于琼斯的消息，并不使我感到奇怪。从 4 月 10 日宪章派大会的纲领中，我已发现你所起的影响①。

又及。今天我发现这里有那篇驳斥蒲鲁东的手稿②，你没有考虑到蒲鲁东的那几篇正好特别吸引读者的新文章。我们决定，一旦我们有了钱就出版这部《反蒲鲁东论》，趁第一卷③的续集尚未出版，先把它作为第二卷公之于众。我想你一定会赞同的。

汉斯④向你问好，他说，目前在南德意志到处有人提出共产主义的要求，小资产阶级也赞成这些要求。他打算全文出版有大多数著名宪章主义者签名的宪章派宣言，它作为一份历史文件，将被人们所理解。他想以此加强《要求》对宪章派的影响。你如果把它的译文通过基恩夫人带给我，我一定会设法让他收到。

今天这里又搜捕了两个人。警察在一个人家里没收了一本《人民的秘密》⑤，想必是因为那些警察不知道这是一本什么书。

鲁普斯还在伦敦吗？要是他在伦敦，请告诉他，要他把通行证寄出。

烦请带交
伦敦索荷区第恩街 28 号
卡尔·马克思先生收

---

① 指宪章派大会通过的 1851 年 4 月 10 日宪章派左翼的纲领，纲领第一次正式宣布了运动的社会主义目的（见 1851 年 4 月 12 日《人民之友》第 18 号）。

② 指马克思《哲学的贫困》的德译文。该书在马克思生前没有用德文出版过，该书德文第一版于 1885 年出版。

③ 指出版《马克思文集》的计划。

④ 指约瑟夫·魏德迈（1818—1866）。

⑤ 可能指的是欧仁·苏的小说《人民的秘密，或一个无产者家庭的历史》。

9. 1851年6月1日致马克思

[1851年6月1日]

亲爱的马克思：

要写出我的那篇序言，我和你同样困难，甚至比你更困难。我缺乏写作知识，也不知道各种哲学观点。我写了一个短短的草稿，但是不知道写得对不对。我看了一些文献片断，得出了我的认识，我也从来没有考虑过要阐述各种体系。

序言。

在现代德国自然科学中，目前有三个不同的派别：

（1）自然哲学派，它的任务是"理解"该学派认为具体表现在自然界中的那些"观念"，是"了解"在自然界中所表现的"精神"。自然哲学的范畴客观地存在于自然界中，自然界的形式仿佛是已经定了型的概念。但是，凡是被自然哲学家先生称之为"自然界精神"的东西，只不过是"这位先生的精神"。这一学派最初是由谢林开创的，在奥肯①、卡鲁斯②等人的著作中又有所发展。他们认为自然界是最"有灵性的"，可是在青年谢林派的最新著作中，自然界已变得越来越庸俗，荒谬得令人可笑了（参看约翰奈斯·理赫尔斯：《自然界和精神》1850

---

① 罗仑兹·奥肯（1779—1851）是德国自然科学家，自然哲学家，谢林的信徒。

② 卡尔·古斯塔夫·卡鲁斯（1789—1869）是德国医师、自然哲学家。

年莱比锡版①）。

（2）泛神论派。在这一学派中，各种自然力的所有范畴都汇合为一个范畴——"精神"。自然界和精神互不相干，互不配合者是同一的（这样说正确吗？），是同一个"精神"的表现。

第一个学派很容易导致陈旧的目的论，再从目的论导致神学。

第二个学派几乎是一种被颠倒的无神论观点。这两种体系都是二元论的。

（3）无神论派。在一些最新的著作中，这一学派多少还囿于陈旧的概念，还认为（更多地是出于尊敬）存在着先验的精神世界，尽管它是在一种从属的形式下存在。但是，这些新萌发的派别不可能是反动的，虽然它们认为"万物的始因"、"永恒的智慧"和自然界也要服从于自然力的铁的规律性，服从于物体的属性。

后一种派别在所谓真正的自然科学的领域内，正在获得多数人的承认，而颂扬"造物主"或"原始动力"的人目前已经寥寥无几了，尤其是在洪堡的《宇宙》出版以后，相反地，在人类学这一专门领域，我们看到，主要的还是前两个学派。然而二元论的拥护者仍然不断地想把他们认为是对立的两种力量，即"物体的"和"精神的"力量加以"调和"、"结合"。人类学一旦具有实际的革命意义，那时人们就会明白，人类生存的条件完全是与尘世有关的。

德国哲学在自己的发展过程中确实终于走到了"科学"的边界，但是还未能超越这个边界。用科学的、实践的无神论来代替德国哲学的思辨的和毫无成效的无神论，这就是这篇稿子所要解决的课题。

---

① 指理赫尔斯的《自然界和精神——物质的基本原理》的第一部分。

这就是我所要写的短短的草稿，现把它呈上让你评判。由此我又产生了许多想法，在最后一章的前面，再提一下法国人和英国人在这方面的发展，好像应该提一下罗·欧文，这样做也许会更合适些。如果你能把你写的那份草稿同我的这些初步草案结合起来，可能会产生一篇言之成理的东西。到那时给我寄来，正像你所说的，全文就可以付印了。

你在来信中说："共产主义者应当指出，只有在共产主义关系下，工艺学上已经达到的真理方能在实践中实现。"① 在卫生学方面，说得正确些，在人的生产方面，我想要说的也正是这些。因为手头没有任何材料，我应该说出我的看法，并稍微研究一下农业问题，为的是要证实一下我是否能做到即使不解决这个任务，至少也要弄个一清二楚。

我这里有欧文的著作，还有他的照片。我不明白他为什么不向有教养的阶级进行更多的宣传，在这方面我找不出其他任何原因，除非是英国人的宗教狂所造成的障碍。在罗·欧文的基本论点中，对人的本性的看法比所有德国的人类学更正确些。与傅立叶相比，哪样的优点他不具备！我不反对把地址告诉他，但是这里不是英国，如果不发表，这就没有意思了。隆格、卢格、金克尔这班先生同欧文会发生什么事，我无法了解。如果虚荣心使他们蒙受这种耻辱，那么以这样的人作为自己的敌人，这也太丢人了。我真想看到《宇宙》②。对于我的手稿的标题，我现在真有点犹豫不决了。你想过没有，不用《小宇宙》这个词是否更好些？

---

① 《马克思恩格斯全集》第1版第27卷第575页。
② 《宇宙》是在英国的德国小资产阶级民主派流亡者的周报，1851年由恩斯特·豪格在伦敦出版，参加周刊工作的有金克尔、卢格、隆格、奥本海姆、陶森瑙。

为了满足你对催眠术的迷恋，我向你介绍约翰·福布斯的一篇写得极好的短文，载于1846年《英国和国外医学评论》①。

基恩夫人非常热心，她答应把这封信带给你，如果这位妇女离开伦敦所带东西不多，也许还能把费尔巴哈文集带回来。你别着急，我暂时不会派什么人来。

今天我读到一篇关于厄内斯特·琼斯在狱中受到卑鄙待遇的文章②。看来，统治阶级在琼斯证实统治制度的伪善以前，早就认定他是一个重要的人物了。在这篇报告中，对英国人来说最厉害的、最使他们伤心的一招，就是严禁被捕者阅读 Bible［圣经］。琼斯在狱外是否有此要求？

现在我正在读英国人路易斯写的哲学史③。黑格尔说，哲学摆脱了有神或无神的问题。这时路易斯就黑格尔的话借题发挥："a man more intrepid in absurdity it would be impossible to find"［"不可能找到一个在荒谬方面更勇猛无畏的人"］。④

不久前我在《宇宙》的一篇短文中读到："人们称作自由意志的东西不过是最强烈的动机的结果，这句妙语是查理·布雷在《必然性哲学》中说的。"你知道布雷吗⑤？这本书对我的文章很有用处。这里没

---

① 指英国医师约翰·福布斯（1787—1861）的文章《个人研究的现代催眠术的几个实例》，载于1846年《英国和国外医学评论》。
② 指1851年6月1日《科伦日报》上的一篇文章《厄内斯特·琼斯》。
③ 乔治·亨利·路易斯：《传记体哲学史》。
④ 引文见路易斯：《传记体哲学史》一书第5章（《黑格尔逻辑学》）第623页。
⑤ 查·布雷：《必然性哲学》（两卷集）1841年伦敦版。查理·布雷（1811—1884）是英国哲学家，空想主义者，欧文的信徒。

有人谈唯灵论。

记得有一次我给你写过，自从洪堡的《宇宙》出版后，德国教授们的胆子也大了，布尔迈斯特教授①在哈雷讲课时还宣传了无神论和共产主义。此人已被免职。几个星期前，伯克教授②在莱比锡做了几次关于人的演讲，引起了一场惊人的丑剧。他说精神是头脑功能的表现，并用各类成人的智力作为例子来解释，然后他又说，如今，进步之所以受到阻碍正是因为国家的重要职位总是被那些年迈体衰的瘫痪患者占据着。这句话引起了一片喧哗，从各家日报到萨克森尼亚的教会讲坛，人们议论纷纷。伯克几乎也像布尔迈斯特一样，因自己的著作而闻名于世了。

你不想尽快出版你的《反蒲鲁东论》吗？政治经济学写得怎样了？德国太需要这本书了。

序言的草稿，我又读了一遍，我认为写得还很不够。是否需要写一篇序言？我的作品有不少缺点，我一定会受到严厉的攻击，果真如此，我认为这也不算是什么倒霉。

我的妻子还在卧床不起，她向你和你的夫人问好。请代我问候弗莱里格拉特。

对于你的信件，基恩夫人一定会留心的。

祝你健康！

你的　丹·

1851年6月1日于科伦

---

① 海尔曼·布尔迈斯特（1807—1892）是德国博物学家，哈雷的动物学教授。
② 卡尔·恩斯特·伯克（1809—1874）是德国教授，莱比锡的病理解剖学专家。

看来，检察长想把这批被捕者的案子变成一个大规模的反共产党人案件。听说至少需要六个月才能下手。当局还在大批捕人，至于搜查就不在话下了。你的表兄或内兄冯·威斯特华伦先生19日在普鲁士查封了施泰翰在汉诺威出版的《德国工人阅报室》①。施泰翰参加我们的工作才一个星期，就发生了这件事。毕尔格尔斯还被押在德累斯顿，是在这里还是在那里审他，或者像审巴枯宁那样在两个地方审他，我们还不知道。还有人说，整个案子将要移交柏林。

（原载苏联《哲学问题》1983年第5期）
（孙家衡 译）

---

① 《德国工人阅报室》是一份周报，1851年1月初至6月底在汉诺威出版，编辑是德国细木工工人路德维希·施泰翰（1814—1875）。

索菲娅·哈茨费尔特 1864 年 10 月 1 日致卡尔·马克思*

1864 年 10 月 1 日于柏林

亲爱的马克思：

您的来信对我是一个真正的安慰。您的话语感人肺腑，因为这些话语显然出自您的内心。① 现在我还不能长篇累牍地和您长谈，我遭受的这次打击是何等的可怕，它是怎样毁了我，本来这是不可能发生的。现在无暇谈及这种损失，它对我来说永远成为往事了。可是，我什么事都摆脱不了，哪怕是在细节上。在这个世界上，我还有一件事要做，就是极力维护他，深切缅怀他，使任何诽谤都不再能得逞。但是，我在付诸实施时却处处遇到困难（例如，要写一本小册子，因为他的整个形象如此清晰地显现在我面前，他说过的每一句话也铭刻在我的脑海里），我什么也写不出。自从他死后，全党迅速发展壮大，并怀着为他复仇的满腔怒火和激情，把他看作是一位新救世主，强烈要求我为他撰写一篇袒

---

* 本文选自《马列主义研究资料》1983 年第 4 辑。

① 根据李卜克内西的说法，马克思的吊唁信使伯爵夫人"很高兴"，但她还是在生气，因为拉萨尔被马克思"抛弃了"。马克思解释说，"除了保持沉默"和听他的便之外，他不能更多地为这个人"效劳"。（参看《马克思恩格斯全集》第 1 版第 31 卷第 10 页）

护的文章,说一些崇拜的话①。应该让他在坟墓中还继续发挥作用。这也是我的目的和我的意见,但是在付诸实施时到处都是困难,要顾忌敌人、中间派等等,要机灵和小仁小义。我除了内心忧伤,还要忍受很多痛苦。这位总是能知道、懂得和洞察一切的人不再存在了,我不再有人理解,我孤立无援。然而,我必须付诸实施,因为只有这件事是他留给我的。现在您为最近你们之间的误会②感到十分难过,我看还是很自然的。

  他确实喜欢您,他在任何场合都乐意十分公正地对待您,总的说来,乐于赞人,是他的豁达大度的本质的基调。您一定也知道在他身上存在的伟大和善良,现在,自从死神从他身上抹去了那些与凡人分不开的小污点以来,他的伟大和善良更加光辉灿烂了。李卜克内西告诉我,可能您不久要去荷兰③,难道您不下个决心随后也来一趟柏林吗?④ 我感到最大的安慰是您确实是他的一位老朋友。

  祝您健康,亲爱的马克思,请您相信我的真诚友谊!

索菲娅·哈茨费尔特

---

  ① 马克思把这封信告知恩格斯。他已看透伯爵夫人的意图,并于10月16日"十分友好,但仍然是以外交方式拒绝了她",并补充说:"当代的救世主!她自己和她周围的谄媚者完全发疯了。"(参看《马克思恩格斯全集》第1版第31卷第11、19和23页)

  ② 伯爵夫人是知道拉萨尔和马克思之间在意大利问题上的通信的,因此她认定二人的政治分歧是在1859年。她还说过:拉萨尔由于一件"使性情温和的拉萨尔变得强硬的钱财事件"而同马克思完全分裂了。

  ③ 马克思想于1864年8月带三个女儿去扎耳特博默耳探望亲戚,但未能成行。(参看《马克思恩格斯全集》第1版第30卷第413、414、662页)

  ④ 马克思本来能像在1861年春天那样凭他所持的护照前往柏林,但未能获准在普鲁士定居,因为拉萨尔和伯爵夫人为他办理的恢复国籍申请被普鲁士政府拒绝,理由是缺乏"保皇观点"。

索菲娅·哈茨费尔特1864年11月21日致卡尔·马克思

我现在的地址是贝伦大街11号　　　　　　　　1864年11月21日于柏林

亲爱的马克思:

今天我只能非常仓促地写两行。我夜以继日地忙着审阅关于拉萨尔之死的小册子。这本小册子是李卜克内西编写的①,现已大致完成,三天内开始印刷。② 这项工作比我想象的更费时日和更为繁重:要把握住贯穿书信的主线,还要把在短短几天内发生的许多事件叙述清楚。在这一扼要重述的过程中我感到可怕极了! 我的生命也完结了,子弹也同样致命地击中了我,只是我死的方式很糟糕,我不得不内心淌着血慢慢地死去。您知道,过去我们经常开玩笑地谈论我的复仇欲望。您可以想象到,或者更正确地说,您无法想象到,现在这种复仇欲望③是何等强烈地折磨着我。我有责任为他报仇雪恨,我一定能做到,否则我就是一个

---

①　根据洛·布赫尔和伯·贝克尔的聪明尝试并由于马克思的拒绝,李卜克内西出于对伯爵夫人的同情只是勉强接受了编辑工作,并把它看作是党的义务。

②　伯爵夫人于11月25日与R.施林格曼签订一份合同,规定小册子第一版印1800册。

③　伯爵夫人想通过追捕海·窦尼盖斯和扬·腊科维茨这两名"凶手"来满足她和拉萨尔支持者的复仇欲望。

可鄙的人，就是自己小看自己。

正如各方人士向我要求的那样，拉萨尔在灵床上的照片①应放在小册子前面，工人们渴望得到这种纪念品。其次，在小册子的后面谈到有关两个凶手的地方还有他们的照片。②把三个人的照片都收入小册子，您认为这样做好吗？当然，如果您能告诉我您对这样做的想法，那他们一定会立即照办的。在照片下除了名字外还要有题词吗？用什么样的题词？或者在拉萨尔的照片下题上"从骨头里也要长出复仇者"，最近几个月他已经不由自主地预感到死亡，而且这种预感以一种最古怪的方式随时随地表现出来。他在最近的所有讲话中都谈到自己的毁灭并且引用上述那句话！或者就题上您的一封来信中使我最满意的那句话：

"他在年轻得意时死去，像阿基里斯那样。"③

总之，如果应该或可能写题词的话，请您告诉我这个题词。

另外那两张照片下面应该写什么呢？

在那个寡廉鲜耻的娼妇的照片下面，也许应该写上拉萨尔在给她写的但她再也收不到的最后一封信中所说的话，在信里他对她大致已经心中有数。信里写道："我的鲜血（或者我的命运——这封信不在我手头）要把你淹没，我要把你骂到死为止。"要不然写什么呢？

我认为，在那一个凶手的照片下面只能写上他的名字和"1864年8月28日在日内瓦杀害斐迪南·拉萨尔。"您认为这样写行吗？我把复仇

---

① 在拉萨尔死后几小时，根据伯爵夫人的倡议，拍摄了拉萨尔在灵床上的照片。她让准备了1600张遗像供小册子使用。

② 伯爵夫人自离婚案以来就熟悉了侦探方法，在决斗后不久，他泄露了扬·腊科维茨的特征，并设法弄到他和窦尼盖斯的照片。此外，她还让路易·维贝尔追踪腊科维茨。（参看《马克思恩格斯全集》第1版第31卷第558页）

③ 参看《马克思恩格斯全集》第1版第30卷第669页。

的目的同在小册子里刊登凶手的照片结合在一起，为的是让他们在各地出丑，使仇恨和复仇的火焰在拉萨尔的支持者中燃烧得更旺，特别是要使我能容易发现和抓到腊科维茨。

唉，要是您现在能在这里，能最后一次为朋友效劳，维护和尊重对他的纪念，那有多好啊！

现在谈谈我今天这封信的真正目的。卡尔·布林德这个卑鄙的家伙厚着脸皮在伦敦的德文报纸上或者说在那里印好的传单上（该传单也发表于《法兰克福报》①）向拉萨尔发起了无耻的攻击。传单的标题是：《共和派的抗议》，今天有人把它寄给了我，但是我不能随信寄上，因为上面有一篇应当以整个协会的名义发表的声明，不过，您在伦敦会很容易地找到这个传单。他把这个传单还传播到美国去了。拉萨尔生前对此只会付诸一笑，他不需要更多地为自己辩解，但是，这并不会使死者免受惩罚。当然，死狮难免遭驴踢②。难道拉萨尔能容忍那些十足的笨蛋吗？能容忍他们连这个国家和那个国家③之间的区别都弄不清吗？不过，这个家伙大概还不是十足的笨蛋，他只是这样一个无赖，很久以前他还没有那种难以名状的卑鄙行径。在加里波第公开宣称他感到最遗憾的无非是他没有能把他的宝剑献给丹麦之后的一天，这个无赖就带着德国代表团招摇过市地去见加里波第，并作了令人恶心的捧场。这帮家伙就是使德国人的名字在外国受到如此鄙视的那些人。人们甚至还不知

---

① 《共和派的抗议》一文发表于9月29日《新法兰克福报》第3版。

② 马克思在他的关于布林德的声明中又一次引用了伊索寓言《年老的狮子》中的这个隐喻。（参看《马克思恩格斯全集》第1版第16卷第27页）

③ 拉萨尔想利用"这个"国家即现存的普鲁士君主制国家作为"不可缺少的手段"，以便导致"那个"国家即具有"伟大的未来社会任务"的"民主民族国家"的建立。（昂肯：《拉萨尔》第365页）

道，在我们那里情况看起来并不是真的那么糟，其实加里波第今天在德国肯定是不会期望什么代表团或期望向他致敬的。

因此，为了清算这个布林德的最后一次可耻行为，我把他交到您的手中，亲爱的马克思，请您拿起您的最尖锐的和最严厉的笔，捍卫拉萨尔，请您消灭这个家伙！①

好吧，亲爱的马克思，再见！已是凌晨四点，我都累倒了。这草草几行竟成了一封很长的、潦草的、我担心会令人看不懂的信。不管您多忙，请您一定要立即回答我的问题。致以衷心的问候。

您的 索·哈·

李卜克内西衷心地问候您。他这几天无暇写信。我想在加里波第和马志尼②那里也以适当的方式照顾一下卡·布林德。

（原载《社会史国际评论》1982年第2部分）
（赖升禄 译 单志澄 校）

---

① 伯爵夫人可能指望马克思乐意帮助她公开反对布林德，因为她知道布林德在福格特案件中的作用和马克思对他的敌视。

② 伯爵夫人和拉萨尔于1861年11月在卡普雷腊拜访了加里波第；拉萨尔于1862年7月在伦敦会见了马志尼。这两次接触都是拉萨尔强求的，他想利用两位有意大利民族主义者的未来行动达到自己的民族解放的目的。此外，这两次会见是分别进行的，以便疏远同布林德的紧密关系，因为布林德向流亡者领导人说过拉萨尔扮演了并无其事的培尔西尼的角色。

编辑部附记

本刊1983年第二辑登载了一封未发表过的马克思致索菲娅·哈茨费尔特的信（1864年1月24日），这一辑刊载了索菲娅·哈茨费尔特致马克思的两封信（1864年10月1日和1月21日）。这三封信都是按德文原文译自《社会历史国际评论》杂志1982年第2部分。1864年8月30日拉萨尔在日内瓦同腊科维茨决斗，重伤致死。马克思于1864年9月12日给拉萨尔的生活伴侣索菲娅·哈茨费尔特写了一封吊唁信（见《马克思恩格斯全集》第1版第30卷第669页）。拉萨尔死后，这位夫人积极活动，以便为死者报仇和维护他的威信。她打算利用马克思来达到她的目的，并特别希望马克思编写一本关于拉萨尔之死的小册子（见本辑发表的1864年10月1日的信），为拉萨尔歌功颂德。马克思历来鄙视工人运动中的个人崇拜并以外交方式拒绝了她，但建议写一本能为大家所理解的小册子。

当卡尔·布林德在德国、英国和美国报刊上发表《共和派的抗议》一文反对拉萨尔并指责他背叛工人时，索菲娅·哈茨费尔特又写信请求马克思予以帮助（见本辑发表的1864年11月1日的信）。马克思当时有些迟疑不决，他不想让人怀疑他利用拉萨尔的不幸来报私仇（见本刊1983年第二辑发表的1864年11月24日的信）。不过，当布林德声称福格特案件已"了结"时，马克思还是拿起了笔。此外，约瑟夫·魏德迈从美国回来后在一封致恩格斯的信中认为布林德的抗议是毫无意义的。

拉萨尔早在1850年就有反对布林德的想法。他于1863年6月开始鼓动之时就遭到布林德的攻击，他没有公开答复，但制订了一个经马克思同意的对付布林德的计划。在拉萨尔突然死亡后,马克思出于"老朋友"的情谊又一次反对布林德。

特别要指出的是:马克思在他给伯爵夫人的信中表明,揭露布林德是他参加国际工人联合会的原因之一。他正是在 1864 年秋国际动荡的局势中放弃了自己长久以来的政治克制态度,并作为德国工人的代表同重新活跃起来的英国和法国工人运动一起活动。在创立国际工人联合会和起草它的纲领性文件时他为自己提出了任务,即同马志尼、赖德律-洛兰和其他以前的"民主派大王"以及布林德所提出的那些使工人运动迷失方向的、超阶级的共和主义和民族主义的口号作斗争。

在文献的使用上还要说一点,伯爵夫人和马克思从 9 月 12 日到 11 月 24 日这一时期的通信已在本刊 1983 年第二辑和这一辑刊出。只有马克思 10 月 16 日的一封信的残篇排除在外,因为这一残篇对于两个通信人之间的关系和当时的行动都没有什么补充,加之这一残篇的来龙去脉还需详加研究。

本刊 1983 年第二辑所载的第一次发表的信,是西德特利尔马克思故居在研究马克思和恩格斯通信的过程中知道的。1960 年初获得了这封书信手稿的复制本和其他的哈茨费尔特资料。1966 年初该信件的所有者海尔曼·哈茨费尔特伯爵同意发表此信。

威廉·李卜克内西等人在《论住宅问题》写作时期写给恩格斯的一批未发表的书信[*]

译者说明

下面发表的威廉·李卜克内西、阿道夫·赫普纳、鲁道夫·宰弗特和保尔·施土姆普弗写给恩格斯的 17 封信，涉及他的重要理论著作《论住宅问题》，提供了一些有关的背景材料，对研究这一著作有一定的参考价值。

为了便于理解这些书信，在这里简要地谈一些有关的情况。恩格斯的《论住宅问题》于 1872 年中至 1873 年初，陆续发表在德国社会民主工党的中央机关报《人民国家报》上，并且由《人民国家报》出版社在莱比锡分别出版过单行本。这部著作共分三篇：第一篇《蒲鲁东怎样解决住宅问题》、第二篇《资产阶级怎样解决住宅问题》和第三篇《再论蒲鲁东和住宅问题》。

---

[*] 本文选自《马列主义研究资料》1983 年第 3 辑。

恩格斯的这部著作是为了驳斥小资产阶级和资产阶级在解决迫切的住宅缺乏问题上所持的观点而写的论战性文章。当时德国日益严重的住宅缺乏现象是德国资本主义飞速发展和工场手工业和小作坊向大工业过渡的必然结果。恩格斯在《论住宅问题》第二版序言中写道:"当一个古老的文明国家这样从工场手工业和小生产向大工业过渡,并且这个过渡由于情况极其顺利而加速的时期,多半也就是'住宅缺乏'的时期。一方面,大批农村工人突然被吸引到发展为工业中心的大城市里来;另一方面,这些旧城市的布局已经不适合新的大工业的条件和与此相应的交通,街道在加宽,新的街道在开辟,铁路铺到市里。正当工人成群涌入城市的时候,工人住宅却在大批拆除。于是就突然出现了工人以及以工人为主顾的小商人和小手工业者的住宅缺乏现象。"从1871年柏林的住宅统计资料来看,当时柏林的工人、小生意人和小手工业者的住宅是非常拥挤的。住在最多只有两个房间的住宅里的大约有六十万人。挤在只有一间卧室的小住宅里的有十六万人,平均要住七口人以上。这些住宅多半是地下室,对居住者的健康危害极大。另外,还有九万人居住条件更加恶劣。不仅如此,从1870年起,房租平均上涨大约百分之五点五到六。

恶劣的住宅条件,对无产阶级来说,是经常性的生活条件,但对小资产阶级来说情况就不同了。因此,住宅危机在他们的思想上必然引起不同的反映。小资产阶级和资产阶级社会改良家们在书刊上提出了许多缓和这个社会问题的"解决办法"。1887年,恩格斯在《论住宅问题》第二版序言中写道:"正是这种标志着德国发生工业革命的急性病似的住宅缺乏现象,使当时的报刊上登满了关于'住宅问题'的文章,各种社会庸医乘机而出。在《人民国家报》上也出现了一系列这样的文章。"

这样一来，在革命的工人运动面前摆着一个重要的任务，这就是它必须制定自己的解决社会问题，特别是住宅问题的立场。这不仅是对阻止小资产阶级和资产阶级理论的影响是必要的，而且对日常政治斗争的战略和策略来说也是绝对必要的。《人民国家报》的读者完全有权要求自己的领导回答涉及他们的社会状况的具体问题。因此，他们也期望对革命的工人运动是否能够为了劳动群众的利益解决住宅问题做出回答。

恩格斯在他的著作《论住宅问题》中回答了这些问题。他论证了工人阶级在解决住宅问题这个社会问题上的科学立场。恩格斯写道："我们现代大城市中的工人和一部分小资产阶级所遭遇的住宅缺乏现象，只是从现代资本主义生产方式中产生出来的无数比较小的、次要的祸害之一"。住宅问题的最后解决只能在资本主义制度被推翻和建立起共产主义社会制度之后。蒲鲁东分子和资产阶级改良家们极力掩饰这一点，无非是企图使工人阶级放弃革命斗争。因此，工人阶级的政党必须始终指出这个问题的实质并不屈不挠地为工人阶级夺取政权而斗争。恩格斯帮助社会民主党的革命领导人把在具体问题上的斗争同为工人运动的最终目的的斗争正确地结合起来。他的这个著作使人们对无产阶级阶级斗争的战略和策略有了清楚的认识。李卜克内西在1873年3月25日的信中非常称赞恩格斯的帮助。他说："每个明智的同志——这是大多数——肯定都会为你替《人民国家报》辛勤撰稿而向你深表谢意；——你的文章在帮助我们克服危机和澄清思想方面起了非常重要的作用"。(文件17)

恩格斯写第一篇文章的直接起因是1872年2—3月《人民国家报》上转载了《住宅问题》一组匿名文章。这组文章原载维也纳工人报纸《人民意志报》。从编辑部加的脚注中可以看出，转载这组文章征得了作者阿尔都尔·米尔柏格的同意。恩格斯在《论住宅问题》第二版序言中谈到这件事:"一位匿名作者,后来自称是维尔腾堡的医学博士阿·米尔柏格先生,认为这是一个好机会,可以利用这个问题让德国工人领悟一下蒲鲁东的社会万应灵丹的奇效。当我向编辑部表示我对于刊载这些奇文感到惊异的时候,编辑部就请我对这些文章做一个答复,而我也就照办了"。

《人民国家报》编辑部为什么要发表米尔柏格的文章,李卜克内西和赫普纳是否知道这些文章的蒲鲁东主义观点。这个问题很难予以确切的回答。不过有一点是肯定的,那就是李卜克内西认识米尔柏格,大约从1870年年中就已经同他有书信来往。从1872年11月4日赫普纳致恩格斯的信中可以看出,李卜克内西对米尔柏格很器重。赫普纳写道:"我不认识他本人,但是凡是认识他的人都认为他是十分正直的小伙子;李卜克内西特别迫切地让我请求你,不要伤害他个人。李卜克内西极其坚决地否认米尔柏格'虚伪'等等。此外,在士瓦本他是我们的主要文字鼓动家"。(文件8)

李卜克内西显然认为米尔柏格是一个对工人运动抱有善意的正直的民主主义者。李卜克内西之所以有这样的看法,主要是因为米尔柏格对莱比锡叛国案采取了公正的立场。从保存下来的他同李卜克内西的通信中可以看到,米尔柏格经常关心这个案件。1872年4月23日,他写信给李卜克内西,表示支持社会民主党人的勇敢举动。他写道:"我和我的朋友一直十分关注这个案件,并非常欣赏您和您的同案人对这些可恶的法官所采取的高尚的、勇敢的和美好的反抗行动……一旦做出人们所期望的判决,那么您始终可以相信,在士瓦本的朋友永远怀念您并渴望有一天您还能为崇高的目标奋斗。您和倍倍尔先生值得全体民主派衷心感谢。"

1872年,米尔柏格才25岁就开始从事政治活动。他当时只是一个同情党的年轻知识分子,政治和理论观点还没有完全形成。恩格斯本人在1873年6月20日致倍倍尔的信中认为米尔柏格是一个无意"伪造运动"的人。米尔柏格写《住宅问题》一文时,显然是刚刚开始研究蒲鲁东的学说。后来,他愈来愈沉溺于蒲鲁东的理论。到70年代末,他在卡尔·赫希伯格在柏林出版的带有改良主义倾向的理论刊物《未来,社会主义评论》上发表了《社会主义和农民》一文。这篇文章表明,他已经牢牢地站到蒲鲁东主义立场上了。他的这篇文章遭到倍倍尔的有力批驳。倍倍尔在《社会主义和农民。对阿·米尔柏格的批评和建议的答复》一文中指出,在法国社会主义者开始承认蒲鲁东的学说毫无价值之后,米尔柏格的文章拙劣地企图把蒲鲁东的"无效的和混乱的"学说转嫁给德国社会主义者。米尔柏格还在改良主义月刊《新社会》1878年2月第5期上发表了蒲鲁东1864年的竞选宣言并附上一篇简短的前言。倍倍尔在《社会主义和农民》一文中陈述了革命的社会民主党对普选权的立场,指出,米尔柏格不应当相信,德国社会主义者时至今日还允许人家用空话来搪塞,把一句空洞无物的话当成原则。80年代和90年代初,米尔柏格发表了大量有关蒲鲁东的生活和著作的文章。这些文章同时也对马克思主义进行了尖锐的攻击。

1. 威廉·李卜克内西致弗里德里希·恩格斯

伦 敦

[1872年1月5日于莱比锡]

亲爱的恩格斯:

我当然已看出这些决议是伪造的;我希望打来一个电报,给比德曼当头一棒①。

我很乐意评论一下不伦瑞克的判决②，但是我忙得不亦乐乎，你肯定不会这样忙，不过我也能想象出你现在也不空闲。

我不完全理解你对布鲁塞尔代表大会③的意见。比利时人极端联邦主义，他们不希望有一个强大的总委员会，这已是老问题了。但是他们的确没有——至少根据我得到的报告没有——唱巴枯宁分子的调子，宣布大会决议无效，而这一点曾是我所担心的。他们没有明确地赞成这些决议，我觉得这并不表明有什么恶意，因为（据我所知）用不着会后再去承认代表大会和代表会议的决议。当你的信到达时，我已写好一个短评。我在短评里认为这一结果对我们有利，这也就是巴枯宁分子的失败。请你给报纸写一篇关于事情真相的简短说明，至少把情况告诉我，

---

① 李卜克内西在1871年12月23日致恩格斯的信中提请恩格斯注意同一天《德意志总汇报》刊登的关于伦敦代表会议及其决议的伪造报道，并请恩格斯打个辟谣的电报。1871年12月30日《人民国家报》发表一篇短评，批驳了这种伪造行为。（《马克思恩格斯全集》第1版第33卷第370页）

② 1871年11月23—27日在不伦瑞克举行对当时的德国社会民主工党委员会委员威廉·白拉克、莱昂哈德·冯·邦祖尔斯特、赛米尔·施皮尔和海尔艾·奥古斯特·屈恩的审判。其实这一审判是要惩处国际工人协会的成员。上诉法院1872年2月2日不得不将这次判决撤销。恩格斯在1872年1月2日致李卜克内西的信中提出，只要他有时间，就要写一篇关于不伦瑞克判决的文章（《马克思恩格斯全集》第1版第33卷第371页），但是这篇文章没有发表。

③ 李卜克内西指恩格斯1872年1月2日给他的信。国际工人协会比利时联合会的布鲁塞尔代表大会于1871年12月24—25日举行。这次代表大会委托比利时联合会委员会拟定国际工人协会的新章程草案。根据这个草案，总委员会降低为一个单纯的通讯局。

以便我能写点什么①,这是我非常希望的,甚至是很必要的。

你看过扎克斯关于住宅问题的书②吗?

我可以写一则《资本论》第二版出版的简讯吗?要召开代表大会,就必然会碰到一些问题。在正常的时间召开代表大会呢,还是采取非常的方式提前召开?在什么地方召开③?这后一个问题是至关重要的问题。我认为,在美因兹开很好,黑森当局很难制造麻烦。在巴登、维腾堡和图林根开也可以。如果我们的案子④像我希望的那样顺利了结,甚至在萨克森开也可以。这件案子的了结当然关系重大。但是,你们无论如何要设法使代表大会即使不在德国也要在德国边境附近召开。这样,德国成分在任何情况下都会占上风,当然是我们所认为的德国成分。

校样收到。匆匆草此

你的　威·李·

---

① 恩格斯1872年1月18日才把有关情况详细告诉李卜克内西(《马克思恩格斯全集》第1版第33卷第379页)。关于布鲁塞尔代表大会的报道刊登在1872年1月17日的《人民国家报》上。

② 艾米尔·扎克斯:《各劳动阶级的居住条件及其改良》1869年维也纳版。

③ 恩格斯1872年1月18日在回答李卜克内西对召开国际工人协会下一次代表大会的询问时说:"目前我们打算按原定时间召开代表大会。确定地点为时尚早,不过自然不在瑞士,也不在德国。"(《马克思恩格斯全集》第1版第33卷第379页)这次代表大会于1872年9月2—7日在海牙召开。

④ 指1872年3月11—26日在莱比锡审理李卜克内西、倍倍尔和赫普纳的叛国案。倍倍尔和李卜克内西被判处两年要塞监禁(审前羁押两个月计算在内)。赫普纳被宣告无罪。李卜克内西从1872年6月15日到1874年4月15日服刑,倍倍尔从1872年7月8日到1874年4月23日在胡贝尔茨堡服刑,接着到1874年5月14日在柯尼施泰因要塞服刑。

向你、你的夫人和马克思全家问好。请告诉杜西,她的来信①使我们全家,特别是我和阿利萨②十分高兴,阿利萨还清楚地记得她,要和我一起给她写信。燕妮好吗?

2. 威廉·李卜克内西致弗里德里希·恩格斯

伦 敦

[18] 72年 [1月] 16日于莱比锡

亲爱的恩格斯:

随信附上的"新社会民主党人的污言秽语"的摘要,现在要由我们的真正的报纸予以发表。③ 我将教训一下这帮恶棍。但是,如果从伦敦——不是由马克思,而是由工人协会——发表一个声明,那就好办了,当然不是为支持马克思,他不需要这种支持,而是用来反对施梯伯、哈森克莱维尔和其余的真正的无赖。

也许你能给我弄到一些关于伦敦济贫税分配的资料。在税率最高的地区,济贫税有多高?在税率最低的地区,济贫税有多低?也许你已经

---

① 李卜克内西指爱琳娜1871年12月29日写的一封信。(《马克思恩格斯全集》第1版第33卷第673—675页)

② 李卜克内西的长女。——译者注

③ 1872年1月7日《新社会民主党人报》发表了一篇煽动性文章。亨利希·申克和克里斯提安·维南德这两个拉萨尔分子和伦敦工人教育协会的成员在这篇文章中控告马克思侵吞了1871年夏天协会为支持佩斯的裁缝罢工而募集的捐款。1872年1月27日《人民国家报》发表了《国际工人协会的敌人》一文,驳斥了伦敦工人教育协会的诽谤。

知道，我在国会里已经提出实施帝国济贫税的问题。这里的情况正好同伦敦一样：最贫穷的地区济贫税最高，而最富有的地区济贫税最低。①

至于比利时代表大会，日内瓦人的想法可也不像你想的这么坏。我又把所有的决议看了一遍，我觉得这些决议不仅仅是对联邦主义的独立性的一种过分的追求，而且是对巴枯宁分子的建议的拒绝。只是请你们注意，即将召开的代表大会我们是能够参加的②，而且我们打算清算这种联邦主义——我觉得它没有什么危险。但是必须通过对蒲鲁东的批判把安斯之流彻底打倒，所以，我还是建议出版《哲学的贫困》，当然必须附上一篇序言。③

本月29日我有几桩出版诉讼案，我至少被罚款一百帝国塔勒。如果可能，我将把这笔罚款折合成监禁（每天五帝国塔勒）。但是，如果——像弗莱塔格律师认为的那样——这一点行不通的话，那当然就糟了，因为《人民国家报》眼下一个钱也拿不出来。可是更要紧的是：根据检察官的通知，我们的叛国案就要在2月19日或20日受理。说实话，我为此感到高兴。

不伦瑞克人认为会撤销对他们的实在荒唐的判决。

---

① 恩格斯由于时间上的原因没有满足这个请求。（《马克思恩格斯全集》第1版第33卷第404页）

② 1872年9月2—7日召开了国际工人协会海牙代表大会。海牙代表大会的下述代表带有德国社会民主党的委托书：卡尔·马克思、弗里德里希·恩格斯、伯恩哈特·贝克尔、泰奥多尔·库诺、约瑟夫·狄慈根、阿道夫·赫普纳、路易·库格曼、弗里茨·米耳克、摩里茨·里廷豪森、亨利希·肖伊和格奥尔格·舒马赫。

③ 李卜克内西在他1872年1月10日致恩格斯的信中已经建议再版马克思的《哲学的贫困》一书。（《第一国际在德国（1864—1872年）。文献和资料》1964年柏林版第626页，见《马克思恩格斯全集》第1版第33卷第381页）

再见！你们的教子①十分健康和壮实，而且就其年龄来说已经够聪明了，你们不必为他感到羞愧。有机会我给他拍一张照片。

向你和大家问好

你的　威·李·

3. 威廉·李卜克内西致弗里德里希·恩格斯

伦　敦

[18] 72 年 1 月 24 日 [于莱比锡]

亲爱的恩格斯：

你星期四的来信②以及伦敦工人协会的十分好的声明，均已收到。

但是今后你们还必须提防这些拉萨尔化的虱子。③ 它们已经侵蚀了协会，我们必须加以治疗。你们现在将会明白，清算这帮家伙对我们说来并不是一件容易的事情。

此外，在亚尔萨斯，"全德工人联合会"还企图继续像从前在汉诺威和库尔黑森那样，通过对"资产阶级"的疯狂漫骂和煽动工人反对任何不是由柏林特许的"民主"来促进并吞和吸收。我已经采取了措

---

① 威廉·李卜克内西的儿子卡尔·李卜克内西生于 1871 年 8 月 13 日。李卜克内西请马克思、恩格斯和保尔·施土姆普弗当他儿子的教父。

② 指恩格斯 1872 年 1 月 18 日的信。(《马克思恩格斯全集》第 1 版第 33 卷第 378—382 页)

③ 李卜克内西指伦敦工人教育协会中的拉萨尔分子。恩格斯在 1872 年 1 月 18 日的信中告诉他，在他们使协会脱离国际工人协会的企图失败之后，他们被开除。(《马克思恩格斯全集》第 1 版第 33 卷第 380 页)

施,来制止这种胡闹。

首先,我们需要一千张会费券。但是,如果会员卡作废了,那么会费券怎么贴和贴到哪里呢?请详细告诉我,免得我再有什么疑问。这样我们就将立即采取必要的措施。①

意大利人的通信处是:佛罗伦萨,斯蒂凡诺尼·鲁伊治。

我们当然熟悉库诺,我认为他是完全可靠的。②

你觉得戈克变得好多了,我很高兴。③ 他显然并不缺乏良好的愿望;因为有良好的愿望不见得作出多少好事,而缺乏理智就会干出许多蠢事,所以这种说法并不能说明什么问题。正如你自己承认的,戈克毕竟还是在事实中学到一点东西。顺便说一下,酒已收到。

我坚持我的关于《哲学的贫困》的建议。

如果代表大会不能在德国召开,至少应在一个我们能去的地方召开。

---

① 李卜克内西1872年1月10日已经向恩格斯打听过会费券收据(《第一国际在德国》第262页)。他在所附的信中提出的要求可追溯到1872年1月18日恩格斯写的信(《马克思恩格斯全集》第1版第33卷第381页)。恩格斯1872年2月15日回答了他希望详细说明的请求:"你大概已收到马克思寄去的八百多张会费券。请把会费券贴在章程扉页背面的上方,我相信我们很快就会得到三千份章程,还有单据。请你看一下代表会议的有关决议,那里说得很清楚。"(《马克思恩格斯全集》第1版第33卷第405页) 国际伦敦代表会议决定用会费券代替会员卡,会费券应贴在每个会员均须持有的章程上。

② 恩格斯在1872年1月18日致李卜克内西的信中赞扬泰奥多尔·库诺在意大利所做的工作,特别是他反对巴枯宁主义的立场。(《马克思恩格斯全集》第1版第33卷第382页)

③ 恩格斯在他1872年1月18日的信中说明了戈克"从一个小资产者到一个工厂工人"的这一政治发展。(《马克思恩格斯全集》第1版第33卷第382页)

我们的令人恼火的诉讼案又推迟了——大概要推迟到3月中或3月底。

附上赫普纳的一封信。① 我希望重视这封信。如果你们也给我写这样一个声明，我们就可以指控比德曼这个无赖。

衷心问候你们大家

你的　威·李·

4. 威廉·李卜克内西致弗里德里希·恩格斯

伦　敦

[1872年] 5月15日 [于莱比锡]

亲爱的恩格斯：

你要出版你的《工人阶级状况》一书的新版是必要的，因为旧版本差不多已经脱销。（这里剩下不到一百本！）如果你还没有同维干德签订合同，我就建议你把书（无论是在我们的出版社还是其他出版社）交给我们印刷并分册出版，我担保我们的发行所至少可销出一千本这种便宜的分册。无论如何我希望你赶快决定②。

有人向我打听，《德法年鉴》能否弄到并在什么地方能够弄到。是

---

① 赫普纳的这封信没有找到。

② 恩格斯的《英国工人阶级状况》一书的第一版是1845年由莱比锡的奥托·维干德出版的。恩格斯在答复李卜克内西的建议时说："关于我的《工人阶级状况》一书，我将写信给维干德。在代表大会结束以前，无论如何谈不上了，现在我的工作很忙。"（《马克思恩格斯全集》第1版第33卷第468页）这本书的第二版到1892年才出版。

否能想尽办法再弄几本《哲学的贫困》?① 另外，有人上百次地向我打听，你和马克思是否出版便宜的短文集。克纳普教授在这里最迫不及待，他是"年轻的"国民经济学派中的一员，这个学派已同曼彻斯特鬼话决裂。我认为，克·完全会站到我们这边来。②

你聘请埃卡留斯了吗？人们在焦灼地等待你的关于住宅问题的文章。请问一下马克思，他是否愿意为我们改写他发表在《社会民主党人报》上的关于蒲鲁东的文章？③ 对蒲鲁东作一介绍非常必要。

从下个星期起，我想照常翻译总委员会的委员会会议报告——暂时就这么做。如果我有更多的时间，我早就做这个工作了。我必须做的至少有十个人的工作。尽管我是个戏迷，但我在莱比锡还从未去过戏院，你相信吗？

没有时间了！

祝燕妮好——下次再给她写信。④

请看背面！

向你和大家问好

你的　威·李·

---

① 恩格斯回答说，《德法年鉴》和马克思的《哲学的贫困》已经脱销。

② 关于这个问题，恩格斯说："出版文集是我们老早的计划，但是这也需要时间。克纳普先生会从《资本论》中得到相当有教益的东西，假如他对这本书有所领悟的话，那他也许会明白，是否要归附我们，而如果那时他连这一点都认识不到，那么，无论是摩西还是先知他都帮不了他的忙了。"

③ 李卜克内西指马克思的《论蒲鲁东》一文，该文载于1865年2月1、3和5日《社会民主党人报》。(《马克思恩格斯全集》第1版第16卷第28—36页)

④ 李卜克内西祝贺燕妮·马克思和沙尔·龙格订婚。这件事是恩格斯告诉他的。(《马克思恩格斯全集》第1版第33卷第458页)

5. 阿道夫·赫普纳致弗里德里希·恩格斯

伦　敦

[1872年5月15日于莱比锡]

尊敬的恩格斯先生：

几个月前，我已将艾米尔·札克斯的《各劳动阶级的居住条件》一书寄给你，请你查对一下书中的英国官方报告的引文并总的审阅一下札克斯关于英国状况的陈述。我觉得，这个人或给他提供材料的人特别是把博爱事业的济贫院说得天花乱坠。

致以友好的祝愿

阿道夫·赫普纳

6. 威廉·李卜克内西致弗里德里希·恩格斯

伦　敦

[18]72年6月4日[于莱比锡]

亲爱的恩格斯：

十天后我就得进监狱了。① 暂时说一下下述的想法：1）请你经常给《人民国家报》寄文章；2）赫普纳完全可靠，克里米乔的克瓦斯内夫斯基和汉堡勒丁市场街的奥古斯特·盖布也同样可靠。约克是我们党

---

①　李卜克内西1872年6月15日开始服刑。

的书记，可惜目光短浅，否则他是一个能干的家伙。科伦的里廷豪森也完全可靠，可惜头脑不清楚，莫斯特去柏林了，这也是一个完全可信赖的人，不过不够成熟，但会变成熟的。如果他给你们写信，请给他回信。

我在报纸上还要发表一篇关于出席代表大会的意见书。①

请你也时常给我写信。

萨克森胡贝尔茨堡监狱威·李·收。

也请给我的夫人写信，让她不要丧失勇气。

此外，多加小心，"以免共和国遭殃"②。占据一切哨位，以备万一。

《宣言》的校样想必已经收到。请尽快连同序言一起寄回③！

《人民国家报》排字校样送给你校阅后，你的文章将出版单行本④。

再见。

匆匆

你的　威·李卜克内西

---

①　1872年6月15日《人民国家报》发表了一篇短评，指出"德国社会民主党必须参加国际工人协会下一次代表大会（同年9月）"，这是具有"极其重大的意义的"。它向党员解释了个人参加国际的意义，因为德国现行的结社法，禁止集体参加。《人民国家报》提醒人们注意，要举行党员大会选举代表或给代表颁发出席代表大会委托书。

②　古罗马人劝告执政官的话。——译者注

③　指大概在1872年6月的最后几天出版的《共产党宣言》新版本。恩格斯在他的回信中通知说，很快即可把校样连同简短的序言寄去。（《马克思恩格斯全集》第1版第33卷第483页）

④　弗里德里希·恩格斯：《论住宅问题》（《第一篇。蒲鲁东怎样解决住宅问题》），《人民国家报》单行本1872年莱比锡版。

7. 阿道夫·赫普纳致弗里德里希·恩格斯

伦 敦

[18]72年10月8—10日 [于莱比锡]

亲爱的恩格斯：

1）米尔柏格最近将答复你——激烈的程度同他遭到的攻击差不多。① 我本人认为，他在一些次要问题上被误解了，而他间接地承认，他是四分之三的蒲鲁东分子，他否认蒲鲁东是"反动的"。因此，我希望——如果米尔柏格的文章发表了——你能写一篇关于蒲鲁东的文章，这里的人们对蒲鲁东的著作和马克思的批驳著作②都几乎一无所知。这件事并不太急。如果我能在三到六个星期内收到你的文章，还是完全来得及的。

2）马克思的信③以及《资本论》法文版第一辑④均已收到。为什么

---

① 米尔柏格反驳恩格斯的《蒲鲁东怎样解决住宅问题》一文的文章，发表在1872年10月26日《人民国家报》上，题为《论住宅问题（阿·米尔柏格对弗里德里希·恩格斯的答复）》。

② 卡尔·马克思：《哲学的贫困》1847年巴黎—布鲁塞尔版。

③ 指1872年10月1日马克思致赫普纳的信，这封信没有保存下来（见1872年10月17日阿道夫·赫普纳致恩格斯的信）。赫普纳的信（文件7）也提到马克思的一封未保存下来的信。恩格斯在这封信上写了几个字："马克思致赫普纳的信，为了巴枯宁的事？登记日期是72年10月10日"。显然，恩格斯大约在10月10日和17日之间曾询问过赫普纳，是否收到这封信，因为赫普纳10月17日回信说，他只收到马克思1872年10月1日的来信，并没有收到1872年10月10日的信。

④ 马克思的《资本论》法文版在1872年至1875年出版了九辑（I—IX）。

德文版中的英文引文不像法文版那样也译出来呢？这样做本来是很有益的。

3）汝拉人已经完全反叛了。我刚读过第17—18期简报①。不久我将揭穿关于海牙大会的谎言。② 为此目的，还附上致弗兰克尔的信。我不知道他的通信处。③

4）我不久可能被驱逐出境④。当然，从提出起诉到判决生效有三个月的时间。我那时就去柏林当商人。无论如何这比作一个无所事事的文人要好，而纯"通讯"记者多半都是如此。另外，在整个世界上除《人民国家报》外，没有一种我能为之写作的德国报纸。

证完⑤。

衷心问候大家

阿·赫·

10月9日

---

① 1872年9月15日巴枯宁的汝拉联合会举行了一次非常代表大会。这次代表大会不承认海牙代表大会的决议和在海牙选出的总委员会，并且反对把巴枯宁和吉约姆开除出国际。关于这次代表大会的报道发表在1872年9月15日—10月1日《国际工人协会汝拉联合会简报》上。

② 赫普纳在他的《关于国际海牙代表大会》的一组文章的第四部分《反对巴枯宁分子》中驳斥了《简报》的诬蔑。（1872年11月6、13和27日《人民国家报》）

③ 列奥·弗兰克尔是海牙代表大会的代表。赫普纳给他的信没有找到。

④ 赫普纳在1873年春被驱出莱比锡。

⑤ 数学用语。——译者注

5）布朗基分子有些不满吧？① 你们那里一般对国际怎么看？

6）考威尔·斯特普尼是"和平同盟"中央委员会委员，在罗迦诺当选。是这样吗？

7）代表资格审查委员会里，除了马克思、朗维耶、弗兰克尔和赛拉叶之外还有谁？没有比利时人或荷兰人吗？② 《简报》说，这个委员会是"完全由我们的死敌组成的"。③

8）再者："这个'同盟'的纲领和这个在日内瓦称作同盟的支部的章程1869年曾得到伦敦总委员会的批准。"④ 我认为，《内部通告》讲的正好相反。⑤

---

① 赫普纳暗指法国的布朗基主义公社流亡者小组。海牙代表大会之后，他们在伦敦起草了一篇以《国际和革命。前国际总委员会委员、公社流亡者为海牙代表大会而作》为题的文章。他们在文中反对把总委员会迁往纽约，并指责国际脱离革命。同时，这篇抨击性文章的作者，前总委员会委员阿尔诺、库尔奈、马格里特、马丁、朗维耶和瓦扬宣布退出国际。1872年11月6日欧仁·杜邦通知马克思说，文件上朗维耶的署名未经本人同意。

② 海牙代表大会的代表资格审查委员会的成员有：亨德里克·格尔哈特、加布里埃尔·朗维耶、约翰·罗奇、卡尔·马克思、约瑟夫·帕特里克·麦克唐奈、西蒙·德雷尔和列奥·弗兰克尔。——为此，在赫普纳的信上有恩格斯书写的边注："马克思 朗维耶 弗兰克尔 罗奇 麦克唐奈 格尔·德雷尔"。

③ 《国际工人协会汝拉联合会简报》（桑维尔耶）1872年9月15日和10月1日第17和18期第1页。

④ 《国际工人协会汝拉联合会简报》（桑维尔耶）1872年9月15日和10月1日第17和18期第9页。

⑤ 见［卡尔·马克思和弗里德里希·恩格斯］《所谓国际内部的分裂。国际工人协会总委员会内部通告》1872年日内瓦版第8—9页。

8. 阿道夫·赫普纳致弗里德里希·恩格斯

伦　敦

[18] 72 年 11 月 4 日于莱比锡

亲爱的恩格斯：

1）我至少到星期一还是自由的。①

2）关于住宅问题的文章（Ⅰ—Ⅲ）已收到，谢谢。

3）你给李卜克内西的那封信②已找到。

4）你所要的东西随后给你邮寄去：你的小册子由于装订错误，没有出售。我曾明确指示，第二个印张先搁一下，等到后面的文章都到了再说，可是他们继续印刷，甚至背着我送去装订。这个老印刷所就是这样办事情。最后一页（第 23 页）将重新排印，然后整个地由订书工人重新装订。当然校样会寄给你的。③

5）米尔柏格：我不认识他本人，但是凡是认识他的人都认为他是十分正直的小伙子；李卜克内西特别迫切地让我请求你，不要伤害他个人。李卜克内西极其坚决地否认米尔柏格"虚伪"等等。此外，在士

---

① 赫普纳由于参加了海牙代表大会在会后不久便被监禁四个星期，后来大约从 1872 年 11 月 8 日到 1873 年 3 月 8 日又被监禁。

② 这段时期恩格斯写给李卜克内西的信没有找到。

③ 恩格斯的文章《蒲鲁东怎样解决住宅问题》的第一批单行本由于缺第 23 页大概到 1872 年 12 月上半月才出版。1872 年 12 月 7 日《人民国家报》上刊登的广告也证明了这一点。这批装订好的单行本显然没有出售。这批单行本至今一册也未发现。

瓦本他是我们的主要文字鼓动家。他的职业是精神科医生。

6）因为左尔格性情急躁，当没有他肯听从的人在场，他是否会把某头公羊选作总书记，这一点我很不放心①。

7）附上库诺的信。②

8）我寄去的邮件（由党的财务处结账），你大概三星期前已经收到了吧。

问好

阿·赫·

9）请注意，我将学习西班牙语。

芬克让人转告说：

梯勒最近结算的二十五塔勒没有把排字费算上。

阿·赫·

---

① 海牙代表大会决定总委员会迁往纽约。1872年10月11日弗里德里希·阿道夫·左尔格被补选入总委员会并选为总书记。

② 指1872年10月8日泰奥多尔·库诺的信。这封信大概是写给《人民国家报》编辑部的。他在信中谴责了对赫普纳的逮捕（见本卷第24页注⑤）并请求在《人民国家报》上发表他所附的信。库诺在这封写给柏林帝国首相的信中大反德国的法律实践，致使赫普纳不得不写下如下的边注："一个真正的傻瓜的恶作剧！"和"我应当让库诺的发热的脑袋理智一点。"此外，他还在信上批写："不要退回。"《人民国家报》没有发表此信。

9. 鲁道夫·宰弗特致弗里德里希·恩格斯

伦 敦

[1872年12月12日于莱比锡]

亲爱的恩格斯先生:

两封信已找到。① 另外,请您告诉我一点有关卡尔·马克思先生的一封信的情况,这封信在编辑部已存放好几个月了。您会记起,由于希尔施今年9月4日在第71期上发表了反驳巴枯宁的文章,② 布勒斯劳的那位 M 便发表了几篇补充短文③。上述的那封信就是写给这位 M 的。

---

① 这两封信中有一封可能笼指李卜克内西在1872年12月15日的信中说收到的那封恩格斯的信(文件10)。另一封信大概是写给赫普纳的。他在1872年12月16日的信中提到过恩格斯的这封信(文件11)。这两个文件都没有保存下来。

② 希尔施驳斥巴枯宁的文章以《巴枯宁先生的所谓社会理论和真正的政治追求》为题载于1872年8月7日(附刊)、17、23、28日和9月7日《人民国家报》。

③ 这篇短文断言,《新莱茵报》1848年从乔治·桑那里收到关于巴枯宁的情报。接着《人民国家报》在1872年9月21日发表了一篇显然是马克思起草的《更正》。《更正》中写道,马克思"指出这一错误当时就在《新莱茵报》上澄清了,所以认为这种说法是不正确的"。关于《新莱茵报》在这一问题上所发表的东西,另见乔治·桑1848年7月20日致马克思的信,载于《马克思恩格斯全集》国际版新版第3部分第2卷第1005—1007页。布勒斯劳的通信人很可能是海尔曼·布雷梅尔。赫普纳1872年10月17日致恩格斯的信是个说明。赫普纳在信中证实马克思10月1日的信"谈到布勒梅尔博士询问巴枯宁——马克思的问题"。布雷梅尔在1889年去世以前一直住在布勒斯劳的政府所在地勒贝尔多尔夫。(他的生平传记见《全德工人兄弟会。文献》1979年魏玛版第155—156页)宰弗特显然把这个人的名字弄错了(见文件12)。布雷梅尔针对马克思的《更正》再一次写信给《人民国家报》。1872年9月26日赫普纳把这封信寄给了马克思。另见编辑部的信箱,载于1872年9月28日《人民国家报》。

但是我们不知道确切的地址,至今这封信还在我们手里。曾两次在认领信箱里招领,① 结果:格勒贝尔多尔夫的一位贝伦斯博士在长途旅行归来后认领卡·马克思的这封信。把信寄给这个人,我又有些犹豫。我请你打听一下。——《资产阶级怎样解决住宅问题》这篇著作的校样您已收到了吧。也许您能把全部校样一起寄来。那时即可陆续发表。

衷心问好

鲁道夫·宰弗特

10. 威廉·李卜克内西致弗里德里希·恩格斯

伦 敦

[1872年] 12月15日 [于胡贝尔茨堡]

亲爱的恩格斯:

来信收到。② 随信附上一个党内同志抄录的施韦泽嗥叫。这个无赖想要充当仲裁人,还想当头头,尽管他嘴上说的是相反的话;他以为,他所害怕的人已经消失在胡贝尔茨堡。此外,他的一封信终将发表,而

---

① 见1872年10月23日和11月9日《人民国家报》。
② 阿道夫·亨利希·施特罗特曼(1829—1879)是德国作家,资产阶级民主派,金克尔传记的作者。

且以单行本的形式发表，但删去与《人民国家报》有关的地方。① 马克思在柏林指出，哈赛尔曼、哈森克勒贝尔对他们所扮演的角色来说太愚蠢了，这回该轮到施韦泽了。但这出戏将会失败。

对拉萨尔派"进行清算"可惜是必要的。下一次再详谈。拉萨尔派在《人民国家报》还没有被彻底击败。而我认为，现在是出版一个小册子来如实地说明拉萨尔是"鼓动家"和拔掉他们借用的羽毛的时候了。关于住宅问题的文章，过几天就要出版。② 现在校订造成非常多的困难，因为编辑入了监狱，事实上校订"遇到了麻烦"。

你大概已经发觉，西班牙语已不再是完全"不可理解的"了。现在该学意大利语了，只是俄语！呸！

另外，请把《解放报》第72期（包括《共产党宣言》的开头部分）③ 寄来。我缺这一期。我担心马德里最近的骚乱将使这家周刊完蛋。

---

① 1872年11月约翰·巴普提斯特·施韦泽表明了对全德工人联合会和德国社会民主工党的合并问题以及他被开除出拉萨尔派工人联合会的态度。正如出版者——全德工人联合会汉堡会员——在前言中所说的，这封信在1872年12月以《致德国工人》为题作为传单散发了一万份。《人民国家报》在1873年1月8日在附刊上全文发表了施韦泽的这封信。信中提到《人民国家报》的地方写道："由于《新社会民主党人报》根本没有完全地和不加更改地接受过我的稿件，我只好转寄给《人民国家报》"。

② 恩格斯的《资产阶级怎样解决住宅问题》一文，载于1872年12月25、28日、1873年1月4日和8日的《人民国家报》。

③ 《解放报》——1871年至1873年在马德里出版的周刊；国际马德里支部的机关报；1871年9月至1872年4月是西班牙联合会委员会的机关报；反对巴枯宁主义。1872年11月2、9、16、23、30日和12月7日发表霍赛·梅萨翻译的《共产党宣言》和《1872年德文版序言》。

你能给我推荐一种意大利报纸吗？

我还应该订什么英文报纸？我已订了《蜂房报》①、《雷诺新闻》②、《东邮报》③、《东邮报》我将不续订了。如果出版了什么有意思的小册子，最好请人带给我一本。

"通俗经济学"的文章很缺乏——那就劳驾吧！！

赫［普纳］要退出编辑部（由于监察委员会的荒诞规定）。④ 我当然要劝说他，请你也这样做。不久一切都会正常。

倍倍尔向你问好！节日的休假取消了。吹来一股令人不快的柏林风。人们好像要变得严肃起来，《人民国家报》"没有改变"它的"调子"，使有些人恼火。他们在进行各种各样的施梯伯式的研究！——祝好！问摩尔和所有有关的人好！祝你们大家圣诞节愉快！

你的 李·

请看背面

如果你要写经济方面的文章，最好分成几部分来写。每一部分都可以单独作为"社论"，这些人向来醉心于"社论"，这样大概可以给他

---

① 《蜂房报》——英国工联的周报，从1861年至1876年在伦敦出版。

② 《雷诺新闻》——工人周报，从1850年8月起在伦敦出版。

③ 《东邮报》——工人周报，1868年至1873年在伦敦出版，从1871年2月至1872年6月为国际总委员会机关报。

④ 1872年11月20日德国社会民主工党监察委员会在《人民国家报》上发表了一项决议，指责《人民国家报》编辑部因同《新社会民主党人报》论战给党带来严重损害并且超越自己的权限，规定《人民国家报》以后不得攻击德国社会民主党的其他派别。这个声明是背着当时正坐牢（见本卷第11页注①）的倍倍尔和李卜克内西付印的。赫普纳当时也在坐牢（见本卷第24页注⑤）。

们帮点忙，而又不会使文章受损害。

请告诉马克思，没给他写信，原因在于，施梯伯对我们给他的每一封信都要严加检查——这是一种偏执狂。

11. 阿道夫·赫普纳致弗里德里希·恩格斯

伦　敦

[1872年12月16日于莱比锡]

亲爱的恩格斯：

（1）我正在学习西班牙语。一旦可能，我将用西班牙文给你写一封像样的信。

（2）住宅问题。我已经请求编辑部加快印刷，并把二校样给你寄去。我自己在被监禁期间没有参予领导，而是像李卜克内西一样仅仅是撰稿人。

（3）李卜克内西也在学习西班牙语。

（4）《交换价值》一文。① 你的讽刺我理解。你显然是嘲笑这个人（卡·奥·施拉姆，柏林雹灾保险公司视察员）想通过谢夫莱等人对马克思进行评论。但是，尽管我对此并不同意，只要教授们在德国还令人遗憾地如此受到尊重，我就不能反对施拉姆想通过介绍"教授们"的

---

① 指1872年10月12日在《人民国家报》上发表的卡尔·奥古斯特·施拉姆的《交换价值》一文。恩格斯在1872年12月30日给赫普纳的回信中对这篇文章给以好评（《马克思恩格斯全集》第1版第33卷第553页）。关于赫普纳在这里提到的恩格斯的那封信见本卷第26页注②。

引文把马克思的思想灌输给门外汉的奇怪想法。施拉姆只是一个起媒介作用的社会党人,虽然他作为商人很明智很能干,但是他非常轻信,竟认为像麦克斯·希尔施等等这样的笨蛋总有一天会被"说服"。在柏林,施拉姆现在是雅科比派,即极少数理想主义资产者的领袖,因为他们是正派人,所以他们相信,所有的资产者不久都会成为这样的人。大家知道,雅科比自己早已离开这一信念。

可惜我手头没有施拉姆的文章,不能看看其中还有什么错误。

向大家衷心问好

阿·赫·

12. 鲁道夫·宰弗特致弗里德里希·恩格斯

伦 敦

[18]73年1月21日[于莱比锡]

亲爱的恩格斯先生:

下面开列的东西都已准确到达并寄出。①

12月31日——给李卜克内西和赫普纳的信。②

---

① 下面的单子是恩格斯自己开列的,是从他的一封现已下落不明的信中剪下来贴到宰弗特的信上的。

② 没有看到在这个时间给李卜克内西的一封信;给赫普纳的信可能是指恩格斯1872年12月30日的信。(《马克思恩格斯全集》第1版第33卷第553—554页)

1月6日——（芬克）一些印刷品，《国际先驱报》①第38号等等。

1月7日——（芬克）附有关于普鲁士的一篇文章②的挂号信。

1月15日——（同上）又是两号《国际先驱报》和印刷品。

希望全部东西都已准确到达。

马克思的信（给赫普纳的便条除外）已寄给贝伦斯博士，并明确表示希望将此件退回。③ 到目前为止，贝伦斯博士既没有表示收到此件，更没有退回。您将收到对米尔柏格的回答的校样，并尽量一次寄去。④——倍倍尔选区取得辉煌胜利⑤，党员同志为此感到欢欣鼓舞。党报第七号刊登的结果不太确切。还有五六个地区没有包括进去，如果把这个差额包括进去，对我们的倍倍尔可能更为有利。其他一切都进行得很正常：《人民国家报》的订户不断增加，我们当然不能指望很快会有三万订户，但我们肯定有三万读者。鼓动搞的热火朝天，大多数工人都聚集在工会中。目前情况好极了。

---

① 《国际先驱报》——1872年3月至1873年10月在伦敦出版的周报，1872年5月至1873年5月（有间断）是国际不列颠联合会委员会的机关报。威廉·哈里逊·赖利是该报编辑。

② 恩格斯的《普鲁士"危机"》一文刊登在1873年1月15日《人民国家报》上（《马克思恩格斯全集》第1版第18卷第324—330页）。

③ 见文件9。

④ 恩格斯对米尔柏格的回答以《再论蒲鲁东和住宅问题》为题发表在1873年2月8、12、19和22日的《人民国家报》上。

⑤ 由于倍倍尔被判刑，在格劳交—梅腊诺选区必须进行补选。倍倍尔在1873年1月20日的补选中取得巨大胜利：得票10740张，比他在1871年3月的帝国国会选举中整整多得4000票。

衷心问好

您的　鲁道夫·宰弗特

13. 威廉·李卜克内西致弗里德里希·恩格斯

伦　敦

[1873年] 2月8日 [于胡贝尔茨堡]

亲启

亲爱的恩格斯：

《国际先驱报》你不要再寄了，我已经订了。不过要提醒一下拉法格，《解放报》①已有三个星期没有来了。你想必已从S②那里得到了爱森纳赫讲坛代表大会③的报告，请好好教训一下你的半同名者，统计局局长和《住宅缺乏》④的作者。至于毕希纳，真该打！谢谢你寄来关于选举法的笔记等等。更要谢谢你寄来你的著名文章⑤。

有一个设想。为了给人们的脑袋里和给党的口袋里装点东西，并顺

---

① 《解放报》——1871年至1873年在马德里出版的周刊；国际马德里支部的机关报；1871年9月至1872年4月是西班牙联合会委员会的机关报；反对巴枯宁主义。1872年11月2、9、16、23、30日和12月7日发表霍赛·梅萨翻译的《共产党宣言》和《1872年德文版序言》。

② 可能是鲁道夫·宰弗特。

③ 1872年10月在爱森纳赫举行了社会政治协会成立大会。

④ 指的是恩斯特·恩格尔，他的《现代的住宅缺乏》一书于1873年在莱比锡出版。

⑤ 指恩格斯的《论住宅问题》一组文章。

便摧毁对拉萨尔的"崇拜",我们打算出版一套《社会政治丛书》①,就是说,从《乌托邦》② 开始,把所有比较重要的社会主义著作以及类似的著作,印成小册子,每册两个半格罗申(我们要想深入群众,就不能把价格定得更高)。在这套装帧美观大方的丛书中也应收入你的《工人阶级状况》一书。我想问问你,是否允许这样做?你是否想把这本书继续写到目前为止?其次,你能否(1)把你和马克思的散见的经济学文章,特别是《莱茵报》和《莱茵报评论》(后者可能全部翻印!)上的有保存价值的文章收集起来?(2)把欧文著作的精华压缩成每册三印张的两三本小册子?最后,有无可能把《哲学的贫困》译成德文?必要的时候我们可以冒险再印一版法文普及本。我们已经售出几千册。这件事请同马克思商量一下。这一著作对世界来说等于不存在,这是一种耻辱。

如果你能替我弄到一本《乌托邦》的英文普及本,我将很高兴。我订了拉丁文原文本,我有德文译本(卡特译,奥廷格尔写序言),这个本子错误百出,需要重译;由于英译本最符合原文精神,所以对我很有用。

我们的拉萨尔分子的叛乱已告结束。一切恢复正常。只是《人民国家报》暂时不能对国际内部的论战予以很大注意;但是,你认为是紧要的东西,每次都会采用。我最近有机会研究拉萨尔。如果你还没有同书

---

① 这一计划在七十年代未能实现。只是从1887年起党才开始在约·威·迪茨出版社出版《国际丛书》,从而实现了这些计划。——对李卜克内西下面提出的所有问题,恩格斯在1873年2月12日都作了回答。(《马克思恩格斯全集》第1版第33卷第568—570页)

② 托马斯·莫尔:《关于最完美的国家制度和乌托邦新岛既有益又有趣的金书》1516年在卢文出版。

商,汉堡的盖布(住勒丁市场街12号)取得联系的话,请同他联系。他很可靠。原来的委员会委员①思想狭隘,但很忠实,他们的眼界将逐渐扩大。

作为印刷品给你寄去的施韦泽的文章,由于分量太轻在莱比锡被弄错了。你说的施韦泽的意图,无疑是正确的。哈赛尔曼分子太无能,瓦盖纳先生需要一个有才能的无赖。其次,联合会分裂了;所有得力的人都应该归属于我们,要为此而作出努力。

燕妮已缔结良缘,她近况如何?② 请告诉我她的地址,我要给她写信。请代我向马克思全家以及波克罕等人问好。倍倍尔向你问好。

你的 威·李·

请给我妻子回信!

14. 鲁道夫·宰弗特致弗里德里希·恩格斯

伦 敦

[18]73年2月14日 [于莱比锡]

亲爱的恩格斯先生:

您的文章将出版一千册单行本。一旦这四篇文章在《人民国家报》

---

① 党的汉堡委员会委员有:泰奥多尔·约克、爱德华·普赖、弗里德里希·伦茨、H.贝内克和恩斯特·齐登托夫。

② 马克思的女儿燕妮于1872年秋同沙尔·龙格结婚。

上发表①,您将会得到校样。为什么连《人民国家报》的校样也不再寄了呢?原因之一是有关的排字工人工作熟练,他可以排一印张英文而没有错误。因此,您可以设想,当您向我们指出某些印刷错误时,我们大家是多么吃惊。顺便说一句:这一次我也曾更加认真地寻找印刷错误;尽管如此,还是有错!我刚刚接到您给李卜克内西先生的信②。

衷心问好

您的鲁·宰弗特

15. 威廉·李卜克内西致弗里德里希·恩格斯

伦　敦

[18]73年2月27日 [于胡贝尔茨堡]

亲爱的恩格斯:

我说《人民国家报》暂时不能卷入国际内部的论战,又补充说,您所写的关于国际的文章,当然要采用,我这样说,是因为《人民国家报》由于它所有熟悉国际情况的编辑都被监禁而处于特殊状况,很明显,只有病态的愤慨才会认为这样做是对国际的宣战。赫普纳神秘莫测,此外,他同委员会那样敌对,看来他在编辑部不能长期呆下去,多数事情我本人都没有得到足够的消息,不了解全貌;宰弗特对情况只有肤浅的了解。在这种情况下,谁能进行论战呢?所以,无论如何你要做

---

① 恩格斯《论住宅问题》这组文章的第三部分《再论普鲁东和住宅问题》大约在1873年2月底由书商出版。

② 宰弗特可能是指恩格斯1873年2月12日的信。

这件事。至于你说的"背着国际互相握手",我一点也不明白,所以在回答之前,必须先到神托所去了解一下。① 让我们放下这件可怜的小事。还有真正更重要的事情要做!

如有便请寄来一些关于赖利的短评。他的报纸是否流传很广?②

埃卡留斯由于和摩里同流合污,而表明自己是一个不能再原谅的堕落的无赖。③ 不久《人民国家报》将刊登一些有关最近一次比利时代表大会各项决议的文章,特别是有关反对总委员会及其创立的决议(美妙的供词说只针对"个人")的文章。④《解放报》上有用的东西也将利用,这份报纸现在又能按时送到,缺的那些号也已补上。最近巴黎发生的事情(见附录)是令人气愤的。请同卡尔·希尔施(巴黎马甘塔林荫道131号)取得联系,但要非常小心。彼得逊(韦伯的朋友),你从伦敦将会知道此人,他现在完全站在我们一边。

《解放报》关于共和国的声明⑤是极其胆怯的,它在最近一号上刊登一篇显然是来自伦敦的短评,其中说,我在爱森纳赫代表大会上建议

---

① 见文件13和1873年2月12日恩格斯致威廉·李卜克内西的信。(《马克思恩格斯全集》第1版第33卷第568—570页)

② 《国际先驱报》——1872年3月至1873年10月在伦敦出版的周报,1872年5月至1873年5月(有间断)是国际不列颠联合会委员会的机关报。威廉·哈里逊·赖利是该报编辑。

③ 参看弗里德里希·恩格斯:《英国的选举》。《马克思恩格斯全集》第1版第18卷第541—547页。

④ 国际工人协会比利时联合会代表大会于1872年12月25—26日在布鲁塞尔举行,会上巴枯宁分子占多数。代表大会拒绝海牙代表大会的各项决议,拒绝同新选出的设在纽约的总委员会保持联系。

⑤ 李卜克内西指的是1873年2月15日刊登在《解放报》上的文章《我们有了共和国》,1873年3月5日的《人民国家报》刊登了这篇文章的译文。

使用《人民国家报》(即《共和国报》)的名称,而总委员会却不知道。这句话和后面一句话:"选择这个名称的不是《共产党宣言》的署名者,是李卜克内西,云云",包含着对我的直接攻击。① 这项提案是贝克尔在日内瓦提出来的,我虽然不喜欢这一名称,但还是接受了,这只是因为人们不想使贝克尔彻底丢脸(他的其他提案,特别是关于德国服从国际日内瓦支部领导的提案,都遭到了否决)。② 我在爱森纳赫代表大会上最坚决地表示赞同《共产党宣言》,并且也像去年在莱比锡审判案中那样"明确"宣布③(见记录)拥护《共产党宣言》。我请你立即对此加以纠正。

我焦急地等待着《乌托邦》的英译本,因为我想开始工作。关于整个事情以后再详谈。④

你对《人民国家报》发行部不满意,你的这一看法和我完全一样⑤;只是我没有因此而向第三者抱怨,而是自己找犯罪者去算账。

---

① 载于1873年2月15日《解放报》。

② 在爱森纳赫代表大会筹备期间,以约翰·菲力浦·贝克尔为首的日内瓦各德语区支部的中央委员会提出关于正在建立的党的纲领和章程的各种提案。其中贝克尔建议,党的未来机关报采用《人民国家报》这一名称[见《先驱》(日内瓦)1869年第7期107页]。经过短时间讨论,爱森纳赫代表大会通过了贝克尔的提案,在讨论中李卜克内西也表示同意这一名称(见1869年8月7、8和9日爱森纳赫全德社会民主主义工人代表大会会议记录,1869年莱比锡版第52、53、56页)。

③ 在莱比锡叛国案审理期间,李卜克内西声明属于国际工人协会"在《共产党宣言》中阐明自己纲领的"一派(威廉·李卜克内西:《莱比锡叛国案》1874年莱比锡版135页)。

④ 并见文件13。

⑤ 恩格斯在1873年2月12日给李卜克内西的信中向他抱怨《人民国家报》发行部的行为(《马克思恩格斯全集》第1版第33卷第569—570页)。

关于发表《论住宅问题》的事没有问你一声,这是无礼行动,我将向芬克指出这一点。但是,谁不让你自己去做这件事呢?你过去并没有那么顾虑重重。至于那一百份《共产党宣言》,我只能向你建议:不要付钱!我们的人显然把你看成大富豪,为了公共福利必须全力进行剥夺。但是,他们这样做并不是怀有恶意,我想,我们是处在某种困境和受到某种干扰。我的妻子仍然住在酿造街11号。向你、马克思和大家问好。

请看背面!

我以倍倍尔和我自己的名义为《资本论》向摩尔致谢。顺便说一句,我们和斯蒂凡打的官司取得辉煌胜利,施梯伯式的邮检提供了如此有力的证据,法庭迅速宣告无罪,以便不必对我进行审讯,免得我手中拿着许多被拆开的信封(可惜它们放在我家中的书桌里)出庭。你们应当在英美报刊上提及这一案件,其详细情况将会发表。

巴黎消息①:

"这里的逮捕引起很多烦恼。有三个支部,相当可观,和一些较小

---

① 1872年12月在巴黎发生多次国际工人协会会员被捕事件。1873年1月至3月对他们进行了审判。法国南部各支部(这些支部于1872年12月25日举行秘密会议,会上表示同意海牙代表大会各项决议)被法国警察摧毁。李卜克内西在下面向恩格斯报道的巴黎消息来自卡尔·希尔施(见文件17)。恩格斯在评论《新社会党人报》关于国际工人协会法国会员案件的几篇煽动性文章时,对丹特雷格和万-赫德盖姆所扮演的角色作了正确估计(见弗里德里希·恩格斯:《关于〈新社会民主党人报〉的几篇文章》,载于《马克思恩格斯全集》第1版第18卷第356—358页。——弗里德里希·恩格斯:《国际和〈新社会民主党人报〉》,载于《马克思恩格斯全集》第1版第18卷第359—362页)。

的小组。告密者为了让人从他身上搜出名单,当然也一起被捕,这个人就是在这以前大家就知道的流氓丹特雷格,他曾作为土鲁斯一个支部的代表出席国际海牙代表大会。人们在这里和在土鲁斯都曾及时对派他出席代表大会提出抗议,但是没有结果,因为伦敦的赛拉叶先生说丹特雷格不错,并在某种程度上为他担保,他这样做:(1)诉诸权威,(2)或者(a)是可疑的,或者(b)证明他不懂人情世故。万-赫德盖姆(地产信贷公司的推销员)是最先被逮捕的一个,他作为代表同左尔格(寄居在万-赫德盖姆处)一起从这里乘车去海牙。从此人身上没有找到名单,否则一定会有许多人被捕,这些人没有被捕,如……

各支部自然都已经解散。

16. 保尔·施土姆普弗致弗里德里希·恩格斯

伦 敦

[18]73年3月10日于美因兹

亲爱的朋友:

请允许我同你谈几句。

1. 米尔柏格的《住宅缺乏》。

主张把他刊登在《人民国家报》上的文章出一本小册子①的是我。我所以这样做,首先是因为自从你批判了上述文章之后我才知道小资产者蒲鲁东,其次还因为,小资产者在这一问题上需要不像"废除私有财

---

① 阿尔都尔·米尔柏格:《住宅问题。社会概略》,载于《人民国家报》单行本,1872年莱比锡版。

产"那样令人可怕的东西。可是，小资产阶级也没有上钩。在八百本中我仅仅赠送和出售了几十本，其余的由您处理。

这是我让小资产阶级开窍的第二次尝试，第一次是1867年建立了一个建筑工人协会。这一组织没有吸引力，因为很小的师傅是怯懦的和无助的，只有较大的师傅逐渐加入协会，表现出一种勇气，使小的师傅明确感觉到自己的束手无策。由于两次尝试都失败，我认识到，在这里，也不可能使各种不同的利益一致起来，我甚至由此了解到，小资产者由于目光短浅，宁肯反对无产阶级，而不去反对资本。这一点不伦瑞克人也将会了解。但是这种认识在这里也是不可理解的。我这方面现在不再对小资产者抱任何希望，不伦瑞克人很快也会这样。

如果我哪怕经过长时间的艰苦努力，能够在这里的工人中物色到几个像样的领导人（我这方面不会成为他们的障碍），并且得到这里较多的工人同情的话，我就不至于陷入对小资产者进行鼓动的境地了。因为我两者都没有做到，我为我们的事业所进行的活动只能是财政支援，推销《人民国家报》、小册子等等。

这些消息不要公开，请你不要使用这些材料以免对我不利；因为你知道，社会民主主义已使我遭受许多牺牲。这里那些避开我的营业地点的资产者把我看成魔鬼、不值得信任的"分发人"，你也知道，无产者不会订购带红木柜的议事室，我的"唧筒"只能吸水。

但是尽管如此，仍应继续进行鼓动，所以我还要建议，到处都要更加努力地把那些在同事中受尊敬的富有才干的工人吸收过来。而这应当有步骤地实现，以免目光短浅的人一开始就戴上度数太深的眼镜。另一方面，应当竭力避免不纯洁的分子成为领导者。最后，各个协会的工人中的长期争论也被吓住了。他们是正确的，因为你将会向我承认，人们可以高举真理和打人耳光，而不像全德工人联合会那样，使用拳头，龇牙咧嘴。

因此，我们要注意尽量不在我们的机关报上刊登令人不愉快的细节，以便我们争取优秀工人，而不把他们吓跑，要注意对领导人实行严格监督。

向你和马克思致最友好的问候

你的　保·施土姆普弗

＊例如，在我所领导的市镇参议会选举中，所有小师傅都在我一边，他们只担心被自己的顾客看到他们是选票分发人。

17. 威廉·李卜克内西致弗里德里希·恩格斯

伦　敦

[1873年] 3月25日 [于胡贝尔茨堡]

（有附录）

亲爱的恩格斯：

我在信中说："你认为紧要的东西，每次都会采用"，那是指，你认为好的东西，都可以写成文章在报纸上发表。你怎么由此得出结论说，《人民国家报》要保持中立，我一直还弄不明白。《人民国家报》站在总委员会一边确实是事实，这一点无需在我的信中特别强调。这个问题反正现在已经得到解决。① 说约克是见识短浅的拉萨尔份子是正确

---

① 见文件13和15，以及恩格斯1873年2月12日给威廉·李卜克内西的信。（《马克思恩格斯全集》第1版第33卷第568页）

的；他和他的布勒斯劳的同志们之所以能够制造某些混乱，是由于党的机器因为我们（倍倍尔、赫普纳和我）被监禁暂时发生了故障。而现在故障已经排除，约克及其同伙不能再以他们的目光短浅而给我们带来这种不幸了。至于你关于盖布的意见，我相信，你的信他没有收到。盖布和我们是完全一致的，当然，他的勒特岑险遇①使得他有些过分小心。

每个明智的同志——这是大多数——肯定都会为你替《人民国家报》辛勤撰稿而向你深表谢意，你的文章在帮助我们克服危机和澄清思想方面起了非常重要的作用。希望你不要罢工。我把你对"巴黎的告密"的作者的回答寄给他以使他知道。他消息虽不灵通，但策划得倒不坏。他的名字就叫卡尔·希尔施，他像你我一样，是一个很好的国际主义者和一个很坏的巴枯宁主义者。把事情告诉你完全是我的义务，我们大家都会犯错误，对这种谣言和猜测保持沉默，我认为是很坏的政策。

你抱怨发行部疏忽大意是完全有根据的，但是也不要忘记"减轻罪刑的情节"。由于不可抗拒的力量，我们至今不能正常地、真正有条理地进行业务活动。编辑部人员经常坐牢，即使不坐牢，也需要经历各种艰险，所以有时难免会有疏忽或遗忘的事情。赫普纳被捕期间宰弗特领导编辑部，他身上堆了很多工作，而且他对很多事情不熟悉；我们建立印刷所，也发生了一些失误；对发行部来说，我们还没有为完成不断增加的工作所需要的力量（缺少代理人），不幸的是，现在我们发行部的人要坐三个月的牢！总之，我们发行部犯了一些疏忽罪，你不要对此感到惊奇；值得惊奇的倒是，总的来说它把自己的

---

① 奥古斯特·盖布由于他在普法战争中采取国际主义的立场于1870年9月至12月被监禁在勒特岑的博伊恩要塞。

工作搞得还算不错。

你知道，帝国国会没有召回倍倍尔诉施拉普斯的提案是错误的，论据是可怜的。帝国国会的表决形式上是有道理的，因为无论如何，有关条款没提到刑事犯罪。① 倍倍尔仅仅要求暂释，而他却很难获准，因为那会为将来提供一个令人不愉快的"先例"。当"红色幽灵"在帝国国会中进军，并把拉斯克尔赶到鼠洞里去的时候，瓦盖纳集团这一次并没有感到不快。柏林《评论》② 就非常直率地指出了这一点，这份报纸你们应当订阅。但是，事情对宫廷社会主义者先生们来说也有其令人不愉快的方面。

天气好极了，这里也一样；而外面当然更好。我还从来没垂头丧气过。

通过柏林的"雅科比分子"能弄到最必需的东西，但也只有最必需的东西。情况还不错，我的妻子至少不需要借债。孩子们都好，你们的教子也很好，他发育得很不错，已经一岁半多了。倍倍尔向你们问好。向你、马克思一家和波克罕致以衷心问候。

又及：你给我的信中没有提到赖利。《国际先驱报》是一家相当奇特的报纸。③

[附录]

你不必为匈奴人（拉萨尔分子）的闯入而担心。来的那些人已经相当明智，其余的没有来，而是战斗到底。幸亏我们的人也终于明智到

---

① 在新的帝国国会会议开始的时候，议员莱茵霍尔德·亨利希·施拉普斯律师提出一项提案，要求准许倍倍尔在开会期间暂释。提案遭到否决，理由是，帝国宪法三十一条所保证的议员豁免权不能引申到刑事犯罪。

② 《柏林评论。社会和政治周刊》——资产阶级杂志，1855 至 1873 年出版。

③ 见文件15。

以棍棒来回答棍棒。

你还没有告诉我燕妮的地址,我想给她写封信。①

赫普纳写信告诉我,马克思将给《人民国家报》写关于他同拉萨尔关系的文章。这很好。下面还要继续写。但是,趁此机会,我请求你不要鼓励赫普纳向拉萨尔分子进攻,他最近在《人民国家报》上的进击是极其笨拙的。

(原载《马克思恩格斯年鉴》第4卷第397—426页)

(籍维立、赖升禄、孙魁 译)

---

① 见文件13。

威廉·李卜克内西给弗·恩格斯的二十三封信[*]

1. 1875年2月1日致恩格斯

1875年2月1日于莱比锡

亲爱的恩格斯：

  你是否打算对"彼得"进行驳斥？既然他到处寄自己的拙劣作品，那就再也不能对它保持沉默了①。杜林在其再版的政治经济学史中，重复他对马克思的粗暴的嫉妒，而对他如何进行严厉批驳呢？圣诞节前我曾听过这个人的演讲：自大狂和充满对马克思的嫉妒，如此而已。他给我们中的许多人（特别是在柏林的）留下深刻的印象，因此，要真的给他一点颜色看一看。你有再版的政治经济学史吗？要是没有的话，我

---

 * 本文选自《马列主义研究资料》1986年第3—4辑。

 ① 指的是俄国革命者彼得·特卡乔夫的小册子《致〈流亡者文献〉一文的作者弗里德里希·恩格斯先生的公开信》。恩格斯的文章1874年底，发表在苏黎世出版的德文报纸《人民国家报》第117和118期上。恩格斯对这本小册子的批判文章是《流亡者文献》一组文章的第四篇和第五篇，刊登在1875年3、4月份的《人民国家报》上。

们给你寄去。

过几天等国会开完会安静下来,我就给马克思写信。《共产党人案件》的最后一部分校样,今天将给他寄去。问他一下,《福格特先生》①的开头部分是否也需要刊印出来?

祝好

您的 威·李·

波克罕怎么样?他还住在老地方吗?

2. 1875年4月21日致恩格斯

1875年4月21日

亲爱的恩格斯:

当我接到你的内容十分深刻的来信的时候②,一时抽不出时间回信,只好打消了这种念头,现在当这种念头出现的时候,时间又不够用,所以只谈些最主要的。你大发雷霆是完全多余的。你所注意到的纲领无疑是存在缺点的,而且我们一开始就知道,但在会议上这些缺点是难以避免的,否则,合并谈判就会中断。在会前不久,拉萨尔派召开了

---

① 指1874年10月至12月在《人民国家报》上全文发表的马克思的批判文章《揭露科伦共产党人案件》(1853年)的单行本,1874年10—12月全文发表在《人民国家报》上。1875年上半年在莱比锡出版。在报纸上和书里都全文登载了马克思著作《福格特先生》的附录4。该书的其他章节没有发表。

② 这封信没有保存下来,但就其性质来看,这封信和恩格斯在1875年3月18—28日写给倍倍尔的那封批判哥达纲领草案的信差不多。

执委会会议，而这些缺点的出现和已经准备好的有关某些极不光彩的问题的决议有关系。况且我们必须向他们让步，因为我们（别人也是这样）都毫不怀疑合并就是拉萨尔主义的灭亡。（《职工联合会》、《协和》、《汉堡记者》都有很正确的理解并表达了这种看法）①——不管怎么说，情况就是如此：要么要这个纲领，要么根本不合并。

因此，问题的结论只能是：合并是我们所追求的目的吗？合并所带来的牺牲值得吗？肯定地说：值得！

哈塞尔曼之流、哈森克莱维尔之流等等一夜之间变不成老少卡托，但是事实是，全德工人联合会的大批会员，特别是汉堡——阿尔托纳的大批会员，以及什列斯维希——霍尔施坦人决不会被收买，而柏林人和巴门——爱北斐特人由于与我们共同度过了半年，已经完全清醒了，准备放弃拉萨尔主义。这一部分干练的会员，我敢说占联合会全体会员的一半，甚至三分之二，我们最好能够不搞合并，把他们拉到我们方面来（这是可能的），我们曾经一度有过这样的想法，但是肯定无疑的是，如果全德工人联合会里只剩下头头脑脑（以《新社会民主党人报》为代表），那么一些会员脱离之后不久就会有一些新的会员出现。这个信念使我倾向于合并。显而易见，随着孤立状态的消失，宗派主义也将消失，拉萨尔教义的基础也将被摧毁，拉萨尔派的"领袖们"只有在他们自己人的压力下，才会提出合并；但是这种来自外部的压力也表现在保留惯用的拉萨尔主义的提法方面。扼要地说，我们做了应该做的

---

① 1875年3月20日保守的《协和》杂志（第12期第48页）在论述纲领草案时写道："它基本上是从党的前组织《人民国家报》抄袭来的，从而在这个主要问题上后者使自己的原则得到承认……为此它可以轻而易举地做一些微不足道的让步和把某些严重褪色的用哈塞尔曼废话表达的论点都收罗到'纲领'里。"

让步。

新纲领草案的主要缺点在代表大会上将有可能克服（"有关民族的"条款的不正确的表述、铁的工资规律、信仰自由等等）；而关于生产合作社那一条的缺点未必能克服；就是这一条中也找不到多少拉萨尔主义的提法。今天就谈这么多吧。只是还有一点：要是国际没有遭到这么不光彩的惨败，那么我们就能避免一切困难。否则双方都能采纳国际纲领作为纲领的基础。够了，请放心，我们也像经受住一切别的危机一样，能够成功地经受住合并的危机，从自己方面来说，为了维护党的利益，我甘愿像在这件事情上那样一次又一次地受到"无情捉弄"。您可以相信，无论在实际上，还是在原则上，我们都没有受到损失！

现在谈一谈另外一个问题。请快一点修改送去的附件①！还有论战争叫嚣的文章。我准备把它出版单行本②。

大概你应该下决心痛击杜林。《人民国家报》转载论公社的片断时直接指出杜林著作的错误③。

筹集一千帝国塔勒的事情进行得怎么样？如果能筹集到八千帝国塔勒，我们就可以在这里买到一所很便宜的房子；我们要是能够很快收到你的一千帝国塔勒，事情就好办了。我们看中的那所房子好极啦，并且毫无疑问，价钱还会上涨。

---

① 大概指的是当时在莱比锡出版的恩格斯的著作《论俄国的社会问题》的单行本（《流亡者文献》的五篇文章）的清样。恩格斯为该书写了导言。

② 恩格斯为揭露俾斯麦政府侵略方针而写的论文《半官方的战争叫嚣》发表在1875年4月23日《人民国家报》上。编辑部出版单行本的打算没有实现。

③ 1875年3月3日《人民国家报》以《对公社的评价》为标题刊登了杜林的《国民经济学和社会主义批判史》一书第二版的片断来纪念巴黎公社。在编辑部的评论中指出，在这一版里"遗憾的是没有消除第一版的主要缺点"。

倍倍尔自我感觉相当不错，但还不能做宣传工作①。上个月我曾想到，我将不久于人世，而我总希望能重新站起来，从1月初到3月中旬，我做了二十七次旅行（柏林、汉堡等等），发表了无数次的演说，召开会议，编辑《人民国家报》等等。而恶劣的天气？宰弗特现在正在坐牢，除了其他的令人愉快的事以外，这意味着必须由我来进行整个校对工作②。

波克罕的病好了吗？

向你和马克思及其家庭致以衷心的问候。（你们和绍伊耶姆有联系吗？）

你能否或是愿不愿意为我们的历书写点什么③？

3. 1875年4月23日致恩格斯

1875年4月23日

亲爱的恩格斯：

前天我忘记写信告诉你，根据纠缠不休的腊施的强烈的要求，我把你和马克思的地址告诉了他。然而提醒过他，你们不打算迁就他，无论

---

① 倍倍尔由于在国会里捍卫巴黎公社，于1872年3月26日以叛国罪被判处二年徒刑，后因在法庭上揭露政府的侵略性的反人民政策，加刑九个月，1875年4月1日被释放。

② 形式上担任《人民国家报》的主编，实则是编辑部的一名编辑的鲁道夫·宰弗特，以在报纸上侮辱莱比锡区的负责人罪，于1875年4月1日被判处两个月的监禁。

③ 指的是1875—1878年出版的社会民主文选《贫穷的康拉德》。

如何，你们要尽力避免一切会晤。现在他对俾斯麦非常生气，而对我们却很尊敬，——大概这两点都是可以利用的，他能为我们提供有关门的内哥罗的趣闻等等，看来你们可以利用他作为传声筒（总之，他与门的内哥罗公爵来往密切，要是为了伪装能成功地利用一下彼得鲁什卡，那么这已经不是头一回了。至少你们可以不客气地摆脱他，对这一点他是有准备的。虽然他没有和布林德公开决裂——并且还可能去拜访他，但他毕竟是让俾斯麦分子给惹恼了。

让我快一点知道你的军事文章，我们准备把它拿到市场上去销售。顺便说一句，战争叫嚣使俾斯麦和他的同伙，以及民族自由派工商界都极端恼火。当要动真的时候，那就来不得温情。

我们高兴地把埃卡留斯的论伦敦裁缝业的文章印成单行本（并附有简短的前言，资料索引等等），而我们首先想问一下，你们对这一点不会见怪吧？文章在你们办的杂志上发表了，现在非常适合我们的需要①。如果你们愿意的话，可以在前言里扼要地指出这一点。

现在对合并问题再做一些说明。计划是这样的：《人民国家报》和《新社会民主党人报》作为"地方报纸"每天出版，并重新创办中央机关报，每周出版两次，刊登一切官方消息。其他人也同意这样做。有关出版的地点意见不统一。我们主张在汉堡，哈塞尔曼和哈森克莱维尔主张在柏林。然而，因为汉堡——阿尔托纳的全德工人联合会的会员们即拉萨尔派核心在这个问题上，也像在许多其他存在分歧的问题上一样，站在我们方面，因为特森多尔夫实际上表明在柏林不可能出版明显表达

---

① 发表在《新莱茵报。政治经济评论》1850年第5—6期上的约·格·埃卡留斯的著作《伦敦的裁缝业，或大小资本的斗争》，于1876年用《大小资本的斗争，或伦敦的裁缝业》的书名出版。

党的方针的机关报①，所以我们完全可能坚持我们的意见。

即使不发生这件事，除了《新社会民主党人报》以外，党的刊物将掌握在我们手里，因为除了哈塞尔曼，别人掌握不了《新社会民主党人报》，即使哈塞尔曼在编辑部里有绝对控制权，它也不会再有什么危险，因为它不再是独一无二的机关报了。

就写到这里，合并是拉萨尔派的灭亡和"马克思的"共产主义对拉萨尔的宗派主义的完全胜利。为了取得这一胜利，我准备做更进一步的让步；其实，所做的让步甚至形式上不会把新纲领置于爱森那赫派的纲领之下。"不折不扣的劳动所得"和后者的第十条是彻头彻尾的拉萨尔主义②——就像是新纲领中的拉萨尔主义的摘录一样。如果不合并，我们也能够制定更激进的纲领，但我喜爱这个不完善的合并的纲领，胜过最完善的不合并的纲领一千倍。

向你、马克思和全家问候。

你的　威·李·

朗姆已经写信告诉你，拉萨尔分子正在起劲地攻击我们的文献③，他们毫不留情地愚弄我们。从我的潦草的书信里，你能看到我急得不得了。只要一安静下来，我就告诉你一些你们感兴趣的事情。——昨天倍

---

① 1874年加强对社会民主党人的迫害，与普鲁士检察官、柏林城市法庭的成员海尔艾·特森多尔夫的名字有联系。

② 爱森纳赫派纲领第十条说："国家奖励合作化和在民主保障的情况下对自由生产合作社给予国家补贴。"

③《人民国家报》的编辑部成员海·朗姆1875年2月7日给恩格斯写信说，当前的合并对于在全德工人联合会的会员中传播属于社会民主党的莱比锡合作印刷厂出版的文献会起到很好的作用。

倍尔到我这里来过，他向你问好。

4. 1875年10月15日致恩格斯

1875年10月15日于莱比锡

亲爱的恩格斯：

附上的信不是这类中唯一的一封①。《人民国家报》刊登详尽的批判杜林的文章是绝对必要的，我再一次要求你这样做。

在这一时期想必你已经学会正确地公正地评价德国的情况。

如果你不想写批判杜林的文章，那就请快一点告诉我。

向你们大家致以衷心的问候！

你的　威·李卜克内西

建立党的新的机构一事进行得很顺利；吸收拉萨尔派比我所期待的容易得多，也快得多。你要是愿意的话，以后我给你写一份详尽的报告！

---

① 指的是，一个叫阿·恩斯的人1875年10月3日从苏黎世写给《人民国家报》编辑部的信。他在信里把杜林称为"科学界最革命的、最坚决的、最勤恳的、先进的劳动者"，指责编辑部对他的"划时代的著作"保持沉默，并表示愿意为在报纸上扼要介绍这些著作效力。

5. 1875年10月25日致恩格斯

1875年10月25日

亲爱的恩格斯：

我已经给这个人（杜林分子）写了回信，并且是很不客气。因此，我不能在"信箱"里再次答复他。但我要找到一个理由，反对这种大吹大擂式的叫嚣和对杜林的崇拜并通知要进行批判。而你应当尽快地把它寄来。

你毕竟应该知道，论杜林的文章是倍倍尔写的，他不理解对摩尔的卑鄙的攻击；当时我已经写信告诉你了这一点①。

哈森克莱维尔辞职，整个执委会是"诚实的人"的天下②。拉萨尔主义的幽灵使汉堡和阿尔托纳的某些党员的头脑发昏，在柏林和莱茵省这个幽灵完全消失。一些著名的捍卫者几乎都毫无例外地转向新的信仰；现在剩下的只是被割掉头还在抽搐的尾巴。白拉克已经和执委会友

---

① 指的是1874年3月13日和20日《人民国家报》发表没有署名的文章《新共产党人》。文章对杜林的《国民经济学和社会经济学教程》一书给予好评。书里把杜林描绘成科学社会主义的拥护者。文章受到马克思和恩格斯的尖锐的批评。文章的作者是倍倍尔。

② "诚实的人"指爱森纳赫派。根据哥达合并代表大会的决议，三名拉萨尔分子（威·哈森克莱维尔、威·哈特曼和卡·德罗西）和两名爱森纳赫派（伊·奥艾尔和奥·盖布）参加执委会。1875年10月13日《人民国家报》发表威·哈森克莱维尔的公开声明，说他由于在《汉堡－阿尔托纳人民报》编辑部工作忙碌，退出执委会。

好地达成协议。这种做法①是汉堡发生的许多事件（布赖埃尔分子的鼓动）②引起的，而在《拉萨尔的建议》方面决议已经被撤销。白拉克应该设法在汉堡公开发表意见，这能起到很好的作用。

汉堡人企图指责我，因为我在《人民国家报》上没有指明拉萨尔的死亡日期。我让他们注意到像崇拜救世主那样"崇拜拉萨尔"是没有意义的，并且果敢地向他们说出全部真情，于是他们平静下来了。我个人与人们相处得极好（有五、六千人听了我的关于法国革命的讲座，并且到处都有反应），我担保大家很快就能弄清楚。经常玩弄拉萨尔主义，促使人们反对科学社会主义的坏蛋李希特尔要是不降服就开除他③。已经邀请他参加执委会会议。如果他要退出的话，跟在他后边的还有半打。

现在我被赶出编辑部（星期日，12点钟）。再见！下次再详谈。大概从柏林写信，那里将会有一番热闹④。

还是不要忘掉杜林。好好地收拾他一下。

向你和马克思问候。

---

① 1875年6月社会主义工人党执委会，以拉萨尔派的三票对爱森纳赫派的两票通过一项决议：从推荐的党的书目里删去三篇批判拉萨尔观点的文章，其中包括威·白拉克1873年在布伦瑞克出版的《拉萨尔的建议》一书。根据白拉克的强烈要求，这一决议被撤销。

② 全德工人联合会驻汉堡的全权代表布莱埃尔裁缝早在1873年就在汉堡建立了人数不多的正统拉萨尔派集团。这个集团反对跟爱森纳赫派合并，在合并代表大会召开以后，成为与社会民主党相对抗的独立组织。

③ 前拉萨尔分子恩斯特·伯恩哈德，李希特尔在党合并后执行分裂政策，1876年在党代表大会上被开除出党。

④ 1875年10月底，国会在柏林召开例会。1874年李卜克内西被选为国会议员。

6. 1875年11月1日致恩格斯

1875年11月1日于莱比锡

亲爱的恩格斯：

附上对我拒绝吹嘘杜林的答复，这样一来，我将在（下一期）"信箱"里给予反击①。现在请你对杜林的著作给予更快的、更有充分根据的批判。贝克尔支持恩斯的要求，这一事实向你表明，最终必须了结这件事。同时，也不要忘记杜林的哲学。可能的话，请把恩斯的信给我退回。你能否为我们的通俗杂志寄点什么②？我听说你正在写历史著作——到那时必定会成为废物。

明年无论如何也得从巴黎到你那里去一趟，讨论一下口头能解决的问题，如果不耗费时间的话。

明天我们去柏林。观看一下市容是很有意思的。

向你、马克思和全家问候

你的　威·李卜克内西

---

① 1875年11月5日在《人民国家报》的"信箱"栏内，除了阿·恩斯的信之外，还发表了编辑部的声明。声明中谈到："……《人民国家报》的编辑部在任何情况下都不去助长某一方面极力推行的、早晚会成为令人厌烦的对杜林的崇拜，并且很快将要在报上刊登一篇对杜林的著作进行详尽的科学批判的评论。"

② 从1876年1月起，在莱比锡开始出版李卜克内西编辑的一种社会民主主义的带有插图的通俗杂志《新世界。大众消遣画报》。

7. 1875年11月16日致恩格斯

1875年11月16日

亲爱的恩格斯：

请你费心，驳斥杜林的事别让我等得太久了。

请把文章寄到柏林国会或是我私人的住宅：威廉大街95号。

此次我们将在柏林呆的时间相当长，并且可能成为某些"吵架"的原因。

在柏林创办一家日报①——它应该逐渐使《新社会民主党人报》成为不必要的，这样一来，《人民国家报》就成为唯一的中央机关报。从前的《德意志总汇报》的计划！这向你表明事情进展的情况。遗憾的是，除了哈塞尔曼以外，我们还没有合适的编辑。布洛斯同意把克里米乔方面的工作担当起来②。而在汉堡也需要一名编辑。你也许知道有谁能担任这项工作？薪水十分优厚。

你应该经常给新的通俗杂志写点什么东西。这里的工作重担弄得我疲惫不堪。

明天我要再次去柏林。

向你、马克思和全家问候！

---

① 指的是1876—1878年间出版的社会民主党报纸《柏林自由报》。该报最初由威·哈塞尔曼编辑，而从1876年年中开始由约·莫斯特编辑。

② 1875年秋天威·布洛斯根据党的执委会的要求，从1876年1月1日起担任刚刚创办的《汉堡－阿尔托纳人民报》的编辑，同时在克里米乔做党的宣传工作。

匆匆

你的　威·李·

8. 1875年12月26日致恩格斯

1875年12月26日

信已收到。令人高兴的是，你已经着手做我所期待的工作①。尤其令人高兴的是，卡尔斯巴德竟这么有效②。被封住的东西没有被遗忘（也不曾被遗忘过）。这仅仅是相互射击。今后还要发起冲击③。

祝贺你和其他朋友新年好！对弗兰克尔的评论是我不在的时候发表的④，使我非常生气，但问题已经得到尽可能的纠正。我想，弗兰克尔的处境是没有危险的。

---

① 恩格斯的这封信没有保存下来。恩格斯可能在信中宣布自己同意写一篇批判欧·杜林的文章。
② 从1875年8月15日至9月11日马克思在卡尔斯巴德疗养。
③ 这里所说的事情并没有产生。
④ 1875年12月17日《人民国家报》在《国际警察在行动》的标题下面转载了维也纳《新自由报》的一条消息说，逮捕了一个化名住在维也纳，名叫列奥·弗兰克尔的人。消息中特别谈到弗兰克尔在巴黎公社里的活动情况，为此，法国法院于1872年判处他死刑。编辑部的评论对弗兰克尔所表现的"不慎"表示困惑莫解。法国政府没有坚决要求引渡弗兰克尔，1876年3月27日他被释放。

9. 1876年2月26日致恩格斯

1876年2月26日于莱比锡

鲁普斯的雕板像的印板将要制成。您能否写一篇他的传记①？沙佩尔的照片和传记也是很需要。况且这是旧债。

祝……

10. 1876年4月7日致恩格斯

1876年4月7日于莱比锡

亲爱的恩格斯：

真好极啦！答应写的著作②来得非常及时！我们当然首先把它刊登在《人民国家报》上。你将得到25份③。腊姆要求千万原谅他的如此不客气。他愿意弥补以往的过错。这简直是乱了套：敌人给我们制造了

---

① 恩格斯的传记性随笔《威廉·沃尔弗》发表在1876年7—11月的《新世界》杂志上。刊登第一篇时还附有威·沃尔弗的照片。

② 大概是指恩格斯的未完成的著作《奴役的三种主要形式》，晚些时候，它被收集在《自然辩证法》一书中，标题是《劳动在从猿到人过程中的作用》。文章于1896年发表在《新时代》杂志第14年卷第2卷第545—554页。

③ 指的是恩格斯在1876年2月写的著作《德意志帝国国会中的普鲁士烧酒》。这个著作于2月底至3月初在《人民国家报》上不署名发表，而晚些时候又出版了单行本。

这么多麻烦,致使我们有时连朋友都忘记了。我不能把一切都记在心里。自从最后一次竞选宣传运动以来,我还没有恢复元气。在暴风雪天气,尔后又在冰雪融化的天气里,在什列斯维希——霍尔施坦地区闲逛,可不是闹着玩的。冒着零下19度严寒在巴伐利亚闲逛也同样不是闹着玩的。

可怜的普芬德!几周前马克思夫人来信讲了之后,我已经预料到这个非常好的小伙子会逝世。人一个个离去了。活着的人应该更紧密地团结起来,并且把更繁重的担子承担起来。追悼文章已经付排①,我将写信给普芬德太太。

不要忘记鲁普斯和沙佩尔。前者的照片几乎完全准备好,把传记寄来,越快越好。这是一个具有钢铁般意志的优秀人物。不久前我遇到他的"48年前"时期的一位西里西亚的朋友!我让他看一张照片:"完全没有改变!"并且他给我讲了许多他们的共同的事业。

关于维尔特②,这是一种非常好的想法。我要是有全份的《新莱茵报》该有多好!到什么地方去找呢?偷窃吗?可能得劳驾你请杜西给我抄几首诗。她乐意做这件事。

还在三周以前,我给瓦尔泰希写过一封信。他说作品已经印好,而这(本)周③就能问世。生产上的困难是推迟的原因。不管怎样瓦尔泰

---

① 1876年4月12日《人民国家报》发表了追悼共产主义者同盟中央委员会委员和国际总委员会委员卡尔·普芬德的文章。

② 大概说的是1848年革命后马克思和恩格斯打算发表《新莱茵报》上发表过的维尔特的诗文和恩格斯实施这一计划的建议。

③ 指的是1873年在开姆尼斯出版的约·莫斯特的著作《资本和劳动。卡尔·马克思〈资本论〉浅说》。根据威·李卜克内西的要求,于1875年8月初在恩格斯的参加下,马克思为莫斯特的小册子的第二版作了修改。第二版1876年4月在开姆尼斯出版。

希应该给马克思写信表示歉意。我刚刚给他寄去了第二封警告信。

我有幸又受到几次诉讼,其中的一次是因为"侮辱陛下"(3月18日在柏林)①。为了最近一次的诉讼,我只需要能够说明"亲王"的举止、逃跑等问题的材料。你能给我提供一点材料吗?当时的报纸?或是别的什么材料?一切都会完好地归还。我应该给特森多尔夫及其庇护者以沉重的打击。

要是把我投入监狱,他们会欣喜若狂,因为这样一来,就会使竞选工作瘫痪,而不让我选入国会。施特[……?]知道,他在我的手心里。

党的执委会坚决要求我今年不要去巴黎;由于警察的迫害,我们有许多要做的事情,而小恶棍特森多尔夫的最近的狂妄行为,最低限度又得给我们增加一些工作。这样一来,今年可能不会有什么结果了,已经允诺的"带全套家具的房间"无论如何总是使我向往。然而,我们看看再说吧!伦敦毕竟是我真正的故乡——我越来越强烈地感觉到这一点。

经过多次间断后,现在终于使我离开写字台,祝你健康!向你,向摩尔及其全家和其他年长的和年轻的朋友们致以衷心的问候,再见。

你的 威·李卜克内西

我这里一切平安。能否弄到有关英国土地关系的议会报告②?马克思写信说,发行的书已经卖完,但他将设法给我弄到一册。难道连一册都弄不到吗?

---

① 指的是1848年3月18日柏林革命。1876年3月初威·李卜克内西编辑的《新世界》杂志刊登了纪念在这一事件中牺牲的烈士的诗。检察长特森多尔夫以"侮辱陛下"罪名对李卜克内西提起诉讼。

② 大概李卜克内西准备再版他在1876年出版的著作《论土地问题》需要这些材料。

11. 1876年4月12日致恩格斯

1876年4月12日于莱比锡

亲爱的恩格斯：

我忘记问你，你是否还以德意志臣民的身份出现？你是否愿意提自己作为国会议员的候选人？马克思已经脱离祖国，大概不能提他作为候选人了。请你尽量详细一点回答，因为星期一我们要开会。

祝好

你的 威·李·

12. 1876年4月26日致恩格斯

1876年4月26日于莱比锡

亲爱的恩格斯：

你的来信已收到①。——我也不想呆在这个闭塞的地方。但这是难以避免的。

我们热切地期待着你的文章，（鲁普斯的照片已经准备好！）你有没有关于3月18日（柏林）和亲王逃跑的材料②？有没有关于农业统计的材料？

---

① 该信没有保存下来。
② 见第10封信。

我们印刷厂需要工作,因此,我们乐意印刷和再版你的《工人阶级状况》①("相当不错。")的确,你以前说过,第一版还剩下许多册。但事情并不是这样,我刚刚得知,一年半以前,维干德就通知我们的发行处说,他那里只剩下几本了,并将按高价把这几册卖给我。这就是说第一版都卖完了。你能否费心给维干德写封信?还有一点,能否让马克思劝说迈斯纳在我们这里印第二卷?我们这里有良好的拉丁文铅字。

如果我不"坐牢"的话,可能在今年夏天,无论如何得去一趟。

向你们大家致以衷心的问候

你的　威·李卜克内西

13. 1876年5月16日致恩格斯

1876年5月16日于莱比锡

亲爱的恩格斯:

再版你的《工人阶级状况》一书的事怎么样?② 随信附上莫斯特的稿件,这个稿子向你表明:杜林的流毒甚至感染了一些在其他方面有理

---

① 恩格斯的《英国工人阶级状况》一书的第一版是1845年由奥托·维干德出版社用德文出版的。李卜克内西的计划没有实现,因为奥托·维干德出版社不愿放弃合同所规定的再版权。德文版第二版1892年才出版。

② 恩格斯的《英国工人阶级状况》一书的第一版是1845年由奥托·维干德出版社用德文出版的。李卜克内西的计划没有实现,因为奥托·维干德出版社不愿放弃合同所规定的再版权。德文版第二版1892年才出版。

智的人；必须同他算账。把稿件退回①。

另附上制板用的鲁普斯的照片的板样以作为提醒。别让我长时间因等待来信而苦恼。难道土地问题的蓝皮书就没有办法弄到吗？

你知道波克罕的情况吗？几个月以前他曾给我写过信；从那时起就再也没有音信。

你要提防"李希特尔"，还要提醒《前进报》的人。我的怀疑是有根据的，就像你们的全部忠告一样有分量②。

向摩尔及其全家和你本人问候

你的 威·李·

我不得不把莫斯特的稿件按印刷品邮寄，否则邮费是相当昂贵的。

14. 1876年6月10日致恩格斯

1876年6月10日③

亲爱的恩格斯：

你已着手写鲁普斯的传记了吧！这样一来就卸下我心上的一块石头。

---

① 指的是约·莫斯特为吹捧杜林的《哲学教程》一书而写的文章。文章寄给《人民国家报》发表，但编辑部拒绝刊登。该文于1876年秋季用《哲学家》的标题在《柏林自由新闻报》上发表。

② 李卜克内西怀疑参加《前进》杂志和《人民国家报》撰稿工作的俄国流亡者德·伊·李希特尔是奸细，但他的怀疑是没有根据的。

③ 这封信是对恩格斯的那封没有保存下来的信的答复。

至于杜林的文章，我将做出任何所期望的解释。——《人民国家报》在一些社论里说了许多蠢话，遗憾的是，这一点的确是不可避免的。我们缺少高明的人。还有一个理由，就是有时需要你们过问并给我们指明方向，从一开始我就跟你说过，我们需要你们的理论文章。

你对蓝皮书的评论是向我作暗示，我立刻猜想到，一个家庭用各种不同的姓是为了掩盖真实情况。

关于你和维干德所订的合同，我正在跟弗莱塔格律师协商。在丹巴赫的《作者的权利》一书里，我什么也没有找到。

李·在这里曾企图用一种非常奇怪的方式弄走一包信件，这本是去冬要给我寄到柏林来的。他喝醉了，所以干得很不机灵，因此被抓住了。在酒醉时，他有好几个钟头一直打主意想把这包信件弄到手，他甚至做到了这点，但是他的同伴们迫使他把这包信件投入信箱，当他偷换这包信件的打算失败之后，他才这样做了。发生这件事时在场的人过去都非常相信他是诚实的，现在都惊讶不已。固然，在酒醉状态下有时头脑中会出现一些古怪念头，但是决不会出现在清醒状态从未有过的念头。"酒醉吐真情"的说法并非毫无意义。我在这里不打算谈其他十分可疑的情况，因为它们不如我所说的这件事有分量。我只指出一点，就是李·曾不止一次地自告奋勇转递信件并请求同各方面的党内同志认识。[①]

致以衷心的问候，祝你妻子早日恢复健康！

你的 威·李·

[①] 恩格斯在1876年6月16日写给彼·拉·拉甫罗夫的信里曾引用了这段谈到李希特尔的话（见《马克思恩格斯全集》第1版第34卷第175—176页）。

近几天将有一位令人喜欢的客人林格瑙去拜访你们：此人留有遗嘱把自己的财产交给党。①

我的妻子和小儿子都不舒服，因此下周我未必能到指定审理我的案件（公开发表侮辱军队的言论）的地方基尔去。不出庭可能会让我坐几个月的监牢。

柏林案件失败了；热心的喽啰们的名声一落千丈。我掌握许多有关三月十八日的材料②。林格瑙刚到，他告诉我不从伦敦走了。

再见！

我们急切地等待已答应为《人民国家报》撰写的文章《论奴役的三种主要形式》③。这正是我们需要的作品。

燕妮·马克思在做什么？大概她又在为报纸写什么。向全家问候。

15. 1876年6月29日致恩格斯

1876年6月29日于莱比锡

奥托·维干德说，他手里还有一些书，但再也不能降价销售。现在

---

① 流亡美国的德国社会主义者斐迪南·林格瑙1876年3月18日遗言，死后把大约七千美元的遗产赠送给德国社会主义工人党。林格瑙死后（1877年8月4日），俾斯麦通过外交压力进行阻挠，这笔遗产没有转交给该党。

② 见第10封信。

③ 大概是指恩格斯的未完成的著作《奴役的三种主要形式》，晚些时候，它被收集在《自然辩证法》一书中，标题是《劳动在从猿到人过程中的作用》。文章于1896年发表在《新时代》杂志第14年卷第2卷第545—554页。

你应该过问一下，问他还有多少册。维干德不再答复我们①。你可以授予我全权，那样我将通过口头交涉把事情办妥。

祝好

16. 1876年7月20—25日致恩格斯

1876年7月20—25日

亲爱的恩格斯：

随信附上莫斯特的信②。自然，我把他痛斥了一番。但是你要看到，到底是该严肃处理这件事情的时候了。杜林主义完全没有危险，但是他沉默会使它抬起头来。

最后请继续写关于鲁普斯的文章。

你大概收到了我的明信片。只有你才能讲到问题的本质。维干德应当告诉你，他那里还剩下多少册。如果我们知道数量，那我们就能采取措施。

燕妮及其孩子的身体都好吗？

其他所有的人都好吗？

向你本人、你的妻子和摩尔的全家致以衷心问候

你的　威·李·

----

① 恩格斯的《英国工人阶级状况》一书的第一版是1845年由奥托·维干德出版社用德文出版的。李卜克内西的计划没有实现，因为奥托·维干德出版社不愿放弃合同所规定的再版权。德文版第二版1892年才出版。

② 李卜克内西把约·莫斯特1876年7月20日写的信转给恩格斯，莫斯特在信里特别指出杜林是一个"有独创"的人，不应该受到敌视，而《人民国家报》曾不止一次地表现出这种态度。

星期一我将到绍林吉亚去几天。

顺便我想问一下：你们对巴枯宁分子的密切关系的做法持何态度？如果事先各方代表先单独召开会议，大概就能同意召开共同的会议。请把你们的意见告诉我①。

莫斯特信中的哈·就是哈塞尔曼。有机会请把莫斯特的信退还！

17. 1876年8月31日致恩格斯

1876年8月31日于莱比锡

亲爱的恩格斯：

我把拉甫罗夫的信归还②。我的那些被古烈维奇偷偷交给警察的信件，是故意写得让施梯伯也可以看到，但是俄国人的许多信件则并非如

---

① 1876年7月初，在伯尔尼参加米·巴枯宁葬礼的人的会议上，根据瑞士巴枯宁分子的倡议，通过以国际工人协会的名义召开国际代表大会的决议，但这次代表大会应以1873年被巴枯宁分子篡改的章程为基础。在有关的呼吁书中号召工人运动中各派和解。最初德国社会民主党的某些领导人，其中包括李卜克内西，都倾向于参加代表大会，这一点遭到马克思和恩格斯的严厉谴责。1876年8月召开的德国社会主义工人党代表大会决定不专门派代表参加这次无政府主义代表大会。1876年10月26—30日在伯尔尼召开代表大会，尤·瓦尔泰希代表德国社会主义者以客人身份出席会议。恩格斯对这封信的答复没有保存下来。后来，1876年12月21日他给约·菲·贝克尔写信说，他曾警告李卜克内西不要接近巴枯宁分子。（见《马克思恩格斯全集》第1版第34卷第219页；第21封信）

② 恩格斯把彼·拉·拉甫罗夫1876年8月7日写的信转给李卜克内西。拉甫罗夫在信中通知说，由于年轻的俄国社会主义者格·叶·古烈维奇的疏忽大意，李卜克内西的信在邮局被拆开并落入警察之手。拉甫罗夫要求李卜克内西要相信俄国人是关注此事的，今后再不会出现这样的错误，并且没有理由不信任古烈维奇。他还写道，他接到一个叫В. Г. 捷赫杰列夫的人从莱比锡寄来的一封信，此人在信里似乎代表李卜克内西通知说，伊·亚·车尔尼晓夫正对这件事进行调查。

此。如果拉甫罗夫认为我信托过任何一个俄国流亡者的话，那是他的误解。我对这班人的胡说不负责任，他们的胡说是非常之多的。车尔尼晓夫到柏林去不是受我的委托，但我自然是知道的，在那里再也没有什么可破坏的了。①

关于沃尔弗的文章，你大概已经收到了。

代表大会在形式上是令人极端厌恶的，但实质上却是非常好的。弗罗梅事件是哈塞尔曼唆使干的，他遭到了彻底失败。我们和哈森克莱维尔达成协议，不必担心关系破裂。如果哈森克莱维尔不参加编辑部，那就可能分裂②。

因此，我非常希望你和马克思对新的报纸给予支持。在代表大会上我宣布了反杜林的文章，在这个大会上人家指责我故意避而不谈杜林（杜林的狂热崇拜者弗里茨舍却一无所得）③。

我的案件（侮辱军队和陛下）下周在基尔和柏林审理。只是诉讼本身花费不了许多时间。

---

① 恩格斯在1876年9月15日写给拉甫罗夫的信里曾引用过这段话（见《马克思恩格斯全集》第1版第34卷第186页）。

② 1876年8月19—23日在哥达举行的德国社会主义工人党代表大会上，前拉萨尔分子卡·弗罗梅指责党的一些机关报的编辑以及李卜克内西和倍倍尔接受小资产阶级民主派报纸《法兰克福日报》的发行人列·宗内曼的资助。经讨论查明，这些指责是没有根据的，并作出决定：完全拒绝弗罗梅所提出的指责。关于取代《人民国家报》和《新社会民主党人报》的新的党中央机关报《前进报》的编辑部的地点和人选问题，也在代表大会上展开激烈的争论。和许多前拉萨尔分子的意见相反，决定在莱比锡，而不是在柏林出版这个报纸。威·哈塞尔曼退出《前进报》编辑部，以示抗议。于是选举李卜克内西和前《新社会民主党人报》的编辑威·哈森克莱维尔为该报的责任编辑。

③ 威·弗里茨舍在代表大会上指责李卜克内西禁止《人民国家报》登载莫斯特吹捧杜林的文章。

再见!

我是多么羡慕你们能到海滨去散步!

向你们大家致以衷心问候

你的　威·李·

如果维干德那里只剩下几册的话,——我相信是这样,——那我们就按原价把这些书买下。看来,你不妨询问一下。

我们一下子定购十册。他要是说只是单本出售,那我们就一本一本地定购。但这样做会延长时间,如果你询问一下,办理手续将会加快。

18. 1876年9月19日致恩格斯

1876年9月19日于莱比锡

最后的一篇文章已收到。从曼海姆寄来的有关施拉姆的简讯到达的时候,我不在这里,是由勒·代收的[1]。——至于弗罗梅-曼宗内事件,你是正确的,纠正缺点是必要的,其实有一部分已经得到纠正,对社会主义用不着考虑,没有问题!——你能授权我来处理与维干德的关系吗?前几天我们定购了十册书,再过一段时间就会收到这些书,不过有一个附加条件,就是我们必须接受破损的那些册,因为没有多余的。——我焦急地等待你的文章[2]!

---

[1]　1876年8月11日《人民国家报》刊登一则简讯说,鲁·施拉姆代表米兰《格罗申》编辑部,提议在曼海姆市为1849年被枪杀的"自由的英雄和蒙难者"、小资产阶级民主派特留茨什列尔建立纪念碑。

[2]　指的是《反杜林论》的前几章,恩格斯1876年9月开始写这一著作。

祝好

你的

(三个小时以前才从厄尔士山脉回来,后天我将再次光顾那里。)

19. 1876年9月27日致恩格斯

1876年9月27日于盖耶尔

我们想把利沙加勒的《公社史》译成德语。请费心问一问利沙加勒,他是否允许我们这样做?① 因为我不知道他的地址。

我已经在厄尔士山脉呆八天了,后天将返回。

你的

20. 1876年10月4日致恩格斯

1876年10月4日

亲爱的恩格斯:

我把摆脱维干德奸计的便条随信附上。② 总之,最后几本书已经售出,第一版已经卖光。可见现在你已经"不受约束",只要愿意,你就

---

① 普·利沙加勒的《1871年公社史》一书不是在莱比锡,而是在不伦瑞克印刷厂出版。因为在李卜克内西提出建议以前,马克思于1876年9月23日要求威·白拉克把这本书的德译本出版工作承担起来。该书于1877年问世。

② 随信附上一张纸条:"奥托·维干德。最后的册数"。

能出第二版。

匆匆

你的 威·李·

马克思从卡尔斯巴德回来了吗？①

是否有人企图把他和布拉格谋杀案联系起来？（《国际成员》原来跟 Budoucnost 报的不得罪人的股东是一路货色。）

21. 1876年10月16日致恩格斯

1876年10月16日于莱比锡

亲爱的恩格斯：

关于合同的事，我到律师那里去过两次，回答是必须把合同带来，否则不能作出定论。假如第一版在1846年就已经卖光，那根本就谈不上第二版，因为当时第一版的有效期还没有过。毫无疑问是这样。我终于取得了和维干德进行谈判的书面委托书。我相信，他即使有再版的权利，也完全没有再版的愿望。

至于那本反杜林的小册子，你的愿望即将完全实现。我们的最后工作有一部分已经完成；并且条件是要发行一千册，我焦急地期待你的巨著。

和巴枯宁分子打交道，我是非常小心的；回信尽量持审慎态度，我们将不正式参加代表大会，我们去的那个人是以个人身份参加大会（大

---

① 从1876年8月16日到9月15日，马克思在卡尔斯巴德疗养。

概是莫斯特去,因为不论是倍倍尔还是我都抽不出时间来),开始和苏黎世人建立联系。这样就万无一失了。要是没有许多正派的人(例如埃利塞·勒克律等人)参加这个坏团体,那我就持完全相反的立场。

我现在宣布我的大女儿订婚的事。根据这一家庭事件,你会发现自己变老了。

随信附上腊姆的便条!

致以衷心的问候

你的 威·李卜克内西

反杜林的单行本(用优质纸作封面)将分别寄到各地,条件是出版一千册左右。——在《行市报》和发行书单的目录里还要发广告。

至于《英国工人阶级状况》,最正确的做法是作者要求出版者明确宣布,他是否打算发行第二版,如果发行的话,那么最迟在什么时间?

其他一切都取决于合同所规定的条款。

所以我们自己不便干预,因为维干德会立刻发现我们是休戚相关的。——那时,他就可能会组织铅版印刷一千册,并以每册6马克的价钱出售。

22. 1876年11月30日致恩格斯

1876年11月30日于莱比锡

亲爱的恩格斯:

收到寄来的头两章,好极啦!一切都将完成。近几天你将收到前几章的校样。向你和马克思问候。

（竞选宣传如火如荼；出乎意料的成功的可能性是很大的，如果我们的"经费"再多一些该有多好呀！）

来信一般只能写旧的地址，因为现在我常不在家。到前天为止，在奥芬巴赫（迪尔堡区）已经呆了十天。在那里只要进行某种宣传，胜利是不会从我们身边溜掉的！

23. 1876年12月8日致恩格斯

1876年12月8日于莱比锡

亲爱的恩格斯：

我刚刚从我们的财政部长盖布那里得知，不能为我的两个重要选区（萨克森和黑森）筹到足够的经费，这两个选区都非常非常贫困，党的领导指望我个人出面筹集所必需经费。所以，我再没有别的办法，只有到处试探。其中也包括在你那里，你能否给我几个英镑？花费几个英镑是有好处的①。我要在我的选区里，再作一次竞选旅行，但我需要比一百马克稍多一点的经费，这些钱除了作宣传经费外，还要分一部分给执委会。如果花费必要的经费，而我就能在奥芬巴赫取得胜利。在我不久前的宣传旅行时，我对这一点深信不疑。在国会会议结束（大约是12月20日）之前，除了短时间的离去，我一直要呆在这里。在三读时，我们应该在场。

在论烧酒那本小册子里没有署上你的名字，而在书单里也没有表现

---

① 恩格斯把10英镑转为选举基金（见《马克思恩格斯全集》第1版第34卷第222页）。

出这一情况——这是应该改正的。我要求把《工人阶级状况》一书交给我们出版社出版，——这有利于在党内传播。

白拉克精力非常充沛，但在这个问题上是竞争不过我们的。况且我担心书落到别人手里。我们的图书销售事业，现在和将来都应该进行彻底改革。

我把你的信落在莱比锡了，因此，我不能确切知道，我的任务是否全都完成了。向你和马克思全家问候

你的　威·李·

第一次送来的清样，我星期三在莱比锡已收到。应当立即发表。我们雇用了一名干练的排字工人，他工作得又快又好。

（原载《马克思列宁主义和国际工人运动史论丛》1982年
莫斯科版第373—427页）

（刘聘贤　译）

恩格斯和英国工人运动活动家马洪[*]

陈慧生

第一国际结束后,马克思和恩格斯继续利用各种机会在英国宣传科学社会主义思想。他们同参加过第一国际活动的英国工人运动活动家保持着联系,在工人报刊上发表了一系列文章分析和总结英国工人运动的经验,指出工人运动应当遵循的正确方向。马克思逝世以后,恩格斯独自承担了指导各国工人运动的重任。他通过直接参加英国实际斗争的爱琳娜·马克思同英国工人运动建立了更加密切的关系,并且结识了一批年轻的工人运动活动家和社会主义者,经常同他们一起讨论有关英国工人运动的重大问题。

1884年年底,社会民主联盟内部出现严重的意见分歧。莫利斯·爱琳娜和艾威林等人不满海德门的机会主义领导,决定退出社会民主联盟,成立社会主义同盟。恩格斯完全支持他们的这一行动。他对新建立的社会主义同盟抱有很大的希望,认为它如果能够执行正确的方针,有可能成为在英国建立独立的工人阶级政党的基础。在恩格斯的影响下,艾威林和爱琳娜为同盟起草的第一个章程草案明确规定:社会主义同盟的主要目的是消灭资本家和土地贵族阶级,积极支持工人阶级改善生活

---

[*] 本文选自《马列主义研究资料》1986年第1—2辑。

条件的一切迫切要求。章程草案还提出建立全国性和国际性的社会主义工党、支持社会主义者参加地方政府等行政机构,以及在工会、合作社等组织中开展工作等等重要任务。但是由于同盟成员在思想上并不完全一致,有些人受无政府主义思想影响比较严重,反对参加议会活动,因而章程草案中提出的这些重要方针没有得到大多数人的支持,在同盟的第一次代表大会上就统统被删除了。此后同盟内部分歧日益明朗,马克思主义者和无政府主义者之间的斗争日益尖锐。在反无政府主义斗争中,同盟创始人之一马洪起了积极的作用。

马洪1864年左右出生于一个爱尔兰工人家庭,青年时期已经成为一名熟练的机械工。他很早就意识到劳动和资本之间存在着不可克服的鸿沟,从八十年代初期起便积极参加了工人运动。通过实际的斗争,他进一步懂得了工人阶级的力量在于它本身的独立性和组织性,而且对社会主义产生了兴趣。马洪后来回忆说,正是阅读恩格斯在《劳动旗帜报》上的文章,使他更加明确地认识到英国工人阶级的首要任务就是建立独立的工人政党。1884年夏,马洪抛弃了有固定收入的机械工职业,作为一名年轻的社会主义宣传员在各地从事宣传鼓动工作。

马洪是在英格兰北部工业区和苏格兰开始他的宣传活动的。他和前第一国际会员、奥地利社会主义者肖伊一起在爱丁堡建立了苏格兰土地和劳动同盟,领导当地的佃农开展反对提高租金和反对被逐出土地的斗争。1884年8月,马洪与苏格兰土地和劳动同盟一起加入社会民主联盟,并被选为联盟的执行委员。在加入联盟之前,他同爱琳娜已经有过书信来往,爱琳娜曾经写信称赞他在苏格兰的工作"非常出色"。在联盟内部,他和爱琳娜、艾威林等人对一些原则问题的看法比较一致。

从1884年1月起,马洪开始和恩格斯通信。已经发现的马洪致恩格斯的信共九件,恩格斯致马洪的信共六件(已全部收入《马克思恩格斯全集》)。这些来往信件从一个侧面反映了恩格斯同英国工人运动和社会主义运动的密切关系。

在第一封信中,马洪作了简单的自我介绍,表示希望会见恩格斯,得到恩格斯的指导。他说:"我是英国社会党的一名党员,想就我们这里的运动问题同你交谈一小时左右。我知道,你把绝大部分时间都用在与我们的事业有关的工作上,但是希望你能理解,我之所以请求会见你,不是出于那种想同伟人相识的浅薄念头。我只是想就我们的运动目前正在经历的这个重要阶段听听你的看法和建议"。恩格斯立即复信表示欢迎马洪的来访,他在信中热情地写道,无论谈什么问题,他都乐意听取。

1885年,马洪担任社会主义同盟的执委和书记。在这期间,他参加了9月20日在伦敦杜德街举行的群众集会,同社会民主联盟领导人海德门一起发表演说,为捍卫言论自由而斗争,并为此遭到警察的拘留。这次斗争取得了很大胜利,马洪很快就被释放出来。但是不久之后,他的工作热情却因同盟内部不断发生争吵而大大低落。同年11月,他表示不愿把时间浪费在争吵上,便辞去了同盟执委和书记的职务,离开伦敦,回到英格兰北部的里子和赫尔。

在英格兰北部,马洪受到雇主的抵制,不能继续在机械制造业中找到工作,因而失去了起码的生活保障。然而,他没有被困难征服,他仍然坚持自己的信念,顽强地从事社会主义宣传活动,不停地从一个地方转到另一个地方,在各种群众集会上发表热情洋溢的鼓动演说。马洪的演说深受群众欢迎,同时地方上的运动也给他留下了强烈的印象。他在1887年2月19日给社会主义同盟执委会写了一封信,强调指出地方工作的重要性。他说:"现在比任何时候更应该向矿工和炼铁工人宣传社会主义。达勒姆或诺森伯兰比二十个伦敦更加重要"。当时,诺森伯兰的矿工正在举行反对降低工资的罢工。马洪发现新堡的矿工日益倾向社会主义,已经在准备发动一场"彻底的革命运动"。他决定留在新堡,和那里的社会民主联盟成员一起进行宣传鼓动和建立组织的工作。由于他们的共同努力,终于在诺森伯兰成立了一个不从属于社会民主联盟和社会主义同盟、具有自己的章程的社会主义组织——英格兰北部社会主义联盟。

英格兰北部社会主义联盟刚刚建立起来,马洪就赶到伦敦参加社会主义同盟的第三次年度代表会议。经过一年多的地方实际工作和同工人群众的接触,马洪越来越感到社会主义同盟领导所执行的反议会活动的政策是不得人心的。同盟如果想要得到宣传工作的果实,必须立即改变脱离实际、脱离群众的旧政策。在这次代表会议上,他公开站到反无政府主义的爱琳娜、艾威林等人一边,向代表会议提出了一个很长的决议案,建议社会主义同盟尽一切可能帮助工会运动、合作运动以及全国性和国际性劳工联合会运动,同时利用议会、地方市政机构和竞选活动来宣传社会主义原则和组织社会主义工党等等。马洪的决议案虽然得到爱琳娜等人的支持,但是这时无政府主义势力在同盟内部已经相当强大,因此在表决时没有得到通过。代表会议再次肯定了拒绝参加议会活动的政策。此后,无政府主义影响增长更为迅速,1887年底至1888年初,同盟终于变成无政府主义组织。

代表会议结束后,马洪立即返回诺森伯兰,全力投入巩固英格兰北部社会主义联盟的工作。围绕建立联盟和制定联盟纲领的问题,马洪连续给恩格斯写了几封信。

1887年6月14日马洪给恩格斯寄去一份英格兰北部社会主义联盟纲领的校样,征求恩格斯的意见。他在信中详细说明了自己关于建立社会主义工人政党的想法。他认为,社会主义正在掌握人民群众,如果能够从各个组织中找出若干有影响的人,起草一份联合的建议,召开一次有各个社会主义团体参加的代表大会,并将这个建议交给他们讨论,那么,在苏格兰和英格兰北部的强烈影响下,社会主义工人政党一定能够建立起来。马洪在信中还谈到了他对工会的看法,主张社会主义者参加工会活动,在内部同工联领袖进行斗争,以便把工联领袖从工会驱逐出去。(见附件一)

恩格斯认真地阅读了马洪寄来的纲领,认为它"作为工人阶级自发的原则宣言是很好的"。他对纲领的原则部分作了某些修改和理论上的补充后于6月2日把校样寄还给马洪。次日,恩格斯又给马洪写了一封信,对马洪来信中谈到的几个问题发表了自己的意见。恩格斯首先肯定马洪对工联领袖的看法是正确的,他告诉马洪说,如果能够帮助北方的工会会员认识到工联只是一种可以取得次要成果的重要手段,"做一天公平的工作,得一天公平的工资"不是工人的最终目的,那么工联领袖对工会的控制很快就会完蛋。接着,他对马洪的建党计划表示了不同的意见。虽然马克思和恩格斯多少年来一直期待英国工人阶级建立自己独立的工人政党,并且一直在努力促进这一任务的实现。但是恩格斯经过长期的观察和了解,对八十年代英国工人运动和社会主义运动的发展情况是有清醒估计的。他清楚地知道,英国的运动仍然处在宗派阶段,建党的条件还没有成熟。因此,他在信中直截了当地指出马洪的组织工作计划"为时过早了一点",在外地还没有真正发动起来,实际上在还没有可以组织的对象的情况下试图建立统一的工人阶级政党是徒劳无益的。

马洪接到恩格斯信后当天就写了一封复信表示完全同意恩格斯的意见。他解释说,他并没有打算马上实现建党计划,只是想强调一下"未来的社会主义工党不能由现存的任何派别来组织,必须通过把各个组织中所有合适的成员联合起来的方式建立"。他在信中列举了一些必须立即着手的准备工作。(见附件二)后来,在7月下旬写给恩格斯的两封信中,他也一再谈到建党之前还必须做大量的艰苦工作。

尽管马洪等人为巩固英格兰北部社会主义联盟尽了最大的努力,但是这个组织仍然没有能够坚持下来。随着矿工罢工运动的低落,它在年底就停止了活动。联盟的迅速瓦解证实了恩格斯的预言,建立工人政党的条件在英国确实还没有成熟。

1887年年底,马洪由于不赞成社会主义同盟领导执行的无政府主义政策退出了同盟。然而,他并没有脱离社会主义运动,也没有放弃争取建立工人阶级政党的思想,仍然积极地在英格兰北部和苏格兰从事建党活动。1888年1月他兴奋地写信告诉恩格斯,他在苏格兰看到,那里的工作非常成功,人民对社会主义的感情已经有了显著加强。不过,他认为,对于开展社会主义事业来说,条件最好的地方还是英格兰北部。他决心返回他在北部的活动中心诺森伯兰,准备扎扎实实地在那里进行工作。(见附件三)

在诺森伯兰,马洪和在当地积极活动的社会民主联盟成员汤姆·曼建立了亲密的战斗友谊。他们两人志向相同,都比较重视实际的建党工作,而且都有不惜牺牲个人一切的奋斗精神。在汤姆·曼的影响下,马洪于1888年1月重新加入了社会民主联盟。

八十年代末,英国社会主义运动重心转移到苏格兰。苏格兰的社会主义者凯尔·哈第提出了建立独立工党的建议,并且在1888年8月建立了苏格兰工党。马洪积极促进他和肖伊一起建立的苏格兰土地和劳动同盟与苏格兰工党合并。因此马洪也是苏格兰工党的创建者之一。

同时,马洪还参与发起建立一个新的组织,他曾设想以这个组织作为未来社会主义工人政党的核心。1889年年初,工人联盟正式成立,并宣布接受马洪起草的"工人纲领"作为它的纲领。

对于"工人纲领"这一文件,英国和苏联的一些历史学家都有较高的评价,认为它显然受到了恩格斯的很大影响,其中阐述的许多论点同恩格斯对于英国工人运动的观点比较接近。有的史学家根据马洪起草"工人纲领"之前曾在伦敦会见过恩格斯以及马洪在纲领前言中声明要感谢一位朋友的巨大帮助等事实甚至推论说,恩格斯的影响可能不是一般的而是更为直接和深刻的。"工人纲领"包括许多正确的观点,同时也反映了马洪的一些消极思想,流露了某种忽视理论、崇尚自发性的倾向。

从恩格斯1889年2月14日给马洪的信可以看出,马洪曾向恩格斯征询对"工人纲领"的意见。恩格斯当时正患眼疾,并且《资本论》第三卷还有一些工作急需他去完成,没有时间认真研究这一文件,后来也没有发现恩格斯对它进行过任何评论。

马洪除参加工人联盟的活动外,还同别人一起组织了中央民主俱乐部,他写信邀请恩格斯担任俱乐部的副会长,恩格斯曾寄去捐款表示支持。

九十年代初期,英国新工会运动蓬勃兴起。马洪等人力图使工人联盟沿着新工会运动的潮流前进。他们建立了煤矿搬运工工会,并试图在伦敦邮政工人中进行建立工会的活动。邮政工人的斗争很快就遭到失败,工人联盟也在1890年夏瓦解。

1893年夏,马洪作为里子的代表出席了英国独立工党成立大会。在讨论党的纲领时,他建议把草案中提出的关于"争取生产资料、分配手段和交换手段的集体所有制"这一要求改为"争取设立独立的工人代表和保护劳工利益"。这样,就取消了纲领中最重要的社会主义性质的要求。讨论结果,马洪的修正案被否决。不久以后,马洪对独立工党感到失望,逐渐脱离了工人运动。

恩格斯同英国工人运动活动家马洪的通信和交往说明,在八十年代的英国,一些先进的有觉悟的工人已经认识到必须越出社会民主联盟和社会主义同盟的狭小的宗派圈子,直接参加工人的斗争,在工人中宣传社会主义思想并进行建党的组织工作。他们已经开始摸索在英国建立独立的以社会主义思想为指导的工人阶级政党的道路。恩格斯同马洪的交往还说明,科学社会主义思想在英国的传播虽然远远不及欧洲大陆一些国家那样广泛和深入,但是这一先进理论当时已经对先进工人的实际革命活动产生影响,并且正在通过各种渠道在工人中进行传播。

附件一

1. 1887年6月14日致恩格斯

1887年6月14日于太恩河畔
新堡希尔德街48号

亲爱的恩格斯:

随信寄去这里成立的社会主义团体的原则和纲领的校样。我们同社会民主联盟发生过很多纠纷,它过多地考虑自己,甚至想马上就取得全面胜利。可是,它实际上并没有掌握这个地区。而我在这里建立的团体现在已有大约二十个支部,并且肯定会取得十分迅速的进展。

我确实认为,在这里的矿工和炼铁工中,社会主义将首次牢固地掌握人民群众。这些人真正地开始理解到,在社会秩序方面进行一场革命是必要的。上层社会和政治家们也模糊地意识到这场革命不可避免。我们当前真正的敌人是工联领袖。我们必须在他们自己的堡垒中同他们战斗。我们必须制订出社会主义者在工会内部应当遵循的政策和路线，在那里培养出一批社会主义者，并且把那些工会领袖驱逐出去。如果我们的党有能力执行这项政策的话，那么，条件已经成熟了。在达勒姆的康塞特工厂，铁的制造正在被钢的制造所取代，而制造这种新的金属只需要半数工人。除非卖出去的钢的数量比现在增加一倍，否则工人们对他们的工会是无能为力的。当然，钢的需求量比铁的需求量少，因此，情况更加糟糕了——或者说，按照你的看法，更加好了。我希望我们年轻的演说家能够更多地注意这些事实。

在这期间，这里的社会主义运动的未来取决于它的宣传者的果断和有魄力的行动。每个人都应当促进这场运动向前发展。

我想把自己对建党问题的看法告诉你：我们要在英国取得更大的进展，首先必须在一个广泛而明确的政治纲领的基础上努力把各种各样的小组织联合起来。我认为，不能指望由现存的任何政党中脱离出来的一个团体来主动实现这一点。按照我的想法，应当实行的正确方针是：从各个组织中选出若干有影响的人，起草一份关于联合的建议，召开一次有各个社会主义团体参加的代表大会并将这个建议提交它们讨论。我觉得，只要考虑周全，这个方法肯定会取得成功。伦敦人可能是喜欢闹派性的，因而有必要从各省汇集一股占压倒优势的正直力量。我已经同一些可靠的人谈过这个政策。我发现，人们普遍赞成这个政策。当然，这件事是不能强迫的，但是必须记住，并且在适当时机努力争取做到。

七月初，我将前往苏格兰履行同"苏格兰土地和劳动同盟"的一项约定，作为一个社会主义宣传员工作十个星期。我希望，在那段期间能够组成一支强大的社会主义者队伍，特别是在矿工和炼铁工中间。

在苏格兰和英格兰北部的强烈影响下，我们肯定会把社会主义政党建立起来。

我现在的困难是要使工作在下个月不致中断，并且筹集足够的款子让唐纳德在我去苏格兰期间能够呆在诺森伯兰。我已经向一些人写信请求帮助。你很清楚这里的运动的极端重要性，所以我完全相信你会尽力而为的。矿工们自己保证每周拿出十五先令，除了可以筹集到的款项以外，每周还需要十五先令。我估计每周能够再弄到十先令，你大概也能在某种程度上帮点忙。

非常感谢你的书①，我将珍视它，把它当成你赠送的礼物。同时，我肯定我也会从中得到教益。为什么对于本世纪初期的鲁德运动人们一般很少注意？我对这个运动进行过大量的研究，并且想写一篇短文扼要地介绍一下这个运动。你是否知道关于这个运动有些什么书？能给我提供一些参考材料吗？

我将不时地给《社会民主党人报》和一两家美国报纸以及在美国出版的德国报纸写通讯。通讯的内容主要是有关英国运动的真实消息而不涉及各派之间的争吵。

我一定会时常给你写信，让你了解形势的发展。

致以兄弟般的问候

约·林·马洪

---

① 可能指《1844年英国工人阶级状况》。马洪保藏的这本书上有恩格斯的签名。

附件二

2. 1887年6月24日致恩格斯

1887年6月24日于太恩河畔
新堡希尔德街48号

亲爱的恩格斯：

非常感谢寄来的校样和今天早上收到的你的亲切来信。虽然来不及把改正和补充意见吸收进去，但我已经把它们仔细地保存起来以备将来之用。

得悉你患眼疾，感到十分不安。希望你早日痊愈。

爱德华·R.皮斯（太恩河畔新堡克莱尔蒙特路29号）是掌管用于加强和扩大宣传工作的那笔基金的司库。

我完全同意你的意见，现在试图建立组织是错误的。我的计划并不是马上就要付诸实施的。我只是想强调一下我的这种观点，即未来的社会主义工党不能由现存的任何派别来组织，而必须通过把各个组织中所有合适的成员联合起来的方式建立。在此之前，还要在矿区、产棉区和大城市中做大量工作。我认为，在这期间，我在这里建立的地方性团体是最好的组织，因为它们摆脱了伦敦人的干扰。一旦建立起若干个这样的拥有数千成员的团体，那么把它们联合起来并组成一个大的政党就会成为一件完全切实可行的事情。这一点在两年或更短的时间内就可以很容易地实现。在这段时期内，经常向所有社会主义者宣传这一想法是有益的。

在去苏格兰之前，我还要去一趟伦敦，而且要在赫尔、格里姆斯比、里子、布拉德福德、波菲尔德、诺丁汉以及斯塔福德郡的一两个地方举行群众大会，向那些地区的团体尽力提供一点帮助。

好了，我不应该再写下去打扰你了。我将于15日到达伦敦，一两天以后会去看你。唐纳德现在在这里。

致以兄弟般的问候

约·林·马洪

社会民主联盟对于英格兰北部社会主义联盟的建立极为不满，他们甚至想破坏它。

附件三

3. 1888年1月14日致恩格斯

1888年1月14日于诺森伯兰，

布莱斯辛普森街

亲爱的恩格斯：

简单写几句，以便使你了解这里工作进展的情况：我于7月离开新堡，在苏格兰呆了六个月。苏格兰的工作是非常成功的。我以前——大约四年前——在苏格兰呆过，所以我可以看出人民对社会主义的感情有了显著的变化。我把唐纳德，后来又加上詹·麦克唐纳留在这里继续开展工作，但他们两个人都不具备为使工作获得成功所必要的坚忍不拔的精神和机智。看来，英格兰北部是开展社会主义事业条件最好的地方，所以我决定返回这里，住上一两年，扎扎实实地在这个地区发动和组织群众，直到完成某种性质的政治工作。我确信，只要现在有适当人选，并且有经费，那么至少在四个选区里，社会主义候选人获胜的可能性是很大的。只要我们能够有三四个优秀的忠实可靠的社会主义者下院议员，我们就可以使英国的社会主义事业处于另外一种地位。作为宣传家，社会主义者议员的影响不仅限于传播社会主义原则，而且可以借此把党建立起来。现在，妨碍社会主义事业进展的主要障碍就是社会主义者之间缺乏一致。我认为，这主要是由于缺乏对政策的确切的说明而不是其他任何缘故。

我发现，不仅社会主义同盟，而且在上次代表会议上投票支持我提出的政治决议案的人数相当多的同盟少数派都没有对各省的宣传工作提供任何一点帮助。在过去的十二个月里，我一直在为济贫院食物定量问题进行鼓动。我原以为只要从事一项有益而艰苦的工作就可以得到大多数社会主义者的支持。但是不幸我想错了。我认为，把宣传工作继续坚持下去是非常重要的，我已经尽最大努力切实地开始了这件工作。我打算再坚持两个月。如果到那时无法维持一般的生活的话，我将回工厂谋生——只有经历了社会主义鼓动家的极端艰苦而屈辱的生活之后才能完全理解这种生活的崇高的乐趣。

你会继续听到从英格兰北部传来的好消息的。如果人们提供更多的帮助的话，这里的工作本来还会有更大的进展。我已经在这里加入了社会民主联盟。看来这样做对于宣传工作是最有利的。祝你健康，并祝你所从事的极端重要的工作进展顺利。

致以兄弟般的问候

约·林·马洪

又及：见到艾威林夫妇时请代我问好。

（原载《威廉·莫利斯传》1955年伦敦版第861—871页）

（陈慧生 译）

康拉德·施米特等人就有关历史唯物主义问题给恩格斯的书信选登*

(19 世纪 90 年代上半期)

1. 保尔·恩斯特致弗·恩格斯①

1890 年 5 月 31 日于
西里西亚的格尔伯多夫

阁下：

请您原谅我这个与您素不相识的人竟冒昧地提出请求来麻烦您。

同时，我斗胆给您寄去两期《自由论坛》杂志；其中一期登载了我的一篇关于斯堪的那维亚妇女运动的文章，另一期登载了海尔曼·巴尔针对我的文章的争论文章。② 巴尔责备我在这个场合错误地使用马克思的方法，在其他方面对我也多有责备。

---

* 本文选自《马克思恩格斯研究》1992 年总第 10 辑。

① 此信首次用俄文发表在《文学遗产》文集 1931 年莫斯科版第 1 辑第 12—13 页。

② 保·恩斯特的文章《妇女问题和社会问题》曾刊登在 1890 年 5 月 14 日《现代生活自由论坛》第 15 期上，而海·巴尔的文章《马克思主义的模仿者》则登载在 5 月 28 日该杂志第 17 期上。

由于各种各样的情况，我很想知道，巴尔的责备是否正确，马克思对妇女问题是否有不同的看法，确切地说，在这种情况下他会有什么看法。首先，因为我在其他刊物（例如《社会民主党人报》）上也发表自己的观点，这些观点如果不正确的话，毕竟会造成不良的影响；其次，因为巴尔，正如您从文章中将会看到的那样，对我的态度极为无礼。

我认为，巴尔把全部事情根本想错了，他把妇女问题变成了性的问题。如果说文章结尾那个空泛无物的论点是正确的话，那么在我看来，他表述的只是在亚当和夏娃时代曾经存在过的东西。毫无疑问，我一般只把这点看作是作者的个人体验。无论如何，这同只是在一定社会条件下才产生的妇女问题毫无关系。

我根本没有像巴尔力图强加于我的那种高傲，我只是想尽自己的力量做些实际的事情。这类流言蜚语特别伤我的心。

如承蒙您答应我的请求，用三两句话谈一谈，我的观点是否符合马克思的观点，我将非常感谢您，此外，请允许我利用您的信来反对巴尔。

致以最深切的敬意。

忠实于您的

保尔·恩斯特

保·恩斯特——1890年6月2日
5日写了回信？①

---

① 恩格斯加的注。

2. 康拉德·施米特致弗·恩格斯

1890年6月25日于柏林郊区

潘考夫柏林人大街2c之Ⅲ

亲爱的恩格斯：

请原谅我未能早些回复您那封友好的来信，① 您可以想象得到，这封信使我十分感兴趣。总是有事使我抽不出空来，此外，我的状况仍然处在长期变化的过程中，因而使我无法把我的确定的情况告诉您。的确，从5月初起，我又重新在《人民论坛》任职②，当一个月薪120马克的助理编辑。这是一个有许多空闲时间的合适职位。我每周有两个下午要到编辑部去做校对工作，每周为报纸写一篇文章，题目由我自选。但是后来我希望参加选稿和审稿的工作。要知道如果我要在席佩耳9个月监禁（他在开姆尼茨被判处这一刑罚）期间接替他的话，他还要教一教我。在废除反社会党人法之后一切事态将如何发展，目前尚不明朗。到那时迄今存在过的报界局势可能会发生某种变化。

我衷心感谢您就帮助整理马克思手稿一事所作的迅速而友好的答复。您提出的如果您失去现在的助手就来找我的建议使我十分高兴，当然我不能预先判定这里的一切将如何发展。诚然，现在我又非常倾向于

---

① 指1890年4月12日弗·恩格斯致康·施米特的信，参看《马克思恩格斯全集》第1版第37卷第379—382页。

② 社会民主党的报纸《柏林人民论坛》在一系列问题上曾站在与"青年派"接近的立场上。麦·席佩耳曾任该报编辑，1890年8月，康·施米特接替了他的职务。

留下来，并且等待最近的事态发展。但是目前也许没有必要去考虑您将失去伯恩施坦并且需要找人替换。

当我移居潘考夫的时候，我曾设想将要大干一场，怀着这种情绪，我也曾写信给考茨基，说评论克纳普《农民的解放》一书的文章①大概很快就将完稿。然而，在工作正紧张进行的时候，发生了完全出乎意料的情况。后来我又接受了《论坛》的建议，此外还答应为席佩耳的《工人丛书》写一本反对弗吕尔沙伊姆的小册子②，这本小册子近日刚刚付印。目前，我想重新着手评论克纳普，但是马上又开始非常怀疑这项工作。然而，这项工作可能也像世界上的一切事物一样，终究会有自己的结果的。

现在我经常与两位布劳恩即《文库》③的出版者和他的弟弟见面，后者也是一位政治经济学家和社会主义者，而且还是迄今为止我所见到过的最快乐的人之一。哥哥建议我经常注意英国的社会立法和《蓝皮书》，并且加以加工整理，供他的刊物发表。您是否认为，考虑到这种著作所要求的时代，这对进一步加深我的经济学方面的知识很重要呢？在大多数情况下，大厚本的《蓝皮书》的结论是不是太浅薄了？把自己的时间用来做其他的工作不是更实际些吗？正是布劳恩劝说我写几句

---

① 恩格斯早就知道施米特打算写一篇评论克纳普《普鲁士老区农民的解放和农业工人的产生》一书的文章，并且在1889年10月17日的信（参看《马克思恩格斯全集》第1版第37卷第283—284页）中赞成他的这一想法。但是这篇文章看来并没有写成。

② 施米特在《社会问题和土地国有化》一书中批评了弗吕尔沙伊姆的观点，该书被列入麦·席佩耳出版的《柏林工人丛书》。

③ 指德国进步的政治经济学杂志《社会立法和统计学文库》，亨·布劳恩曾是该杂志的编辑。

话来驳斥洛里亚的批评（您对作者个性的看法相当准确地反映了他的特点）并寄给康拉德①。康拉德想在下期发表我的答复，他这样做总算相当不错了。

进行选举以后，社会主义突飞猛进地向前发展。党的出版物大量增加。由《广告》出版社以通俗系列丛书出版的贝拉米的《回顾》译本②对资产阶级也产生了影响。现在，这本书在德国也争相阅读。

又及。免得忘记！不久以前赖斯兰德在莱比锡出版了一本应征著作《黑格尔和包括马克思及哈特曼在内的黑格尔派的历史哲学》。作者保尔·巴尔特我在莱比锡逗留期间亲自见过面。这是一个很有才干、具有完全的独立精神和自主见解毫无名利思想的人。他对马克思历史观的批评我认为是深刻的。首先他力图证明，经济不是单方面地决定政治，而是政治也反过来决定经济。他一般地断定，政治的、法律的、宗教的、哲学的运用在很大程度上遵循着内在的、不是从经济基础中引申出来的规律，而且他善于从历史中举出证据。这本书可能会使您感兴趣。我开始为《论坛》写文摘，但这十分困难。有利于我们事业的反对意见应该是数量很大的。可能考茨基在《新时代》中将顺利地当一名作者。

因为我又在报刊中工作，所以几个月以前我写信告诉您的比较庞大的计划推迟了。但愿不是遥遥无期！

---

① 恩格斯在1890年4月12日的信中让施米特注意发表在1890年《国民经济和统计年鉴》新辑第20卷的阿·洛里亚对他的《马克思主义价值规律基础上的平均利润率》一书的评论。在第21卷，该杂志的出版人约·康拉德发表了施米特的答复《一点反驳》。

② 指的是美国作家爱·贝拉米的社会空想主义著作《回顾》的德译本，德译本改名为《从2000年回顾1887年》。

再说一遍：不要因为我晚回信而生气。尤其使我感到不好意思的是，我还记得，您很快就回复了我最近一封信。

请接受我最美好的祝愿！

您的

康拉德·施米特

3. 约瑟夫·布洛赫致弗·恩格斯

1890年9月3日于普鲁士
科尼斯堡克诺辛大街21号

阁下：

请原谅我冒昧地向您请教几个问题。但是我认为，对这几个问题我将能够直接从您那里得到最圆满的解答。因此，我很想请您帮忙回答下面几个问题，如果这不给您添麻烦的话。

在《家庭、私有制和国家的起源》一书中，您把家庭的发展描述成似乎在血缘家庭消亡以后，兄弟和姐妹之间的婚姻在一切民族中都是不允许的。涅波图斯在他的序言中写道："颇有名望的雅典公民西蒙娶亲姐妹为妻，并没有受到责难，因为他的同胞也采用了这个习俗"①。从这一段话中可以得出结论，在希腊人那里兄弟和姐妹之间结婚是允许的。因此，我要请问您，如何才能解释这种现象？

---

① 该引文引自罗马历史学家科尔涅里乌斯·涅波图斯的著作《杰出统帅传》拉丁文版。

其次，请允许我再向您请教一个问题。根据唯物史观，在历史过程中的决定性因素是现实生活的生产和再生产。应该如何理解这个论点？经济关系是不是唯一的决定性因素，或者，它们在一定意义上只是构成其他一切关系的坚实基础，然后这些关系本身又发生作用呢？我认为，维护前一种观点最坚决的是保尔·恩斯特先生，而维护后一种观点最坚决的是康拉德·施米特博士。纯政治的、朝代的，甚至个人的利益不是经常在历史进程中起一定的作用吗？毫无疑问，这些利益如果没有物质基础，是不可能起这种作用的。然而并非所有的事物都是由于经济必然性而发生的。有时，只要存在经济可能性就足够了。当然，像拿破仑或俾斯麦这样的人物，虽然违反经济条件也能作出许多成就。然而这也并不意味着，他们所实现的一切都是经济必然性，就是说，这一切即使没有他们，在同一个时代也会发生。

因此，我想问您，根据唯物史观，经济关系是否确实像自然规律那样普遍地、直接地、唯一地和完全不依赖于人们、不可改变地和不可预防地起作用，还是其他关系诚然归根到底由经济关系所决定，但是它们也能够加速或阻碍历史发展的进程呢？

但愿您不致因为我在直接向您请教时表现得太随便而生我的气，希望您费心回答我的问题，我以我个人以及几个志同道合者的名义事先向您表示感谢！

数学系学生约瑟夫·布洛赫

4. 康拉德·施米特致弗·恩格斯

1890年10月20日于柏林

格奥尔金教堂大街28号

亲爱的恩格斯！

最初几天我参加了代表大会①，这次代表大会给我留下了难以忘怀的印象。除了德国领导人以外，在会上我还结识了奥地利人阿德勒，我非常喜欢他，还见到了盖德。在柏林人（即他们的一部分）和国会党团之间存在着不和，这在很大程度上可能是由于双方彼此都曲解了对方的意图和行为。我知道，在这里在柏林人的圈子里关于国会党团，特别是关于国会党团对《人民论坛》的敌对态度曾经流传过什么传闻，但是国会党团的成员们的表现也同样不好。例如，李卜克内西声称，那篇反驳他发表在丹麦《社会民主党人报》上的通讯的短文，是在一些幕后活动家（李卜克内西指的是威尔纳）的压力下违背编辑的意图刊登在《论坛》上的。因为在这个问题上我完全是独立行事，所以我驳斥了李卜克内西，但是有人告诉我，李卜克内西星期六又重申了自己的论点。如果把这些由于一些流言蜚语所引起的意见分歧的原因一笔勾销的话，未必还会剩下什么重大的有争议的问题。同过去的策略相比现在所采用的原则上新的东西，只有为数不多的人深刻地领会了。总之，在我

---

① 指在哈雷召开的德国社会民主党代表大会（1890年10月12—18日），会上有力地回击了"青年派"（施米特称之为"柏林人"）对社会民主党国会党团的活动所作的攻击。

看来，这与其说是辩解的原因，倒不如说是辩解的根据。除了彼此的不信任以外，产生意见分歧的原因也许还在于，对目前的领袖们如此罕见地表现出迷人的、令人激动的热情感到某种不满。我们的国会党团的议会活动在许多人看来是太谨小慎微、单调乏味了。他们看不到这种活动带来的好处。

遗憾的是，您在上一封信①（我衷心感谢您给我这封信）中谈到的对历史唯物主义在目前的代表人物的看法是完全正确的。虽然保尔·恩斯特的片面性经常使我感到非常气愤，但是，我从他的来信中可以看出，他毕竟远不像人们所认为的那样糊涂。他在最近一期《论坛》杂志上的那篇关于艺术史的文章②已经表现出一定的让步：承认如果对实际材料没有最准确的了解，唯物主义很容易变成简单的公式化。这个可怜的人肺有病，他很久以前就住在格尔伯多夫，而且不久前结了婚，尽管他只能指望自己笔头的收入。假如用不着去挣那块该死的面包，我想，他会写出许多好的东西来。他发表在《福斯报》③星期日附刊上的一些文章说明了这一点。维勒也许有些不慎重并且喜欢空洞的幻想，然而，经常进行自我吹嘘和为争夺编辑的交椅而搞阴谋诡计，据我所知，这同他的性格是完全格格不入的。

《人民论坛》由于地方报刊的迅速发展而遭受了巨大损失，非常令人怀疑，它在圣诞节以后还能坚持下去。无论如何，我打算10月1日

---

① 指弗·恩格斯1890年8月5日致康·施米特的信，参看《马克思恩格斯全集》第1版第37卷第430—434页。

② 保·恩斯特的文章《关于艺术史》发表在1890年9月27日和10月4日《柏林人民论坛》第39、40期上。

③ 指《柏林政治和学术问题王国特权报》，该报所有人是福斯，所以又有《福斯报》之称。

宣布从下个季度起解除合同。我在哈雷遇到了小布劳恩（阿德勒的内弟，《萨克森工人报》现任编辑），他提出了一个可能会给我带来很大好处的计划。他本人接到了民主派的《苏黎世邮报》请他负责编辑交易所栏目的建议，但是感到并不喜欢这个工作，所以想立刻推荐我作候选人。这样，我就有可能从颇有影响的苏黎世交易所的角度对金融市场进行认真的研究。因为我非常愿意从事关于货币流通、信贷业务、交易所的危机以及这些危机同贸易危机的联系的理论研究，这样的实践对我是极为有益的。我曾经向本地一个学过经济学的、主持交易所栏目的编辑请教过，他也持同样的意见。而且不管这件事情结果怎样，我也很想再学点东西，钻研一门科学。自从我在柏林这里开始记者生涯以来，这方面很少有所长进。

  巴尔特的书还应该在我这里，等我一找到，就给您寄到伦敦去。可能您本人将为《新时代》写一篇评论这本书的论战性文章吧。我不知道，谁还能够做到这件事。从维尔特的论述①看来，这部著作的确显得很平常，但原作确实要好得多。巴尔特的主要论据就在于，他认为，用历史材料证明非经济的（特别是政治的）过程对经济基础的影响是可能的。如果这些非经济过程本身能够从经济过程中引申出来，这大概就不会成为反对唯物史观的论据了。因为那样一来，非经济过程对经济的影响又会在经济上得到论证，并且一切在其根本上又会归结为经济的动力。但是我认为，正是这一点应该针对巴尔特来加以证明。如果做不到这一点，那就将无法捍卫最严格意义上的马克思的历史观。经济就会不再表现为唯一的推动因素，其他独立的、不是从经济中引申出来的过程

---

① 恩格斯在1890年8月5日的信中告诉施米特，说他在《德语》杂志上看到了察·维尔特所写的对巴尔特的书的评论。

就会对经济发展的进程产生影响，而在马克思那里，正是这些产生影响的过程的独立性却被说成是一种幻想并且被否定。

我已经告诉大布劳恩，说您认为伯恩施坦有能力为《文库》摘录英国《蓝皮书》。我冒昧地把您对在关于社会主义国家中分配性质的整个讨论中所忽略了的东西的见解刊登在《论坛》杂志上①。我希望，这不会使您感到不快。我某个时候大概还会回过头来评论克纳普的。肯定会的！要知道，霍亨索伦王朝传统最美妙的典型之一已被摧毁了，应该有尽可能多的人知道这场破产。

我非常高兴地从哈雷的排字工人费舍那里获悉，您的情况很好。您的生日——70寿辰——已经过了还是即将来到（很遗憾，我不知道日期）。我衷心地祝贺您的生日，我希望，明年您的身体仍然像现在这样健康。

可能还要麻烦您在下封信里告诉我，您是否也认为苏黎世计划颇有吸引力。至少在一开头人们将会把我从柏林和整个运动中撵出来——这是真的。

致最美好的祝愿！

您的

康拉德·施米特

---

① 恩格斯1890年8月5日给施米特的信的片断曾登载在1890年9月27日《柏林人民论坛报》第39期上。

5. 康拉德·施米特致弗·恩格斯

1891年3月5日于苏黎世

泽费尔德大街46号Ⅱ

亲爱的恩格斯：

由于直到现在我一直没有答复您的上一封信，① 您对我会有什么看法？而您在信中如此友好地对那个也许比其他许多问题都更使我感兴趣得多的问题作了盼望已久的回答；我本来想马上赶在您生日之前给您写信，然而许多事情都落到我的头上，包括有一期《人民论坛》被没收，致使我错过了合适的时间，为了纪念您的70寿辰我只是发表了一篇内容贫乏的文章，这篇文章可能您已经看到了。由于合适的时间已经过去了，我就把回信越拖越晚——直到现在。我本来总是有一种感觉，认为对您的上封信我必须写一封像样的，也包含自己理智看法的回信，因此感到难于动笔。恳请您原谅我长时间没有回信，别认为我是忘恩负义的人。我知道，您上一封没有得到回音的信给了我多么大的帮助和支持。

我听从了您关于在《苏黎世邮报》谋得一个位置的劝告，要在该报编辑贸易栏。从12月底我就在这里了。为什么原来我觉得新的工作十分理想呢？主要的考虑是，正像我给您写信时说的，这样我就可以得到考察信贷和银行事务的良好场所。遗憾的是，现在再也谈不上这一点

---

① 指弗·恩格斯1890年10月27日致康·施米特的信，参看《马克思恩格斯全集》第1版第37卷第484—492页。

了。交易所的报道由一些外国记者负责，贸易栏的其他简讯根据当地的需要由一个土生土长的瑞士人撰写。至于我本人：在信中没有提到，则让去编辑政治新闻栏中涉及国外的那个部分。对于与贸易有关的东西，在最好的情况下我可以顺便研究一下。我现在必须经常关心政治，当然这也有它的长处：在这里，我可以学到许多东西。这方面的实践对我今后可能很有好处。其实，想找到一份与我想研究的东西有直接联系的经常工作的计划本身，诚然没有实现。在我们的贸易栏具有目前这种结构的情况下，即使我要求把这个栏目的编辑工作变为我活动的专门领域，并且达到了目的，给我带来的好处也很少。报纸的工作不需要很长时间：上午4个小时，下午2个小时。因为我住在这儿非常安静，与外界隔绝，所以比起柏林可怕的忙乱来剩下的时间多，而柏林的忙乱迫使我分散了许多精力。我正在思考一些我很想研究的东西。第一项东西就是信贷事业的发展，金融市场的运动，特别是金融市场对生产运动的依赖性；第二项东西是我认为在由目前的社会向社会主义社会过渡时必然要出现的主要阶段。我指的是为了在不给现存的生产机制造成混乱的条件下逐步实现向新社会的过渡，掌握了国家政权的无产阶级应该始终不渝地加以实行的根本变化。我几乎相信，无产阶级应该加以解决的任务的这个技术部分将比另一部分——取得政权更加复杂。第三，对唯物史观作明确的解释并且对它作特殊的表述使我很感兴趣。如此庞大的计划大概看起来是相当冒险的。然而，在这些不同的东西之间却存在着某种联系，其实，我只是想检验一下在这里我认为是很重要的一些基本想法。为了真正着手做点儿大事，我当然应该集中精力全力以赴地研究材料。但是，在我尚未弄清这些任务之一，做到能够对该任务内容的基本问题有所认识并拟定着手进行研究的大致计划之前，我想再等一等，如果我能有所进步，以致准确地知道，我想干什么并且大体上能看出这时应该走的道路，我认为，那时我将有可能在一段时间完全放下新闻业务，着手新的工作。

几周以前，我在这里的街上遇到了倍倍尔，他来参加女儿的婚礼（她嫁给一个叫西蒙的医生）。他又谈起，他在您70寿辰时看到您令人意想不到的精力充沛、精神矍铄。他本人并不特别喜欢在柏林，他抱怨不得不过于分散精力，各种各样的拜访耗去了他的时间。

几周以前我十分意外地遇到了汉斯·魏斯，他途经伦敦时拜访过您，您大概还记得他。在伯尔尼学习几年以后，他在苏黎世通过了博士论文答辩，打算偕同夫人及两个孩子到巴西去。现在他正漂泊在大洋上，或者也可能已经到达目的地。遗憾的是，他走了，与运动没有任何联系，而他作为演说家无疑对运动是有用的。

在这里我还是遇到了弥勒，马格德堡《人民呼声报》过去的编辑。现在他主要是在努力研究历史和法学史。

您对德国的政策和德国皇帝正在表演的怪诞乖张举动①有何看法？在卡普里维的帮助下，他毫不客气地把那些想要为他的一切专制妄想辩护的自由思想者一脚踢开，从而满怀懊悔的心情投入了神圣的卡特尔的怀抱，他大概想要迅速同自己那有名的"对工人的爱"的残余决裂。《科隆日报》已经以轻快的语调指出了这一点，而《柏林政治新闻》对矿工们作了尖锐的驳斥。此外，对法国的仇恨又重新发作！

---

① 在几个反动政党的联盟"卡特尔"于1890年的选举中遭到失败和俾斯麦辞职以后，皇帝威廉二世在首相列奥·卡普里维的帮助下试图用随机应变的社会政策代替直接镇压工人运动的政策。随机应变政策的特点是前后极不一致：实行假自由主义改革的时期往往突然为对劳动人民进行残暴压迫的时期代替。

马克思对党纲的批判①太好啦,尽管它也使人产生一种印象,似乎把太多的荒谬的东西归咎于拉萨尔和他那帮人了。诚然,我不知道当时的情况如何。毫无疑问,新的纲领将会逐渐建立在这个批判的基础之上。

这封信写了几天没有寄出,今天报纸带来了德国皇帝拒绝矿工要求的消息。②也许难于期望有比这更好的有利于社会主义的鼓动了。矿工群众将会基本上摆脱在维护工人权利联合会就皇帝生日寄出的呈文中矢忠不二地表现出来的那种忠顺思想。只有在下届选举中才能全面评价以1889年大罢工为开端的运动的结果。③

祝您健康,请原谅我——我再一次重复我的请求——长时间的沉默;致衷心的问候!

您的

康拉德·施米特

又及:现附上巴尔特的书。也许您将把它转交给伯恩施坦,如果他想为《新时代》写对这本书的评论的话。

---

① 指马克思的著作《哥达纲领批判》,该著作写于1875年,第一次由恩格斯于1891年2月发表在《新时代》上。

② 指德国政府拒绝满足矿工的要求,其中包括实行8小时工作日、提高最低限度工资等等。

③ 1889年5月莱茵-威斯特伐利亚煤矿区的10万矿工开始罢工,全国各行业的数万名工人支持了这次罢工。

6. 康拉德·施米特致弗·恩格斯

1891年6月18日于苏黎世温特尔大街瓦尔滕斯巴赫街新楼内

亲爱的恩格斯：

在我写了上封信之后，我又多次打算给您写信，但总是没有写成。我等待着并且想告诉您的决定来得极其缓慢，而且迄今为止还看不到整个事情的结局。

事情是这样的：尽管有莱比锡大学那次可悲的经验，我又作了一次尝试，申请参加这里苏黎世的招聘。这至少会使我有可能重新从事几年的学术工作，更好地研究我写信向您谈过的那些问题。尽管我在两个多月以前就提出了申请，然而教授先生们仍然没有决定，是否允许我在自由的瑞士执教。

《苏黎世邮报》编辑部从外部推动了我进行这次尝试。本来在信中他们向我把事情说成是似乎我将有足够的自由时间搞自己的工作，而在复活节前夕却对我宣布，如果我想留在报社，那么我有许多年就要把自己的全部力量贡献给报社，并且每天要忙碌8至10个小时。由于这种情况，我的父母完全同意我的意见，即应该干脆放弃这个职位，并且想办法得到大学执教的资格；普拉特教授也劝我这样做。

然而从那时起，事情毫无进展。有个沃尔弗是个头脑清楚的人才，他在大学讲授玄奥难懂的经济学。关于这个人，您大概早有所闻。撇开别的不说，他发现了危机对工人是有益的，因为危机会使价格下降。他还不到30岁，是奥地利的犹太人，极力表现出一副普鲁士见习官和预备役军官那种自信的风度。我曾拜访过他，说明想参加招聘等等。他提出的第一个问题是："您编辑过《人民论坛》吗？"后来他要求我"用两三句话简短地"把我参加招聘的文章的内容告诉他。然而，在这里他却暴露出对马克思学说有极其糊涂的看法。取得相互理解显然是不可能的。这并没有妨碍他说，几天之内他将看完我的文章与写一封评论这篇文章的信给我，据他说，从信中我将能够看出他对我提出参加招聘的态度。问题就在于，系里关于非公聘教师的决定是根据该学科教授所写的评语作出的。教授的意见通常是具有决定意义的。然而，沃尔弗先生的热心肠、他力图阻挠我的计划时表现的胆大性急是如此突出，以致正如我所说的，他根本没有弄清我的文章写的是什么，就在第二天寄来自己的评论信件。这封信对于一个在密切注意门格尔学派①著作中锻炼成长的人来说甚至是不可思议的无稽之谈。句子之间毫无联系，极端的杂乱无章，思路一片混乱，任何一个小记者都会为此而感到羞愧。在信的结尾他要求我"简单明了地用两三句话回答他的两个问题"，同时，在这篇乱七八糟的东西中完全不可能找到两个问题。他总结说，对我所使用方法的印象是不好的。这种方法"在所有可以设想的方法中必然是最不成功的"等等。

我给沃尔弗写了一封认真严肃的回信。我将句子一个接一个地加以剖析，从而向他指出，被他用来冒充是我的思想的一切都是建立在最荒谬的误解的基础之上的。其实，他这种偷梁换柱的手法是十分拙劣的，用几句话就可以彻底揭穿。最后我分析了他"关于我的方法"的胡说八道。同时我随信寄去了参加招聘的申请书。在附去的履历中我请求各

---

① 指资产阶级政治经济学的所谓奥地利学派，该学派的创始人是卡尔·门格第。

位教授独立审阅我的文章,不要相信沃尔弗的评语,因为我准备在把我给沃尔弗的回信送交给他们以后申明,沃尔弗根本没有弄懂我的文章写的是什么。此外,我亲自拜访了一些教授。在这些教授中,福格特(据说,以前他是沃尔弗的忠实追随者,卡尔·福格特的弟弟)坚决地站在我的一边;系里作出决定的会议还没有召开。至于沃尔弗表现得多么难于置信的愚蠢和无礼,他将自己的名声败坏到何种程度,您从下述情况就可以作出判断,他把我的一级博士学位证书说成是三级证书,并且因为证书上写有"根据权利"的字样而加以责骂,而且我从福格特那里得知,他批驳了我的博士论文中的两个论点,而在我的论文中根本就没有这两个论点。这是最拙劣、最荒唐的偷梁换柱的手法!福格特先生将要在会上讲出这一切,那次会议将使沃尔弗先生"高兴"。我希望,他将得到不信任票。他们将允许我去工作。否则,我将带着我给沃尔弗的回信和为教授们写的履历诉诸新闻界。那时,他们的面目就会在社会舆论面前被揭穿。我希望,这一切在瑞士毕竟比在德国具有更大的意义。

当然,这个沃尔弗,由于他对在当时享有威信的一切都十分谨慎小心,此外还是一个门格尔派。作为门格尔派,他作出了一个重大的发现,认为交换价值是:"虚假的价值"。很难找到更妙的对这整个学派的拙劣的模仿了。最近我翻阅了这个派别的一系列著作;我甚至没有料到会遇到如此无比虚弱无力而又如此自命不凡的东西。如果他们允许的话,下学期我想讲授从斯密到李嘉图直到马克思的价值理论的发展。

即使由于长时间没有写信,我根本没有任何权利提出这样的要求,但是我仍想请求您:如果您能再告诉我一点关于您的事情进展如何,关于您是否还像——听倍倍尔所讲——去年70岁生日时那样精神矍铄,胜任工作的消息，那将会使我感到极大的快乐。我总是怀着真诚的喜悦和愉快的心情回忆起我在您处度过的时光。这是一段美妙的、令人神往的时光。

致衷心的问候！

您的

康拉德·施米特

7. 康拉德·施米特致弗·恩格斯

1891年10月25日于
苏黎世许特岑巷5—1

亲爱的恩格斯：

衷心感谢您友好的来信①！您对巴尔特的看法对我来说是完全出乎意料的。但是现在，我大概将认真地着手研究黑格尔，因为在我学哲学的那几个学期里，我钻研的几乎完全是康德。作为开始，我给自己选了《哲学全书》的《小逻辑》。当然，使我最感兴趣的是黑格尔辩证法和马克思辩证法的联系。马克思写道："辩证法在黑格尔手中神秘化了，但这决不妨碍他第一个全面地有意识地叙述了辩证法的一般运动形式。"② 这就是我十分愿意研究的东西。我看来已经找到了一些出发点。但是"神秘化"把问题弄得非常模糊不清了。为了真正在逻辑上详细地检验所有的论断，大概需要几年的时间。

---

① 指弗·恩格斯1891年7月1日致康·施米特的信。(《马克思恩格斯全集》第1版第38卷第122—125页)

② 《马克思恩格斯全集》第1版第23卷第24页。

使教授们感到恼火的是，现在我终于找到了非公聘大学教师的职位作为栖身之所，这件事我好像还没有告诉您。这里主管教育的校长，民主主义者施特塞尔对此是负有责任的。这个官员比教授委员会更宽容，而教授委员会在沃尔弗的压力之下，以四票对三票表示反对我。顺便说一句，您是否已经听到了这个高贵的思想家不久前所干的勾当？在康拉德《年鉴》的上上一辑里，他解答了马克思的"平均利润率的谜"①。如果极其细心地研究一下这种乱七八糟的东西，就可以猜想到，它的解答其实是天才的：在不变资本占优势的情况下，剩余价值率会提高，在可变资本占优势的情况下，剩余价值率会降低，结果每一个别资本归根到底都会得到相等的剩余价值，也就是说，相等的利润！极其滑稽可笑的是，他竟维护马克思……使之免受恩格斯不理解的影响，"其实一定是恩格斯授意施米特写了这篇文章"！遗憾的是，这一辑直到上个月20日才到我手中，而我立刻给康拉德寄去了一篇反驳文章。② 可是，康拉德出门在外并写信给我说，这篇文章要过一期，即在11月那一册才能登出。甚至他也只是不情愿地接受了沃尔弗写的东西。8月初，在办完了非公聘大学教师职位的事情以后，我到柏林去了几个星期，在那里见到了我的父母。两年前我结识了一位普通的、很可爱的姑娘，我爱上了她，她也爱上了我。现在，我同父母商谈了这件事，他们同意我们的婚礼在圣诞节举行，或者不得已时在复活节举行。我们将设法把一切安排得使我在单身汉时的全部积蓄够我们的花销。顺便说一句，由于我的

---

① 指《国民经济和统计年鉴》杂志1891年第3辑第2卷发表的尤·沃尔弗的文章《马克思的平均利润率的谜》。

② 施米特的文章《再论平均利润率的谜》发表于《国民经济和统计年鉴》杂志1891年第3辑第2卷第7册。

宣传鼓动以及经常一起参加会议,她已经成为一名优秀的社会民主党人了。甚至我们的结婚登记也不会使我们的结合具有小市民的性质。

我得到一份稿约,对此我极为高兴,这要感谢亨利希·布劳恩,我和他又在柏林相见了。著名的古滕塔格出版社(顺便说一句,布劳恩的《文库》杂志也在那里出版)想出版系统叙述马克思学说的学术评论性著作。布劳恩建议来找我。古滕塔格出版社和我签订了一份非常优惠的合同。我们拟定题目为《卡尔·马克思,他的学说及对科学的态度》。我非常想详细地研究《资本论》中所使用的方法,证明这种方法是唯一正确的方法,并且确定黑格尔辩证法对它的影响。这就是为什么恰恰在现在我想研究黑格尔的主要动机。然后就应该仔细分析并尖锐批评对唯物主义历史理论的各种不同理解,指出这种历史理论已经产生的影响,并试图在这里揭示黑格尔所起的促进作用。最后,我想可以指出,这种历史观本身包含着启蒙时代理性主义的有价值的因素和各种神秘主义的发展理论的高度统一,它是对这两种较早思潮的克服和综合。书的篇幅计划为25印张,此书无论如何也不可能成为真正详尽无遗的。这已经远远超出了我的能力,对此我很清楚。但是我仍然希望,我将能够完成一点这样的在某些方面能够推动并促进对马克思理解和研究的工作。特别是因此可以以系统的形式清算一下教授当中的论敌们的论点,而这也是应该做的工作。由于这种书自然不可能一下子写成,所以我还完全能够利用第3卷。现在您那里这一卷的工作进展如何?仍然像您在上一封信中所说的,经常有人打断您工作吗了?您的身体怎样?从上一封信看,您的身体好极了,这使我深感快慰。

信贷、金融市场以及走向社会主义的几个发展阶段,我暂时全部放弃了。夏天的几个月我主要是在为《资本论》的方法和马克思的历史观绞脑汁。这学期我想讲授斯密、李嘉图、瓦格纳论基本经济理论的发展,下学期分析《资本论》中的个别章节。我很感兴趣的是,我能收几个学生。

在党的代表大会①上,倍倍尔和李卜克内西的革命声音使我十分高兴。这是福尔马尔反对派和柏林反对派的功劳,这两个反对派从两个对立的方面在会上发言。

致以衷心的问候!

您的

康拉德·施米特

8. 康拉德·施米特致弗·恩格斯

1891年12月12日
于苏黎世许特岺巷5—1

亲爱的恩格斯:

十分感谢您盛情友好的来信。② 现在,决定性的日子终于确定下来。下个月19日我们去登记结婚。您是否将光临,为我们举杯祝贺——我们一定会作到这一点的。迄今为止,我还十分快慰地回忆起伦敦,特别是与您共度的那些夜晚。谁知道,也许什么时候这种情景还将再现。那我将会非常高兴。

---

① 指德国社会民主党爱尔福特代表大会(1891年10月14—21日),在这次代表大会上既对左的无政府主义的反对派"青年派",也对格·福尔马尔及其追随者的右的改良主义进行了坚决的反击。
② 指弗·恩格斯1891年11月1日致康·施米特的信(《马克思恩格斯全集》第1版第38卷第202—204页)。

康拉德的《年鉴》12月那一册终于问世了。现给您附上我对沃尔弗的答复。我表现出似乎是认真严肃地对待他,并试图从方法上驳倒他,然而,只有把他的文章加以解释和改造,才能做到这一点;也许更好的办法是详细分析所有辞藻华丽的胡说并把它介绍给读者。然而,我必须表现得谨慎一点;当我把他用来修饰自己艺术作品的全部油腔滑调省略不谈的时候,基本观点的荒谬就以更加丢人的方式暴露出来了。我觉得有趣的是,那些上了沃尔弗的当并借此机会再次宣告社会主义理论死亡的报纸将怎样动作,就是说,这些报纸是否会指出答复已经发表的事实,十分感谢您寄来了《新自由报》上发表的沃尔弗的预言,我感到有趣的只是,他还能取得怎样的成就。我很喜欢这里大学教师的活动。在听我讲课的瑞士人中没有一个社会党人同志在德意志人中有几个社会党人同志,然而有许多俄罗斯人感兴趣,其中有不少女大学生。有一次听讲座的达45人,现在平均是25人,参加课堂讨论的有20人。按照这里这所不大的大学的标准来看,这已经是很可观的了。本来我有点担心的口语,也没有造成特别的困难。我的计划订得满满的,我希望自己能有所作为。首先,论马克思学说的书使我感到高兴。① 一年以后的夏天我想请假,以便能把自己的力量完全集中在这本书上。迄今为止,我所研究并正取得进展的两个问题是《资本论》的方法和对唯物史观的分析。

十分感谢您有关黑格尔的劝告!《小逻辑》的各个不同章节使我很感兴趣,它们为思考问题提供了大量的食粮。但是在其他地方又使我产生在沼泽地上行走的感觉。我不久前搞到的《哲学史》使我非常感兴趣。在这里你会油然而生敬意。我把主要注意力放在弄清《资本论》

---

① 参看《马克思恩格斯全集》第1版第38卷第201页和本卷第88页注②。

中所使用的方法实际上与辩证方法符合到什么程度（如果在这里撇开空想不谈的话）。我认为，从量到质的转变、作为否定和否定的否定的发展在马克思那里毋宁说是顺便提出的。概念发展中各个阶段的完整的连续性也许才是重要的，这是他们俩共同的东西。您读过《新时代》上发表的普列汉诺夫的那些文章吗？① 这些文章使我很感兴趣。

您的关于第 3 卷正准备问世的消息，对我来说，正如您能够想象的那样，是极其令人高兴的。首先，当然，就本身而言特别是考虑到古滕塔格的那本书的计划。

日前我收到了保尔·恩斯特的信。使我感到高兴的是，他打算重新恢复自己中断了的学业，可能就在苏黎世这里。马格德堡《人民呼声报》的前任编辑汉斯·弥勒也在这里学习。他是一个颇为能干、精力旺盛、对政治表现出明显兴趣的人。他连想也没有想到赞同"青年派"的无政府主义的、教条的立场。他有对现实的理解。今天晚上我要去听他在德国社会主义者协会上作的报告。

后天我去柏林把我那亲爱的新娘接来！

向您致以衷心的问候，并请向考茨基夫人问好，我非常感谢她的友好祝愿。

您的

康拉德·施米特

---

① 指发表在 1891—1892 年《新时代》杂志第 1 卷第 7—9 期的格·瓦·普列汉诺夫的总标题为《纪念黑格尔逝世 60 周年》的一组文章。

9. 康拉德·施米特致弗·恩格斯

1892年7月13日于苏黎世希尔斯兰登克鲁斯—黑吉巴赫街27号

亲爱的恩格斯：

近几个月来我是多么经常地打算给您写信，感谢您2月份那封热情的来信。① 但是随着复活节假期的到来，我又重新坐下来搞平均利润率问题了。许多时间过去了，而我却一次再次地回到这个问题上来。我本来一直在想，还有几个概念的定义，这个任务就要完成了！但是目前还没做到这一点，我不想写。我终于明确而彻底地确信，用迄今为止我试图达到这一点的那种办法是无法解决问题的。但是答复的合适时机根本上已经错过了，而意识到这一点变成了单独的阻力。

同时，利润率问题成了相当迫切的问题。不仅是因为教授先生们更喜欢利用这个问题来反对马克思，就是在马克思主义的圈子里——我指的特别是这里的俄国犹太族的大学生——人们也在热心地研究这个问题。有个法尔曼就这个题目写了一篇长文，文章应该登在康拉德《年鉴》这一辑或下一辑上。② 法尔曼是一个出色的人物，俄国的犹太人，但是加入了美国籍，职业是化学家，他把自己的任务大大减轻了，因为他断言，价值规律只是对商品界的总周转有效，并且拒绝从这个规律中

---

① 指弗·恩格斯1892年2月4日致康·施米特的信。(《马克思恩格斯全集》第1版第38卷第267—271页)

② 彼·法尔曼的文章《马克思价值理论的批判》发表在《国民经济和统计年鉴》杂志1892年第3辑第3卷。

引申出个别的交换。在我看来,他根本没有把问题的解决向前推进一步,因为他主张商品总量中包含的劳动量和为这些商品而支付的价格的总额应该相等的论点,但是他没有证明这个论点。因此,他的所有结论都悬在半空中。

由于这次尝试,我获得了更新我的工作的动力。自从我的尝试受挫以后,我感到自己在某种程度上为利润率问题所困扰。须知,到现在为止马克思的所有论断都是建立在商品交换的现实比例由商品所实际包含的社会劳动的量直接决定这个假设之上的。从而就造成了马克思所分析的理想的资本主义社会与实际存在社会之间的原则的差别,在画出来的图景与现实还不一致以前,进一步的分析自然应该消除这种差别。但是关于如何能够消除这种差别,同时又不损害迄今为止由于确立这种差别所获得的分析结果的问题,显然是理论本身非常重大的问题。只要这个问题不解决,论敌们就可能驳倒以前所获得的分析结果,其根据是这些结果只是对现实的理想图景有意义,而不是对现实本身有意义,对这一点的认识在某种程度上已经在马克思主义的圈子内广泛传播开来。因此,在准备把全卷交付出版还需要进行长时间工作的情况下,是否有可能在全卷出版以前单独发表有关利润率问题的关键章节?也许可以在《新时代》上做到这一点,或者在那里报道一下马克思解决问题的基本要点?我认为,这会对拥护者们产生很好的影响,并且堵住那些吵闹得越来越凶的教授们的嘴巴。

至于我本人,最近几个月我过得很幸福。您为我们共同的(我爱妻的和我的)幸福举杯祝贺对我们的命运产生了很好的影响。尽管有各种差别,但是我们彼此能很好地适应,——日子越长,就适应得越好,我们一起迈着抖擞的步伐,怀着平静的感情向前走,不去操心利润率的实际问题。也许我们还能这样在苏黎世呆上几年。如果母校到那时还不开始"给奶喝"的话，那么我再去搞新闻。总会找到一个什么地方的。最近几个月过得非常幸福还因为，我能够完全自由地工作和思考。起初在我的计划中包括在夏季学期开关于货币的讲座。但是，除了马克思的著作以外，我几乎没有找到在应有的理论水平上对这个题目作了阐述的任何其他准备材料。克尼斯的《货币与信贷》① 极其枯燥，同时以最无耻的方式抄袭了马克思的东西。有代表意义的是，这被认为是有关这个题目的"经典性作品"。因为我无论如何反正在最近几个学期中有一个学期打算请假去着手研究马克思，所以我已要求今年夏天准我的假。现在我正研究马克思的历史观，并且想在冬天就开这个题目的讲座。大概很难找到更有意义的研究和思考的题目了。如果领会掌握的过程能够顺利进行，以致关于讲座和写书的任何想法都完全不会妨碍它，那就更好了。我认为，在撰写书籍时仓促从事是完全不可理解的，试想一想，如果产生了自己的想法，怎样使自己的想法求得自己的同意，应该怎样认真仔细地检查这些想法的行李，以免把一些荒谬无稽的东西混过海关。顺便说一句，尤里乌斯·沃尔弗先生，正如您称呼他的，经济学方面的蠢材，② 刚刚发表了《社会政治体系》厚厚的第1卷。③ 在前言中，他再次把自己描绘成精神上超群出众的，但是客观的、友好而宽容地打倒社会民主党的人。至于其他方面，我只浏览了目录，这目录按其五光十色和令人惊讶的交错纷杂来说，无法期望有超出其上者了。

您信中谈到关于沃尔弗的文章，我很感兴趣。这种驳斥是显而易见的，

---

① 指德国资产阶级庸俗经济学家卡·克尼斯的《货币与信贷》一书，1873—1879年柏林版第1—2部分。

② 参看《马克思恩格斯全集》第1版第38卷第268页。

③ 看来指的是1892年问世的尤·沃尔弗的书《社会主义和资本主义的社会制度》。

使我感到很高兴的是，您想在第3卷的前言中提到他。官方的政治经济学以及它所形成的新要素的智力水平显然是非常低下的。我认为，马克思理论的蓬勃发展在一定条件下可能具有很大的意义，从取得胜利的社会民主党将来必须采取的实际措施的角度看来，以后只有在新生力量从其领域大量涌来的情况下，才应该期望有这种发展。如果我像所希望的那样能够对马克思的学说作概括性的叙述，那么这项工作可能将落到那些清楚地了解马克思向现代经济学家们提出的伟大任务和前景，能向他的著作求教，具有尚未被大学的政治经济学所糟蹋并由于孜孜不倦地学习而得到发展的才智，顺利地肩负起钻研理论的任务的人的身上。有这种能力的人未必能找到更合适的任务——即使从学术上的功名意识来说也是如此。

现在由于其他工作我把黑格尔放下了。有一段时间我同一位俄国大学生定期研读他的《大逻辑》。① 我感到惊讶的是，他迅速而准确地理解了所有解释的实质，他以前就从事过黑格尔研究。总而言之，在俄国的犹太人中间有许多有学识、有执著追求的人。研读时，黑格尔使我很感兴趣，他为我提供了思考的食粮；我觉得我已经获得了关于辩证方法的正确概念，并认为我弄清了马克思对这一方法采取什么样的立场。要知道，在《资本论》第1卷末尾除了补充论断以外，援引的俄国评论只是提供了最一般的说明。②

与我一起研读黑格尔著作的那个俄国人在某个地方看到了关于罗杰斯《历史的经济解说》③ 出版的广告。遗憾的是，这里的图书馆没有这

---

① 《逻辑学》。——编者注

② 指《资本论》第2版第1卷跋，其中马克思引用了俄国杂志《欧洲通报》上的一篇文章，参看《马克思恩格斯全集》第1版第23卷第20—24页。

③ 指英国资产阶级经济学家詹·罗杰斯的书《历史的经济解说》1888年伦敦版。

本书。也许您在什么时候看到这本书并认为值得注意吧？要知道，书名寓意很深。

我那篇现在登在《新时代》上的政治经济学的心理学派的文章，①由于没有版面登载在那里搁置了几个月。上个学期末这篇文章成了我在大学里讲座的开篇。

保尔·恩斯特复活节时在这里拜访了我。他已移居伯尔尼，以便在那里在翁肯手下通过政治经济学博士考试。他为未来制定了各种各样的美妙计划，现在他同"独立派"发生了分歧，比同议会党团的分歧还大。

对于我长时间不写信，请不要作太坏的解释，致以衷心的问候！

忠实于您的
康拉德·施米特

10. 弗兰茨·梅林致弗·恩格斯

1892年10月6日于柏林
B.德尔夫林格尔大街23号

尊敬的恩格斯先生：

衷心感谢您友好的来信，② 它使我非常高兴。确切地说，我之所以

---

① 康·施米特的文章《近代政治经济学的心理学派》发表在1891—1892年《新时代》杂志第2卷第40、41期上。

② 指弗·恩格斯1892年9月28日致弗·梅林的信。（《马克思恩格斯全集》第1版第38卷第479—482页）

高兴，还因为您根据提到的引文这块有袋类动物的骨头［Marsupial-knochen］就立刻恢复了有袋类动物的全貌。① 您就拉维涅－佩吉朗能够考虑到的问题而讲的一切，他的确都考虑到了。我弄到了他的书，② 并以简要的形式送去补充引文的"说明"，顺便说一句，对引文文字的转述是谁确的。只不过他没有像您所设想的那样，后退得那么远。他的书是对弗里德里希的封建主义和重商主义的辩护词，这篇辩护词充斥着道德化的废话，在一些地方又塞进了——尽管很少——对工业制度的尖刻的批评。的确，我也不明白，您和马克思与此有什么关系。在最好的情况下可以推测，当马克思在《资本论》的一个注释中把弗里德里希的制度称为"专制主义、言僚主义、封建主义的混合"③ 时，他曾考虑到拉维涅－佩吉朗。因为拉维涅－佩吉朗正是带着自己的"混合的经济形式"走向了这个混合。

尽管您友好的来信带给我极大的快乐，我想，我仍然应该对给您添了麻烦而表示道歉。如果我自己立刻看一看这本书的话，那么问题当场就解决了。但是，当我收到一位教授，一个讲坛社会主义者连同对普鲁士浪漫学派的一般说明一起寄来的拉维涅－佩吉朗的一段引文时，我刚刚写完了准备单独出版的手稿《莱辛》，我一想到必须重新与我似乎已经幸运地摆脱了的普鲁士出版物打交道，我就不禁感到真正的恐惧。另一方面，引文字面上的意义使我感到困惑，正如我在给考茨基的信中所说的那样，我从来没有想过要对"独创性"表示怀疑，但是我认为，

---

① 在这里梅林拿卓越的动物学家若·居维叶的试验来进行类比，居维叶制定了根据保存下来的一些动物的骨头来恢复古代动物外貌的方法。
② 指的是摩·拉维涅－佩吉朗的书《社会科学纲要》1838年科尼斯堡版。
③ 参看《马克思恩格斯全集》第1版第23卷第801页注220。

在您和马克思思想形成的年代有关的出版物作为某种催化剂可能起过作用，则是可能的，在马上就要着手工作之前，我想弄清这一点。然而，拉维涅-佩吉朗真叫我受够了：一派陈腐的无稽之谈。

自然，我从倍倍尔那里得知您对《莱辛传奇》作了使我感到荣幸的评价。您说在弗里德里希的章节里有些地方您会以不同的方式去强调和说明，这一意见促使我对这些章节作了认真的修改。这些章节将以大大扩展了的形式出现。也许作品在外表的华丽方面略有所失，因为现在这与其说是《莱辛传奇》，倒不如说是《弗里德里希传奇》，但是我希望在内在优点上不致失色。一般说来，作品在"有教养的"资产阶级平民的圈子内产生了一定的影响，因为这里讲的是他们所崇拜的两个对象，我得到了来自这个圈子的许多反响，无论是赞扬我的还是指责我的意见，同样我都感到不可理解，于是我为单行本补充了一篇不长的关于历史唯物主义的文章。在文章中，一方面我指出自己的全部功绩，只是在于我懂得了一点您和马克思的思想，另一方面，我分析了对唯物史观的流传最广的偏见。同时，我专门写了几句话，谈到拉维涅-佩吉朗。

总而言之，十分值得注意的，工人们很容易理解对最博学的教授们说来看来永生永世都将是不解之谜的东西。几天以前一个年轻的波兰犹太裔排字工人来访问我，他从您和马克思的著作中（主要是从您的著作中，因为马克思看来还使他感到有一些理论上的困难）领会了真正令人诧异的经济辩证法。例如，他从历史唯物主义的立场出发用古希伯来语对全部《旧约》进行了仔细的研究，据我所知，他作出了显然具有深远意义的结论，遗憾的是，尽管提出了坚决的要求，我还是未能为他在《前进报》谋得一个排字工人的职位，但是在马格德堡路克斯博士看中了他，博士对这位奇才惊叹不置，当然，马上就把他安排在《人民呼声报》编辑部。

现在我再一次衷心感谢您,尊敬的恩格斯先生!请代我向考茨基夫人问好,并请相信我对您的始终不渝的尊敬之情。

仍然忠实于您的
弗·梅林

11. 乔治·威康·兰普卢致弗·恩格斯

1893年3月9日于巴拉
富尔特埃林港(曼岛)

附识:我将不再对您称"亲爱的恩格斯先生",而将用您的许多朋友对您的称呼,希望您不要见怪;那么——

亲爱的将军:

谨向您表示道歉,因为我未向您告别就离开了伦敦,尤其是在您说了让我去看您,如果我能拿定主意就带上妻子以后。然而在10天前的一个星期天,当我们打算去您那里的时候,十分恶劣的天气一直持续到中午,打乱了我们的全部计划,最后我们没有别的办法,只好放弃拜访。

但是,我下决心在下一次您邀请我的时候,让您尚未见过的我的"那口子"和我一起来。如果我们这儿一切都好的话,下一个冬天,圣诞节后不久,我们将再到伦敦去,希望那时将前来向您表示敬意,可能我们将带上一两个孩子,让您看一看我们的后代。

我怀着极大的兴趣和钦佩之情读完了您的小册子《空想社会主义和科学社会主义》。它听起来就像铁锤的抡击声,每一下都把钉子越钉越深。

如果我能再见到艾威林的话,我会问他是否想要几份我最近写的地质学方面的一些文章,其中包括与俄国教授巴甫洛夫合写的一篇文章。然而,我认为他现在没有时间去研究某一门科学的细节,不过如果他能赶上伟大的前进运动的基本潮流的话,完全有足够的时间。

以前我整天呆在野外;我的眼前是一片大海,脚下是清新美丽的大地,我想过许多次,这比一周前在同一个时间我在蛛网般的肮脏街道上闲逛好多少呀!

但是清新的空气催我入睡,我只好祝您晚安了。

我从事这种土地丈量工作,其实过着幸福的生活。正是工作的与外界隔绝的性质,使我现在感到最为喜欢。

在伦敦逗留以后,由于那里令人丧气的我们文明的所有问题使人非常苦恼,每走一步都让人不得安宁,又无法绕开,因此就觉得你仿佛在透过翻转过来的望远镜用另一种尺度观看某个地方一场大会战的情景。我认为,这是很自私的,但是相当惬意。

我认为所有这些"新闻业务"都十分枯燥,于是除此之外我还写另一篇小说,被麦克米伦的一家杂志选用了。

请向您家里所有的朋友转达我的衷心问候,请您也收入您自己的一份,请相信,我始终对您怀着十分的尊敬。

乔·威·兰普卢

12. 弗兰茨·梅林致弗·恩格斯

1893年4月7日于柏林

B.德尔夫林格尔大街23号

尊敬的恩格斯先生：

在适当的时候，您将收到一份关于拉维涅－佩吉朗那件事的材料；在关于历史唯物主义的附录中，我对这件事作了详细的说明，我打算把附录加进不久即将出版的《莱辛传奇》单行本中去。我想了一下，如果您允许我原封不动地登载您去年11月28日那封亲切友好的来信，当然只登载其中涉及您和马克思对历史浪漫主义的态度的那一部分，我冒昧地附上该部分的抄件，那么不仅为了使著作增色，而且为了事业也是有益的和可贵的。如果您同意的话，就不需要再作任何补充答复了，在这种情况下我向您道一声：衷心感谢！如果您不同意或者愿意修改一下措词的话，那我就请您费心写几行字告知您的决定或者也许是把作了适当修改的抄件寄回来。

当然，《莱辛传奇》出版后我将立即寄一本给您。

致以真诚的敬意！

您的

弗·梅林

13. 瓦尔特·博尔吉乌斯致弗·恩格斯

1894年1月19日于布勒斯
劳希斯韦尔德尔大街11号 I

阁下：

如果说我虽然本人与您并不相识，却冒昧地给您写这封短信，那么请把这一点归因于对一个学术问题的兴趣，而在解决这个问题方面，您是最有资格的，确切些说，唯一有资格的裁判官。

由于前不久我在这里的由桑巴特教授先生主持的政治科学讨论会上所作的关于"经济唯物主义"的报告，我与这位教授就对这一理论实质的理解发生了热烈的争论，而认为这一理论对未来的历史科学具有划时代的意义，我们俩的评价是一致的。就是说，争论是围绕下述问题展开的，第一，从最严格的意义上说，应该把"经济关系"理解为什么？仅仅是被生产的和被消费的财富的数量和质量呢，还是也指在很大程度上依赖于科学状况的生产这些财富的性质和方式；第二，是否应该把经济关系仅仅看作是制约其他关系，整个说来决定并影响这些关系的关系，就像"环境"影响个人一样，而且特征取决于种族、创造性的个性的影响等等，并且被它们所改变，或者说，经济结构作为唯一的创造力最决定社会的状况，类似费尔巴哈关于单个的个人的说法："人就是他所吃的东西"。

在这两种情况下，桑巴特教授先生都坚持比较温和的观点，而我则坚持极端的观点；他抓住马克思的说法"归根到底"，而我则抓住您的说法"直到细节都被决定了"。

因为人们逐渐开始明白，社会民主主义终究是某种比空洞的胃的哲学更多的东西，所以，真正弄清楚您和您那位已故的朋友的著作中所阐述的最初的"经济唯物主义"坚持的是什么样的观点，确切些说，卡尔·马克思一般说来是否意识到了这种双重解释的可能性，这不仅对我，而且对科学毕竟具有很大的意义。

因此，阁下，要是您——如果有时间的话——在必要时能写封短信把您对这个问题的看法告诉我，我将十分感谢。

再次请您原谅我提出这个要求来麻烦您，而您毫无疑问，除了解决各种学术争论之外，是不得空闲的。

荣幸地致以深切的敬意！

忠实于您的

瓦·博尔吉乌斯

法律和哲学系毕业班学生

14. 康拉德·施米特致弗·恩格斯

1894年11月13日于苏黎世

V 赫吉巴赫大街27号

亲爱的恩格斯：

太好啦！今天从您那里得到第3卷问世的消息，真是莫大喜事。请接受我对这部历史性著作大功告成表示的最衷心的祝贺。对目录我就怀着极大的喜悦最认真仔细地研究了一番，它让人抱有非常大的期望。这对您来说是多么大的幸福啊！

虽然我很久没有给您写信了——我知道，您那里堆满了信件，回信需要很多很多的时间——但是我没有什么特别要说的。我还能在苏黎世逗留多久，还不清楚。沃尔弗教授在这里因其有名的著作而丢尽了丑，未必能够期望邀请他去德国大学。瑞士其他的经济学教研室也掌握在强硬派手中。所以前景相当不妙。如果我以后要去德国的话，那么我很愿意同意找一个地方，无论是在《新时代》、《社会民主党人报》或《前进报》，只要在那里我能够主要是对我们感兴趣的、散布在杂志和书籍中的材料作简介和评论的工作。对这种活动的需要无疑是存在的。但是要知道，这一切是将来的事情，现在首先要为关于马克思的书作点事情，在这本书上，或者最好说，为了这本书，我已经工作了很长时间。像我本来希望的那样，把马克思全部思想都加以叙述，显然无论时间还是精力都不够。我将把在苏黎世当大学教师时花费时间最多的对唯物史观的研究和分析推迟到将来再搞，以便首先单独撰写关于"理论政治经济学的实质和方法"这一部分，这部分同时也应该是更加深入地理解《资本论》的入门。当然，那样一来在这里也应该研究辩证方法。思维的工作基本上结束了，但是要叙述的自己的思想越多，叙述就越难；在这里我不得不经受一些大的战斗，而进展的缓慢往往动摇我对成功的信心。诚然，经常只是很短时间。第3卷将对我撰写上述那部分的工作提供莫大的动力。从我的特殊目的看来，第五十章《竞争的假象》标题就加得意味十分深长。所有这一切都使我处于紧张的状态。

我怀着极大的兴趣十分高兴地看到了党的法兰克福代表大会①的材

---

① 德国社会民主党代表大会于1894年10月21—27日在美因河畔法兰克福举行。在代表大会上，关于主要议程——土地问题——的补充报告人是巴伐利亚社会民主党人领袖格·福尔马尔。除了其他问题以外，他要求把不仅反映劳动农民利益，而且也反映农村资产阶级利益的一系列条目列入党纲。福尔马尔的观点在代表大会上没有得到应有的回击，但是后来巡到坚决的批判，特别是在奥·倍倍尔的公开演讲中。

料。在关于土地问题的讨论中人们所感觉到的清醒的态度,同时还有那真正革命的毅力将引起被吓坏了的资产者的恐惧。资产者应该看到,这个党是严肃地、极其严肃地对待革命的,它一言一行无不想着革命。反对者如此乐意地想要用来冒充机会主义的东西,只不过是适应现存条件,以便更彻底地使这些条件革命化。他们中最有眼力的人不能不看到这一点。这种适应也恰好证明了对革命的严肃态度。至于说到福尔马尔的事,我认为巴伐利亚人投赞成票是绝对不正确的、错误的,而且我也决不认为,他们这样做符合在农民中进行鼓动的利益并带来了任何可观的好处。然而使我感到高兴的是,党代表大会当时并没有急于宣布禁止实行类似的政策。鉴于当时的事态以及巴伐利亚人的固执和容易激动的特点,这可能会产生完全预想不到的后果。这件事恰好就是一件蠢事,不过这种蠢事不能禁止,但是它不会带来特别的害处,也不会被禁止,因为在其他的方面我们的代表在巴伐利亚邦议会上以最令人满意的原则上的尖锐态度发了言。没有任何根据认为,这种蠢事能够发展成为相当大的危险;积极的因素会占上风,尽管干这种蠢事的人看来还特别以这种蠢事而自豪。在这里可以感觉到他们是想要炫耀一下自己的独创性。

8月我同妻子一道乘坐经济列车(从巴塞尔到柏林的往返票共计32马克,6个星期内有效)去了柏林一趟。我们俩再次感到非常喜欢那个地方,如果什么时候命运再次把我们抛到那里去,我们将完全不反对。有一个年轻的大学生亨利希·施米特与我们做伴,他生于特里尔,是个快活的人,一个好同志,他决定留在柏林,他想在那里继续研究民族学,现在定期为《社会民主党人》写每周评论。因为他写得很快而且记忆力很好,他也可能会成为相当不错的采访记者,我们缺少这种人才。

您身体怎样?希望您像往常那样,精力充沛、身体健康。请代我向伯恩施坦夫妇、艾威林夫妇、普列汉诺夫以及考茨基的前妻转致深切的问候，并允许我向您本人致以衷心的问候，祝您一切顺心如意！

您的

康拉德·施米特

今天我还要给迈斯纳写信，我希望现在这件事不要拖得太久。

15. 威纳尔·桑巴特致弗·恩格斯

1895年2月14日于
布勒斯劳威廉皇帝大街101号

阁下：

我冒昧地同这封信一起给您寄去一篇关于马克思经济体系的不长的文章。① 如果您认为在必要时能够读它一篇的话，您会发现，文章试图以批评方法论的方式来研究马克思的价值学说，从而帮助《资本论》的读者克服一些在理解上的困难。我斗胆地希望，我的看法符合马克思体系的精神。阁下，如果您能抽出哪怕是一刻钟的时间来告诉我，我是否找到了正确的解决办法，那您将使我内心感到高兴。

谨向您表示最诚挚的敬意！

忠实于您的

威·桑巴特

---

① 桑巴特指的是他的发表在1894年《社会立法和统计学文库》杂志第7卷的文章《评卡尔·马克思的经济体系》。

16. 康拉德·施米特致弗·恩格斯

1895年3月1日于苏黎世
赫吉巴赫大街65号

亲爱的恩格斯：

由于我至今一直没有对您盛情寄来的第3卷序言表示感谢，您一定对我什么想法都有了吧?！请原谅我这个过失。起初，在对整个作品还没有得出清晰概念之前我当然不想写信。后来，我把写信的事推迟了，因为最初我想为《新时代》写一篇评论这一卷的一些重要论点的文章，但是，由于我在思想上曾经试图使这篇评论具有更加全面而深刻的性质，这件事也就越拖越久了。

我对《序言》有各种不同的意见，首先，我不能使自己相信法尔曼的功劳。在我看来，他只是重复了勒克西斯所阐述的东西。勒克西斯所阐述的东西（即由于竞争，总剩余价值会根据资本的多少按比例地在各个资本家之间进行分配，在您在第2卷序言中如此清楚地提出了问题之后，已经显而易见了。在我的《平均利润率》中我也完全赞同这种观点。与勒克西斯相比，我的特殊差别只在于，我改变了价值概念的表述方式，试图把与价值规律直接相矛盾的价格构成描述成为与这个规律相一致的。如果说我走上了这条背离马克思所提出的目的并且确实导致迷误的错误道路，那么以前在我的面前时常浮现的是您的序言中的句子："如果他们能够证明，相等的平均利润率怎样能够并且必须不仅不违反价值规律,而且反而要以价值规律为基础来形成"① 等等。至于竞争应该引起总剩余价值在各个资本家之间按比例的分配(即勒克西斯和法尔曼赞同的,马克思所阐发了的思想),我也是清楚的,并且在我的平均利润率的公式 $\frac{\varepsilon m}{\varepsilon c+v}$ 中作了表述。但是除此以外,我力图证明(这是这一课题中最困难的、迫使人继续思考的一部分),这里所得出的价格偏离价值的结论尽管是由竞争所引起的,但归根到底是价值规律本身的要求。法尔曼所持的看法只是已经清楚的东西,是勒克西斯和我更加详细地叙述过的东西,但是据我理解,除此以外他不会并没有迈出任何有独创性的步伐。我也十分鲜明地强调指出,价格偏离价值的现象在全部总产品中会被消除:"所以,当我们研究全国的产品时,对个别年产品来说是必然的价格与价值不一致的现象,确实被消除了。"当然,我在这里也看到了"价值规律"被证实。至于现在,在总产品按价值出售的时候,个别商品的价格应该这样根据生产个别商品的资本构成偏离价值,它们会被规定在高于或低于价位的水平上,这一点是清楚的,早已由勒克西斯指出过。勒克西斯说:"资本家阶级的各个成员把这全部剩余价值在他们自己中间进行分配,但不是按照他们所使用的工人的人数,而是按照各人所投的资本的量进行分配……"② 诚然,法尔曼在您所指出的地方非常明确地表述了这一在勒克西斯那里只是处于萌芽状态的思想。马克思也同样地表述了这一思想,但是在法尔曼的表述中我发现的只不过是表述,而不是新的理解。

但是我将不坚持这一看法。我认为,重要的是下述看法,即当法尔

---

① 《马克思恩格斯全集》第 1 版第 24 卷第 25 页。
② 《马克思恩格斯全集》第 1 版第 25 卷第 13 页。

曼从总价格同总价值相一致中引申出价值规律的现实性时（我自己也想做到这一点），就得出了把应该加以证明的东西当作已被证明的东西的论点。的确，无法指出为什么个别价格的偏离对产品的总和来说就应该互相抵消的任何原因。马克思以间接的方式假定这一点，但往往又设想总产品的价格偏离其价值的情况，并且证明，即使在这种情况下平均利润率继续取决于总剩余价值与预付资本价值的比例。其实，总价格偏离总价位的这种情况决不是罕见的，其可能性甚至比总价格与总价值相一致更大。由此可以得出结论，法尔曼对价位规律真实性的证明不是真正的证明。因为正像竞争和交换的行情必然会导致个别价格偏离价值一样，它同样也可能导致（证明相反的情况是不可能的）总价格将偏离总价值。因此，一方面，价值规律不是个别商品价格实际形成规律，另一方面，价值规律也不是总产品价格实际形成的必然规律。这样一来，就不可能证明价值规律是交换的自然规律，因为甚至总价格偏离总价值也不会使包含在被交换的总商品产品中的劳动量或价值量是一个不会由于价格的形成而改变的已知的量，这个原理发生任何变化——这个论据只是确认了显而易见的东西：价值总量的周转仍然是不变的，但是它丝毫不能证明，价值虽然不能成为个别商品和货币的交换比例的调节者，但是它至少必然会调节总产品的价格总量。这样一来，价值规律（如果把这一规律理解为调节交换的规律，而不是简单的价值规定）对我来说就是一种虚构，但当然不是一种错误。相反，这是一种必要的虚构，即一种假定，这是我们在认识到这种假定是不正确的同时所做的，但为了得出其他办法所达不到的结论又必然要作出的假定。这就像在数学中我们把圆看成是多角形，把平行的直线看作是渐近线等等完全一样。您本人在《反杜林论》中非常清楚地指出了以虚构为基础的数学的辩证性质。同样，在政治经济学中我们也假定有一种虚构，即交换由商品的价值比例来调节，这种假定（它对单个商品的价格来说是明显地同现实相矛盾的，而对总产品的价格来说，则可能是同现实相矛盾的）有助于我们深刻地分析并且最终弄清确定平均利润率的客观根据。因为建立在这种虚构基础上的关于平均利润率由总剩余价值同预付资本价值的比例确定的学说（正如马克思所指出的，遗憾的是，相当简要），即使抛开该学说最初赖于建立的虚构，即总价格一定要与总价值相一致，也是正确的。

但是，如果说价值规律作为调节交换的自然规律在政治经济学理论的体系中只能起虚构的作用，哪怕是必要的虚构，那么（只要我们力求避免对以后的所有结论作歪曲的解释）从一开始而且首先在得出价值规律时就应该补充说明这一点。然而，在马克思得出这一规律时，价值规律不是作为为了简化以后的阐述而采用的假说，而是作为从交换比例的形式中在逻辑上必然会演绎出来的规律出现的。因此，我必须回过头来去研究马克思的价值和货币理论，我希望，这种研究将会取得一些结果。只有当我确实把价值规律看作是一种虚构的时候，我才感觉到，我在《平均利润率》中试图把在价格形成中偏离价值规律的现象解释为价值规律的结果的做法，是完全没有根据的和多余的。

我怀着极大的兴趣读完了这本书本身，但我仍然认为，您对第 2 卷的态度有些不公平。我认为第 2 卷比这部第 3 卷更有意义，因为从第 1 卷重新构想出第 2 卷，要比从前两卷构想出第 3 卷困难得多。全部著作从整体上来看是一部鸿篇巨著。两年前您在这里参加代表大会时，我曾经对您讲过我当时正在写的关于马克思的书。现在我打算暂时只限于马克思的政治经济学，从各个古典作家的态度、特点、方法和一般意义的角度对政治经济学进行分析（这将是我的尝试）。最重要的思想已经整理就绪，但是阐述出来还要花费大量的工夫。

我们——我的妻子和我——在这里的情况仍然像以前那样。写书占去了我的全部精力，所以我几乎不作其他任何事情。《前进报》上关于第3卷的讨论您大概读过了吧。编辑部以令人不快的方式把一场本身很好的讨论搞得不像样子；等编辑部找到版面来发表最后一篇文章时，几个星期过去了，这实在荒唐！评论是这里一个很能干的波兰大学生马尔赫列夫斯基写的，他从前在工厂里当过染色工。我对这个人抱着很大的期望。我本人还没有开始为《前进报》写稿，因为已经许诺了《莱比锡人民报》和布劳恩的《中央导报》①。随信附上两篇评论，再一次请您不要因回信晚而生我的气。要知道这封信也因此而成了有关理论问题的看法的起初流露，在写信的时候我一直有不愉快的感觉，因为我未能清楚地表达我想要表达的东西，如果不多啰唆几句，就无法把这些想法表达得更清楚。但是，这种东西感觉得越清晰，就越想把问题搁一段时间。

致以衷心的问候，怀着感激之情回忆起您的

您的

康拉德·施米特

（原载《马克思列宁主义和国际工人运动史论丛》1982年莫斯科版第456—493页）

（邢艳琦 译 刘晖星 校）

---

① 康·施米特的文章《〈资本论〉第3卷》发表在1895年4月25日《社会政治中央导报》第2期上。

维·阿德勒致弗·恩格斯的信（一）[*]

  维克多·阿德勒（1852—1918）是奥地利社会民主党的创始人和领导人之一，1889—1895年曾与恩格斯通信，被恩格斯视为好友。阿德勒与恩格斯的交往始于1883年9月，当时这位年青的奥地利大学生为考察英国工商业监督机构而来到伦敦，拿着列奥·弗兰克尔的介绍信拜访恩格斯，请求予以指导，他的考察动机受到恩格斯的热情赞赏。他们之间的亲密友谊则是六年以后，即1889年7月第二国际成立代表大会结束后他们第二次见面时建立起来的。1889年12月，他们开始正式通信。此后六年里，他们又见过几次面。1895年7月恩格斯重病卧床期间，阿德勒曾在自己敬爱的师长和朋友的病榻前守护过两个星期。阿德勒与恩格斯通信的年代，正是奥地利工人运动史的一个极为重要的时期，阿德勒写给恩格斯的信一定程度上反映了这一时期奥地利工人阶级在社会民主党领导下所进行的斗争和所取得的成就。这里发表的阿德勒的信共25封，另有一封奥·拉迪姆斯基致恩格斯的信（第13封信），均译自奥地利社会民主党编辑发行的《维克多·阿德勒的论文、演讲和书信集》第一册（1922年维也纳人民书店出版社版），原编者所加的注释仅摘译了一部分。

---

[*] 本文选自《马列主义研究资料》1985年第2辑。

1. 1890年1月21日致恩格斯

1890年①1月21日
于维也纳

尊敬的朋友：

你有如此充分的理由生我的气，我也就应当在此信开头多作解释。对于你去年夏天给予我的颇为出乎意料的亲切接待，对于你12月间的详细来信，甚至对于你的贺年明信片，我至今未作片言只字的答复。可以替我辩护的理由是，我的整个工作时间和工作的机会被分割得七零八碎，使我无暇写信详谈那些会使你感兴趣的事，我真想详详细细地给你写封信。现在看来，这是办不到的，所以我想至少得给个音讯。迟迟不收我入狱服刑是毫无道理的（12月7日最高法院已经作出判决，但是，时至今日我仍未接到通知②），这使我即使稍稍冷静一点也难做到。这些驴子以为5月1日我会口袋里装着炸弹去普拉特公园散步，所以根本不欢迎我在那一天到公园去。就这样，从去年夏天以来我一直生活在应

---

① 原信将"1890"误写为"1889"。
② 1890年1月31日《工人报》报道说："1月24日阿德勒博士同志接到了最高法院12月7日的判决书。对量刑提出的上诉和对特别法院的审理所提出的申诉一样，均因根据不足而被驳回，四个月的加重监禁（连同每月一天斋戒日在内）被认为是与罪行'相称的刑罚'。为处理个人一些事务，阿德勒同志不得不要求短时间缓期执刑，于2月份开始服刑。"关于本诉讼案请参看《特别法庭上的〈平等〉周报。关于1889年6月27日对维·阿德勒博士和L. A. 布赖特施奈德尔的终审的速记报道》（1889年维也纳版）。

付眼前而无法虑及长远的状态之中；此外还有一堆讨厌的私事，实在令人不堪忍受。党内形势倒是令人欣慰的。不仅无政府主义已经销声匿迹，我们终于骂跑了内奸的魁首警察顾问弗兰克尔，堵死了无政府主义的来源。这种事只是在奥地利才有可能，警察的卑鄙行径和阴险刁钻在这里从来不是那么厉害，当局上下彼此争斗不休，因而我们有可能充分利用他们的嫉妒心理，于是我党的声望在外界便大为增长，而在工人当中威信之高更是前所未有。一切为扼杀我们而创造出来的组织现在都在我们的掌握之中；所有报纸，恶劣透顶的新闻产品在大批销售，而好的也在大量增长，对我国的形势来说是"大量"。《工人报》现有九千份，而一年前《平等》周报①只有五千份，在没有选举权的情况下，这很难使人们有事可干并保持警惕。看来我们的政治形势在不太远的将来便会有新的面貌。有名的"和解"所意味的是，我们有的将不是各个民族的党，而是托利党和辉格党，当然斗争的内容、纲领等等就完全不同了。你看，我并没有夸大去年夏天青年捷克派选举胜利的意义吧。"和解"是这些胜利所带来的直接结果。我曾预料过它将在（1891年夏季）选举之后到来；那些家伙们怕的就是选举，所以今天就担心形势有变。主要是皇帝逼迫得紧，他断言：至多两年之内我们就要同俄国打仗，因此他想在这以前能够整饬得井井有条。他相信他有把握取胜，所以要在

---

① 《平等》周报是《工人报》的前身，在阿德勒和布赖特施奈德尔审判案前不久被警方查封。《平等》周报最后一期于1889年6月14日出版，《工人报》第一号于1889年7月12日出版。为避免过于挑战式地表明这两个报纸的延续性，出版者的署名不再用阿德勒，而用尤利乌斯·波普和鲁道夫·波柯尔内。有关《平等》周报和《工人报》之间的这一段情况，见《社会民主党人月刊》第1年卷第5期（日期署明为1889年5月31日，实于6月底出版）第11页至第16页（《群言堂》）。

把俄属波兰一大块地盘能以一并"调整"之前延缓修改宪法。现在若是民族问题退居次要地位，那对我们特别有利。针对民族问题我们所能做的只是强调我们的国际性，而长此下去这是十分令人乏味的。如果那些大党将不得不着手解决其他一些问题，他们的软弱无能就更加暴露无遗。此外我们还可能争取到一些改良，争不到选举权，也要争得出版、集会和结社权——我并不期望过多，当局任何一个微小的让步都是巨大的收获。——但愿工业的"繁荣"将持续一些时候，这对我们来说至为重要。

我以十分感激的心情接受你的建议，把阿韦奈耳的《克罗茨》修改一下。我所欠缺的，也许只有在干的过程中才看得出，所以我现在就请你继续给予帮助。——（欧文）论婚姻的小册子[1]，我无论如何是要译的，倒要看看我能否把狄茨早就想要的书搞出来。使我举棋不定的是，我不想为倍倍尔的《傅立叶》做什么工作，因为我认为这件工作没有价值；而为考茨基的《莫尔》作点贡献，我的知识又不怎么够用。恐怕我现在得摆脱这种两难的处境！

昨天我见到了考茨基，这以前还没有正式得悉他已经到来的消息。他得了流感（其实新年时我们大家都得过），一脸病态。听他说，你身体健康，工作起来像从前一样兴致勃勃，这使我感到由衷的高兴。如果我明确向你说，我们在奥地利的所有的人是如何依恋于你，我们，首先是我对你充满何等感激之情，你可不要见怪。在一定意义上说，我们对

---

[1] 指《关于旧的邪恶世界的教士婚姻的演说。罗伯特·欧文发表于1835年新婚姻法通过之前》。阿德勒翻译此书的打算未能实现。有关欧文这一著作的内容可参阅海伦·西蒙《罗伯特，欧文》（1905年耶拿菲舍出版社版）一书第272—281页。

你怀有更多的，或者我们可以说，不同于对马克思的感激之情：无论是在政策和策略方面，还是在把理论运用到活生生的具体事物方面都是如此。

希望我们不久就能见到第三卷，那时你也就完成了这一艰巨的工作，使你的头脑有暇进行其他工作。

我可以报告一点路易莎的消息，她正在恢复期。重伤口虽然愈合缓慢，但正在愈合。她常来我家，我希望，她不久还能多找点事情做，无论从哪种意义上讲这对她都是好的。

在附件中你将发现两张马克思的照片，是我把劳拉夫人交我保存的一张相片拿去翻印的。我想你还没有，所以寄去两张。请给你那位细心的女管家①一张，我感谢她，怀念她，请代为衷心问好。我的夫人也向你和她衷心问好。

你的 维·阿德勒博士

2. 1890年12月9日致恩格斯

1890年12月9日
于维也纳

尊敬的朋友：

我只能以一封简短的电报对你的生日略表心意，疼痛难忍的肠炎使我卧病在床。但愿你也同样了解，连结你我的是一条能够把学生和自己的老师紧紧连结的割不断的纽带。

---

① 海伦·德穆特。

从路易莎的来信得知你身体很好。但愿祝寿的紧张不致使你过度劳累。有路易莎在你身边,我感到是一种巨大的安慰。她受到我们崇高的尊敬和爱戴,所以我相信你没有比这更好的选择了。开始我只有一点顾虑,我曾平心静气地告诉过她。不知道她同你谈到过没有。她是一个富于自我牺牲精神的、忠实的人——而正因为她是这样一个人,所以我曾表示担心,她会做出超越她应该做的,或者做出她不应该做的事。她有着要自立的强烈欲望,而且有"要做出成绩"的狂热,完全肯定——这一点我简直就已经想见到了——会以一种从她自身的利益来说不应当那么做的方式去帮助你。她会成为你的影子,我认为她不应该这样,对你无益,对她也有害。的确,近几年间她习惯了,经常是独自一人地生活和主动做事;实际上结婚从没有使她规律起来。因此我确信,要适应你家里的生活方式,对她来说将是困难的,然而她会认为必须使自己去适应,而且要远远超过所需要的程度;她对你的无限敬爱之情,起初或许会丝毫无所流露;因此我认为我有责任告诉你。我深知她的为人,另外我相信你将承认我所说的是正确的。其实我非常希望路易莎留在伦敦你那里。当然她在维也纳的物质生活是有保证的,开始有困难,以后会越来越好。可是,由于家庭的原因,她陷入了一种庸俗的小市民生活的痛苦之中,因为尽管这样她仍然要做大大超过她本分以外的事,这种痛苦就使她越发觉得压抑。她无力帮助有病的母亲和姊妹,但是她分担着她们的病痛,甚至比永远呼吸不到室外新鲜空气的两位病人还要因病痛而心情抑郁得多去给你帮忙,我认为这本身就是一个值得羡慕的职位,对她来说更意味着是一个解脱。正因为我特别希望,你和路易莎商定,路易莎留下来,正因为如此,我才预先提请你注意这个危险。我之所以没有早说,是因为我不愿意由于哪句话说得不妥当而破坏初次的印象。这种事很难付诸笔墨,这里所考虑的是一些敏感的事,很细腻的一些联想,一写出来就使得一切都粗鄙庸俗了,尽管我希望你大概知道我说的意思,并将阻止路易莎不要提出非分的要求。写信给她谈这些,可能对她毫无益处,这一点我是了解她的。不过你能够施以影响,也许我提请你注意的,正是你没有留心的一些情况。

顺便提一下,我从路易莎给恩玛的信中看出,她还在去留之间摇摆不定。如前所述,我愿意她能留下,不过我要注意不去影响她。

现在谈谈钱的事。艾威林受你委托寄给我的支票没有兑换。为简便起见,我把支票连同所有的收据一并寄还给你。顺便说明一下,联盟银行是个相当大的机构,所以责任很可能不在这里。请原谅,我又不得不为这件事来打扰你,得便让别人去处理吧。

我和恩玛衷心问候你、路易莎和艾威林夫妇。

你的忠实的　维·阿德勒博士

3. 1891年6月22日致恩格斯

1891年6月22日
于维也纳

尊敬的朋友:

我事实上以"外事书记"的身份受托向你发出十分郑重而又迫切的邀请信。如果我不给你写什么邀请信,而宁可对你说,我们大家当然非常欢迎你到我们这里来,想必你不会生我气的;尽管我知道,呼吸我们这里山地的空气对你虽然相宜,你也不一定会来,所以我就十分高兴8月份能有机会见到你,我这种高兴过于自私了。不久前你在路易莎那篇出色的社论文章中所加的诙谐的词句,总是使我们十分兴奋,因为从中我们看到，你身体健康，心情愉快。若是你能够再写上几句话祝贺我们的党代表大会，那么这种表示不仅会理所当然地收到良好的效果，而且会是你亲自给真心热爱你本人的同志们带来很大的快乐。

总的说来，我们现在可以知足了，我们从一个派别或者说从一群好闹事的人一跃而成为一个政党，争得了承认，并且人们对它寄予期望。最近一个时期，各方面的人都想讨好我们，正如我们所说的那样，反社会党人法这种蠢事塔菲也未能得逞。① 他错打了算盘。对我们来说严重的困难将首先是，敢于参加关于改革的讨论，我们必须这样做，而又不给人以机会主义或者同其他越来越明显激进的政党一致行动的印象。幸好民族困难在我们这里已完全克服，党代表大会将表明，这方面所遗留下来的是，听取那些捷克人既热情而又没完没了的演说时可怕的无聊。布拉格有几个小伙子为了有个好职位已变成"民族派兼国际派"，他们恳求我们同意，并且只要可能，就会在党代表大会上以独立小组的身份放弃他们的思想。

你那篇给布伦坦诺以致命打击的文章②我欣喜若狂地读过了。尽管这件事如此有趣而又严酷，我总有点为你不得不"同这群无赖周旋"而失掉做重要事情的时间和精力感到惋惜。

至于我本人，现在又忙得很，盼望党代表大会和国际代表大会快快开完，能够安闲地同女士们（但愿届时路易莎来看望我们）一起坐在农家的软垫上，保养保养。恩玛刚刚对我说，别忘记写上她已经熟记英

---

① 1891年6月1日塔非伯爵在奥地利众议院提出一项反社会党人法，然而这项法律从未提到委员会（别涅斯托费尔曾要求在全体会议上宣读）。

② 指的是恩格斯的小册子《布伦坦诺contra马克思。关于所谓捏造引文问题。事情的经过和文件》（1891年汉堡迈斯纳出版社版）。维·阿德勒藏书中的那一册上有"维克多·阿德勒惠存。弗·恩格斯1891年4月9日于伦敦"的题字。

式烹饪，现在是你和路易莎来我们这里的最好时机。可惜，我并不那么乐观，会相信这个美梦能实现，尽管它颇为合情合理。

好吧，衷心问候你和路易莎。

你的　维·阿德勒

恩玛也问你好。

4. 1891年9月2日致恩格斯

1891年9月2日
于维也纳

亲爱的将军：

昨天早晨一到此地，我就又完全置身于一片喧闹之中。从我所能见到的近几周这里的报纸来看，此次代表大会①在奥地利也是比以前任何一次都要受到重视；人们专门用铜管乐曲来表示赞赏，这是自然的。我把变得愚钝的卡勒尔－莱茵塔尔②一篇妙趣横生的作品寄给你，供你一乐……据我刚刚收到的电讯，和克罗弗德③相反，老头子曾勇敢地为他的主人即国王的品质进行辩护。这事还挺妙的。其实在斯图加特和慕尼黑我已经知道对他的编辑工作的不少评论，同你的看法完全

---

① 1891年布鲁塞尔国际代表大会。
② 艾米尔·卡勒尔－莱茵塔尔，七十年代末上大学时就参加了工人运动，写过不少小册子并为《新时代》撰稿，数次遭到判决，九十年代完全脱离工人运动，1896年自杀身亡。
③ 有关克罗弗德的情况参看1895年1月28日恩格斯致阿德勒的信。

一致。

旅行是惬意的；同奥古斯特在法兰克福分别的时候，我又像在维克多利亚车站时那样感到难过。同他和你相处的那些日子又给了我鼓舞和力量——因为在这里尽管人群熙攘，我仍然觉得十分孤寂。感谢你的友谊，你的美意，这使我受之有愧而时时感到不安。请不要见笑！我绝不是多愁善感！！

在斯图加特时，狄茨十分慷慨，立即把那五百马克交给了我，因此我带着这笔钱回国过了一个欢乐的节日。谨以奥地利党的名义再次致谢，并祝诸事如意。

再见！希望航海旅行对你的身体有所裨益。

衷心问好。

感激你的　维·阿德勒博士

5. 1891年12月29日致恩格斯

1891年12月29日
于加尔达湖萨洛

尊敬的朋友：

我正坐在贝纳西阳光灿烂的湖滨。我本应感到极大的喜悦，但是可惜，我可怜的恩玛的健康长久以来仍然总不是尽如人意。在这里她曾剧烈地复发一次，对此我也有一定责任，因为我干了件蠢事，一到此地就染上重感冒，发高烧，气管炎十分厉害，当然现在已经过去了，但当时我可怜的妻子急得又睡不下，极其严重的恐惧心理折磨着她。因此我一直未能利用这并非情愿的闲暇来安安静静地读点书，我读书十分少。真的，无尽无休的鼓动工作和组织工作，为那些琐碎的小事煞费苦心，会使人变得愚昧，最后使人变得鼠目寸光。当人们赞叹地说起我们许许多多同志作出的"伟大牺牲"，说起坐牢等等的时候，我往往不禁哑然失笑。这都是微不足道的小事！每日每时同自己营垒内的愚昧、狭隘和野蛮进行斗争，这从来都是小事一段，非亲身经历的人是不能理解这一点的。原谅我竟如此多愁善感，不过每当我同工人、同群众脱离接触的时候，我就真的伤感起来。我同巨人安泰虽然不能相比，但是有一点我们却是共同的，只要我触到无产者这块大地的气息，我就充满了力量和勇气，而当我孤独一人的时候，我就像小折刀一样啪的一声收拢起来了。

也许我这种内疚的心情还有下面的原因，现在我看到，奥地利的运动暂时到了一个不易逾越的死点。我们在短时间内做了许多事，划定了一个广阔的领域，但是现在的问题是应该精雕细刻了，而这个任务不幸赶上危机正在来临的时候。由于这种情况，我们的整个工会运动处在很大的危险之中。加上在奥地利已经有人在效仿德国的"独立派"；尽管这些人比起他们的楷模更为愚蠢，在我们这里却仍然有着非常适宜的土壤，因为我们缺少一切政治活动的可能。我和我的朋友们所做的，无非是不断绞尽脑汁，考虑如何才能获得开展政治工作的时机。这方面至今还算顺利，但是我担心今后会出现停顿。我们的当务之急，恐怕是出一份日报；《工人报》在各个方面都不能用。弊病在于形式单调，写文章总是一个人，其他撰稿人没有插足的余地。此外，我们比过去更缺少现金。从我们的基金的情况看，我们就可以十分明显地感到失业和工资下降。如果你再一次为党慷慨解囊，请不要忘记穷苦的奥地利人，我们需要钱！！

最近奥地利政治上的"转折"毫无意义；自由派从未停止统治，德国人现在有了个完完全全的"同乡大臣"，这只是格雷格尔等捷克人的领袖们那些激进派（民族激进党）的口号使皇帝感到恐惧所造成的。然而"自由派"的大臣绝不意味着某种"转折"，不意味着政治上的进步；国王不希望这种进步，自由党人也不希望。不希望社会政治的进步——对此他们的确是"自由的"。我当然希望，要不了几年，我们就会迫使那些人去做今天使他们感到惊恐万状的那些事，——不过时机尚未成熟，就是说我们的力量太薄弱。

我如果又有了钱，就设立一个奖学金，把党内每个有才干的同志送到瑞琴特公园路你那里去，每年一星期，你那里是大脑和神经的气候疗养地。我现在非常怀念同你和奥古斯特相处的那些美好的时日，奥古斯特是个独一无二的好汉！

你现在身体健康，干劲十足，所有听到这一消息的人都感到极其兴奋，要是第三卷真的提前问世，那可太好了！

对了，我要转达鲁道夫·迈耶尔对你的问候。听说，他要在维也纳呆几天，我临出发前曾到他那里去过。这个人显然病得很重，他曾想去巴勒摩。如我想象的那样，他很有才华，十分博学，可总是怀有一些不切实际的宏伟计划。终于到了这一天，似乎他已看透了奥地利的贵族。为此他又在酝酿着一个乌托邦（《新时代》刊登的第一篇文章①中已有所暗示），搞工农业相结合的小型企业，并且尽量采用小型发动机！我告诉他，他的理想在波希米亚家庭织工那里已经实现了，因为他们同时还在自己的土豆田里从事着"自然经济"，这时他有些愕然。他受到点鼓舞，不过他的文章一定使农业主义者感到犹如挨了鞭挞一般。

---

① 即鲁·迈耶尔的文章《种植政策和粮食》，载《新时代》第10年卷（1891年12月）第1卷第325页，他以这篇文章开始为《新时代》撰稿，那是在天主教的《历史政治报》拒绝继续刊登他的连载文章以后。

一个人要是孤寂的时候,就会变得啰唆起来。请接受恩玛和我对你最衷心的新年问候。

你忠实的　维克多·阿德勒

6. 1892 年 5 月 26 日致恩格斯

1892 年 5 月 26 日于维也纳
附近苏尔茨水疗疗养院

尊敬的朋友:

从信首的日期你可以看出,我现在不在维也纳,这就是我为什么晚收到你的信的原因。

你的建议内容如此善意友好,其形式极为委婉亲切,并且所使用的人称又是如此令人感到荣幸,这个人称使得我要开诚布公地向你承认,长期以来这是头一个使我内心感到喜悦的安慰。同时从这一基本的事实本身预计到,此事无论从时间还是从地点来说对我将有巨大的好处。当然这笔钱将首先用来使我能离开党务而得到几周休憩的时间。恩玛已大为好转,实际上正在复原,我把她带到此地,现在不得不留在她身边。为使她的治疗最终获得成功这是必要的,而我的生活同她的康复是维系在一起的,所以我也必须这样做。这对她是性命攸关,在我也同样如此。在此地我将不给你多写什么,我每星期要去维也纳一次,还要为代表的事操不少心。自然党代表大会我是一定要出席的。

你和奥古斯特就我个人对奥地利党的重要性所说的话,不再符合实际了,你们听到这一情况肯定会感到高兴的。我们今天已经拥有一大批干练的可靠的人才,他们所欠缺的只是科学修养,或许还缺少些独创性。尽管如此，我自然十分渴望少费点脑筋，因此从这个角度出发我也要愉快地接受你的建议。不论领导机构和财务部门的人今天知道与否，你都一定会允许我把这看作是党给我的一笔预支，这笔钱党本身也是非常需要的。不过说什么我也要诚心诚意地感谢你的一片情谊和关怀。我之所以毫不推辞，是因为我一向认为，从朋友那里索取和给予朋友至少同样合乎情理、同样高尚无私。这一点对事事谨慎的路易莎也是适用的，在此我衷心向她问好。我唯一的顾虑就是党的利益。然而实际上我又想，恰恰目前对我来说是十分重要的时刻，党比我更要具有生命力。

圣灵降临节时我们将设法再召开一次党代表大会。反对派屈服了，并且我们已经宽宏大量地给他们铺了台阶，他们是会愿意就此下台的，自然还要骂上几句。林茨党代表大会遭到禁止，对我们十分有利，我猜想，政府必将谨慎从事，以防再让我们如此便宜地获得桂冠。我期望你能为党代表大会写封短笺，这样对事情会有好处。书记罗伊曼对正式请柬是否感到满意，尚不得而知。

我的恩玛衷心问候你和路易莎。你的信使她感动得流下了眼泪。

尊敬你的朋友　维克多·阿德勒

7. 1892 年 8 月 25 日致恩格斯

1892 年 8 月 25 日于隆茨

尊敬的朋友：

我参加了一次小小的郊游，回来后见到了你的信。你可以想象，我们大家对你不来这里是多么难过啊；何况又是由于那不幸的原因。当初路易莎真该带你出来！那时我们是多么高兴！好吧，我们寄希望于来年吧！虽然我无法看出你有什么理由不能在 9 月份来。即使不提阿尔卑斯山（除去在南方），医生的治疗这一理由也就足够了——更不用说我们本身了！在维也纳、比尔罗特，特别是还有阿尔伯特在肠和内脏病方面都是权威的专家，并且像你所描述的那样，把自己交给你的家庭医生的随便怎样一个宠儿去治疗，是你不负责任的表现。你决定去柏林接路易莎，在这种情况下我仍然恳求你到维也纳来接她。旅行的这点差别是不值一提的，在专门经验方面柏林没有人能同阿尔伯特相比。你甚至也会看出，如果你不来维也纳，对我们将是非常不公平。另一方面，作为一个医生（用我们的话说：无名之辈）我迫切劝你在所有局部过敏现象消失之前先不要旅行。不过你在大约 9 月 15 日或者再晚一个星期来接路易莎，就不存在什么障碍了。那时候将是维也纳最美好的季节，而现在却热得可怕。

我明天去萨尔茨堡接奥古斯特，并到那里看一看我党似乎取得的一个显著的、颇有前途的收获。一个月以前，一位由邦委员会正式录用的巡回农学教师由于利用职务之便作了社会民主主义性质的报告而受到刁难。① 此人为维持一家党报②而献出了自己薪金的大部分，并亲自为报纸撰写部分文章。有意思的是，此人通过亨利·格奥尔格找上门来；他

---

① 这位巡回教师安东·洛泽特起初受到警察的监视（参看 1892 年 8 月 19 日《工人报》），最后受到了制裁（参看 1892 年 10 月 21 日《工人报》）。但是他很快就同党疏远了。1893 年 12 月 30 日萨尔茨堡邦的会议上他就曾经发表一种怪论，后来还一再谈到这一理论：“工人贫困的根源应到罗马的法律中去寻找，私人资本主义的所有权是从那里发展而来的……通过修改资产阶级法典第三百五十四款，法律关系或者说占有关系就会改变，而工人的生存问题就会改善。”（参看 1894 年 1 月 9 日《工人报》）

② 《社会民主党农民报》。

的羽毛尚未丰满。现在我打算看看他是否成熟了。对我们来说这个人可能是了不起的。在我们这里,还有在德国,大家对于"农村鼓动"谈得很多,可是我们全都一窍不通。现在有这么一位理论上和实践上都有经验的农学家,此外还能够演讲,确是一大收获。

我可以向你汇报一下我们最主要的情况。看来新组织将经得住考验,我们这里的"独立派"远比德国的更为丑态百出。我们也没有给他们提供像李卜克内西的演说那样的好材料,现在青年派和福尔马尔正从李卜克内西的演说中捞到好处。考茨基的命运又可悲又可笑,尤其不幸的是,恰恰得由他代老头子的这些废话受过。同时他还不能心平气和地说:"用不着考虑,我就会相信李卜克内西说了这种或更多的废话!!"他本该用这句话来正确表达自己的意见。对党来说老头子现在开始不折不扣地成为全国性的而且是国际性的灾害。他极其笨拙地既同多梅拉①又同福尔马尔吵,结果把事情搞糟。在那些人个人还受欢迎的时候去冒犯他们,是再蠢不过的了,而实事求是、沉着冷静地讨论最后反倒会把他们搞倒。我想写本有关策略的小册子《多梅拉-福尔马尔》,但使我感到不便的只是,结果会使老头子的处境不妙。不过他也会有所收益的,因为我认为可以证明,所有误认为策略上的摇摆都能从历史的角度给以解释和论证。独立派所引用的李卜克内西的小册子《社会民主党的政治态度》②正是根据你论述普鲁士军事组织的小册子(内容我还

---

① 斐·多梅拉·纽文胡斯于1892年发表一本小册子《德国社会民主党内的各种派别》(柏林哈尼施出版社版),他试图指出,1891年爱尔福特党代表大会关于策略的大辩论中尽管存在着矛盾,倍倍尔和李卜克内西同福尔马尔一样都是机会主义者。

② 威廉·李卜克内西《论社会民主党的政治态度,特别是对帝国国会》。1869年3月31日在柏林作的一次报告。(后多次再版)

记得，但题目一时想不起来了①）写成的，自然是说过了头，李卜克内西一贯如此。但是这些策略批评家总是认为策略会是一条直线，然而策略如同世界历史一样必然是一条曲线。其实我以为，即使没有左翼反对派，也要捏造出这么一个来，无非是捏造的手法更聪明、更合理一点。因为对于我们来说，小资产阶级是最大的危险，要是没有奥古斯特，那我们（连同我们奥地利人在内）的处境就糟了。从我们的人来讲，思想上的惰性是最可怕的危险。我总认为，危机一定要临到我们的头上，如果我们这些"革命的枢密官"很少想到这点的话。自然我很想知道，为什么你偏偏要预言到1898年！！② 在这里我正处于这样一种形势，使我非常担心提前爆发，这会使我们倒退几十年。要是我们仍然不受任何干扰，我们将会扮演一个不坏的角色。我们的人民（德国人和捷克人，其他人不十分突出）的确是天赋出众，只是几百年可恶的耶稣教会使我们成了欧洲运动的附庸和落伍者。国家在经济上的落后可以说每时每刻在迅速消失，而且我们得天独厚有德国这个邻居，使我们的无产阶级在精神上走到经济发展的前面。我们的腹地匈牙利现在很有进展，这一情况也是重要的；那里的工业得到了国家的扶植，从而由官方为我们的运动准备了基础，并使之保持在高度的民族热情之中。由于斯洛伐克人从

---

① 恩格斯的《普鲁士军事问题和德国工人政党》。（1865年汉堡奥托·迈斯纳出版社版）

② 1891年10月倍倍尔在爱尔福特党代表大会上说："我毫不隐讳，当我的朋友弗里德里希·恩格斯不久前在《社会主义者报》上发表的那封有名的信（我们的报刊也发表了这封信）中，预计1898年左右事态将发生根本的变化时，我是多么高兴。福尔马尔认为这是可笑的，我却写信给恩格斯说，老头，你和我，我们是党内绝无仅有的'年轻人'！"

匈牙利来了，并且一再压低我们的生活水准，这一点就更为重要；如今在那里他们必定会搞得筋疲力尽，不久就会完全改变。

《状况》① 一书我尚未见到，但是，我要向你祝贺此书的再版。如果你有意把你全部零星的著作还有马克思的著作汇集起来，那就好了，这确实不会费多少事，但极其重要。《状况》一书已使我个人获得了好处。也许你根本不知道，奥古斯特听说我处境困难，便让狄茨把第二批稿酬也支付给我了，因此我要感谢你这一千马克。我只能对你说，撇开那笔切实解决问题的补助不谈，这笔钱可以说已经使我振作起来，我把它作为一个褒奖，但愿今后我仍不负你的情谊和赞扬。

……

恩玛与施托费尔斯和我向你衷心问好。

你忠实的　维·阿德勒

我刚读到一条消息，汉堡现在霍乱猖獗；这么说明天就要蔓延到柏林，下周就会传到维也纳！明智的做法是，你现在可不要来！！

---

① 恩格斯的《英国工人阶级状况》第二版。维克多·阿德勒藏书中保存的那册书写有题字："赠维克多·阿德勒。弗·恩格斯92年9月10日于伦敦。"《1844年英国工人阶级状况》英文第二版也是在1892年出版的，书上有"92年10月7日"的题字。

8. 1892年9月22日致恩格斯

1892年9月22日
于维也纳

尊敬的朋友：

这次先谈一谈请你帮忙的事。你记得，我翻译了斯捷普尼亚克的《俄国农民》①。当我接受这件工作的时候，斯捷普尼亚克写信告诉我，他拥有翻译权。情况原来是这样，斯捷普尼亚克并没有正式文件，而桑南夏恩自己提出要求付一笔为数可观的钱（二十至二十五英镑），现在这件事要确定下来，狄茨已经把东西拿去了。我现在没有别的办法，只有向斯捷普尼亚克提出最后通牒：只付五百马克，我不愿也不能给得再多；桑南夏恩和斯捷普尼亚克他们怎么分这笔钱，与我无关；一俟正式的、有法律效力的转让翻译权的证明送达狄茨或我的手里，即付三百马克，余数待出版后付清。

现在我需要你来帮忙，我写信告诉斯捷普尼亚克可以将文件交给你，并在你那里提取这笔钱。这样我就通过立竿见影的收益来刺激他的热情。我的有利条件是，以你的专门知识和经验，你比我有能力更好地审查桑南夏恩的文件。因此，斯捷普尼亚克去的话（什么时候去我不得而知），就请你办一下这桩事，注意转让信是否有法律效力和是否把两卷都包括在内，如果是，那就交给他十五英镑，把文件寄给我。一俟斯捷普尼亚克通知我他与桑南夏恩取得了一致，我便寄出十五英镑。事情

---

① 阿德勒的译本于1893年由狄茨出版，共212页。

必然是,五百马克会使两个人完全满意,这一点不言自明。的确,我对余数十英镑附加了条件,斯捷普尼亚克要先提供答应给我的第二卷的增补("宗派"),然后再付款。如果斯捷普尼亚克签署了什么东西的话,那就应当包括这一条。请你原谅,我用这些讨厌的商业事务给你添麻烦,并且未取得你的同意便给斯捷普尼亚克写信和利用你的帮助。然而事情已经拖得让人心烦,再说你对我的好意确实把我宠坏了。另外我也耽误了,没有立即写信给你,不过几天之内恐怕斯捷普尼亚克还不至于去你那里,这确实是可能的。此刻我十分忙碌!几个月不在维也纳,脱离组织事务,现在我得重新熟悉。

永远忠实的路易莎关于你的健康状况一点也没有向我汇报,要不是书和报纸邮件上地址的字体,我还不知道她已经回到伦敦了呢,衷心感谢你寄来的书报。海德门的真实情况到底如何?他的正式辟谣看上去十分有力。

你们究竟什么地方得罪了安德列阿斯·肖伊①?我总觉得,他由于使他在此地的兄弟②扫了兴而感到委曲。他的兄弟是个很规矩的人,但是神经过敏而且神经质。我觉得尤利乌斯③大叔不是安慰安·肖伊,而是还在挑拨!但是我要特别请求你当着尤利乌斯的面什么都别提,这是个老太婆似的人,并且背后讲我的坏话,使我非常反感。

---

① 安德列阿斯·肖伊在他从奥地利移居国外以前在奥地利工人运动中一直占有极为突出的地位,叛国案中被判处五年严厉的监禁,后来在伦敦写了许多很有气魄的社会主义诗篇,目前和他的弟弟亨利希·肖伊住在瑞士。
② 约瑟夫·肖伊,《劳动之歌》及许多自由歌曲作者。
③ 尤利乌斯·莫特勒("红色邮政局长")自1879年起先后在苏黎世和伦敦组织了《社会民主党人报》的发行。1901年夏,他结束了流亡生活返回德国,1907年9月29日去世。

我要抓住布伦坦诺在《社会政治中央导报》上发表的关于格拉斯哥的文章同他算算账,① 我已经成了该报的撰稿人,就更有必要这样做。总之,我们对布伦坦诺学派需要比从前给以更多的注意,我本着这个意思给卡尔也写了信。这个学派比谢夫莱和施穆勒合在一起还狡猾,因而也就更危险。

有关党的事下次再谈。

恩玛和我衷心问候你和路易莎。

你的 维·阿德勒

为便于更好了解情况,我附上斯捷普尼亚克的几封信,并再次请原谅给你添麻烦。

9. 1892年9月22日致恩格斯

1892年9月22日
于维也纳

亲爱的朋友:

今天早晨给你写完信后,下午就收到了斯捷普尼亚克的明信片,说他已取得正式同意并打算去你那里交出文件拿走钱。事情来得十分突

---

① 在亨利希·布劳恩编辑出版的《社会政治中央导报》第1卷第38号(1892年9月19日柏林出版)上发表了维克多·阿德勒的第一篇文章《霍乱与社会政治》(载第464至466页)。同一号上还刊载了路约·布伦坦诺教授(慕尼黑)的文章《1892年度英国工联代表大会》,报道了1892年9月5日至11日在格拉斯哥举行的英国工联第二十五次代表大会。阿德勒针对布伦坦诺文章的论战包括在1892年9月30日《工人报》的一篇文章《正在好转》中。

然，所以，你将从他那里首先得知我想求你办的事，这使我感到颇为不快。从我的第一封信你就知道这是什么问题了，明天我将给你寄去十五英镑，电汇不行就用信汇，如果事情没有问题，就请你把这些钱交给斯捷普尼亚克。对于你的干预我要事先表示衷心感谢，并再次请你原谅，我使你处于这种境地，即斯捷普尼亚克向你谈一桩你不了解的事情。趁此机会还有一个请求（你看，我脸皮有多厚！）：你的两种小册子我这里没有，现在根本买不到，但是我需要，即《行动中的巴枯宁主义者》和《论俄国的社会问题》——前一本我有过，可惜我总是"为了鼓动"借出去了，自然是有去无还；第二本书我还从未见到。如果你有多余，就请你的私人秘书①尽快寄来。我和其他许多同志总是而且越来越感到需要把你那些篇幅不长的著作编成一个集子出版②。只有这样，《行动中的巴枯宁主义者》和《普鲁士军事改革》③ 才能为人所知，并且我认为恰恰是现在这样做至为重要。

关于党的事我现在什么也写不成了，因为信该发走了。请告诉路易莎，给德国党的执行委员会的信已经寄出，我们同她一样急切地盼望着。

衷心问候你和路易莎。

你的　　维·阿德勒

（原载奥地利社会民主党编《维克多·阿德勒的论文、演讲和书信集》1922年维也纳人民书店出版社版）

（王宏道 译）

---

① 路易莎·考茨基。

② 恩格斯考虑了这一愿望。《行动中的巴枯宁主义者》和《论俄国的社会问题》连同另两篇论文收在《〈人民国家报〉国际问题论文集（1871—1875）》中，于1894年由柏林《前进报》出版社出版。

③ 恩格斯的《普鲁士军事问题和德国工人政党》（1865年汉堡奥托·迈斯纳出版社版）。

维·阿德勒致弗·恩格斯的信（二）*

10. 1892年10月10日致恩格斯

1892年10月10日于维也纳

尊敬的朋友：

你建议给工联点颜色看，我们也十分赞成。我曾一度拿不准，是否应当给他们个台阶，换句话说，建议他们刚好在我们苏黎世代表大会召开之前，可能的话在那之后立即召开他们的工会空谈会。再说我们还可望少费一部分口舌，这对我也有诱惑力。此外，就在今天，我觉得对于能否完全孤立那些家伙，似乎仍无十分的把握。我担心法国人还有比利时人、丹麦人等等的一派，或许还有一部分美国人将支持他们，自然是"为了国际和睦的利益"。但是，由于在马赛已经发难，而奥古斯特又如此卖力，现在就毫无选择的余地了。本周内我们还要召集我们的工会

---

* 本文选自《马列主义研究资料》1985年第3辑。

原题注：前九封信刊登在本刊1985年第2辑上。这部分书信中，有一封信是奥·拉迪姆斯基致恩格斯的。——译者注

代表开会，无疑会作出坚决反对格拉斯哥的决议。为对外地施以影响，我转载了奥古斯特的文章①。我们这里的困难仅仅是形式问题，众所周知，我们的工会全部是"非政治性的"协会。不过形式总会找得出的，或者说我已经作好决定。

我将设法给议会委员会正式寄去我们的决议，请告知地址。

你发表在《新时代》上的文章②又是一篇振奋人心之作。你的东西一向使我惊叹不已，其原因就是"文风严谨"，为他人所望尘莫及。读你的东西时，我们总有茅塞顿开之感。

你身体康复，我们大家感到由衷的喜悦；不过，我恳请你不要掉以轻心。轻度的腹膜炎长期不愈就要恶化。如果你没找到高明的，就是说专门的医生，那么我向你推荐教授麦克尤恩大夫，你就找他看吧，他是一位出色的外科医生，对内脏痛有专门研究。此地不少教授告诉我，他在这一领域是伦敦的最高权威。请你无论如何要找他来看看，尽管我衷心希望眼下你已完全摆脱病痛。亲爱的将军，你的健康可不仅仅是你个人的事啊！

最衷心地感谢你介入斯捷普尼亚克的事情。自然我本以为，他将不得不把第一笔款子交给桑南夏恩，而后第二笔款子会促使他加紧工作。好吧，现在这样也行。确实，他自然是一行字还没给我寄来！请问，能

---

① 《新时代》第9年卷第1卷第38页发表了倍倍尔的文章《关于八小时工作日的国际代表大会》，该文转载于1892年10月14日的《工人报》上。

② 指《新时代》杂志1892年第1、2期以《论历史唯物主义》为题摘要发表的恩格斯写的《〈社会主义从空想到科学的发展〉英文版导言》的德译文，译文是作者本人亲自作的。

见到巴克斯吗？此人掌握着我的手稿，我现在要他付款！①

恩玛向你衷心问好，她现在日渐好转，虽然十分微小，但总算不错了！

最衷心地问你、路易莎和艾威林夫妇好。

你忠实的 维·阿德勒

11. 1892年10月26日致恩格斯

[1892年]10月26日于维也纳

尊敬的朋友：

衷心感谢你的来信，并通知你，几天前斯捷普尼亚克已寄来手稿。

我就知道，你得设法逃避治疗。但愿你现在可以这样做。在我看来，当做而不做比起没事找事危险更大。因此，我极力奉劝你，抛开一切礼节去找麦克尤恩看一看。

恩玛和我衷心问路易莎和你好。

维克多

---

① 阿德勒在1890年四个月的监禁期间不仅翻译了斯捷普尼亚克的书，而且还把厄·贝尔福特·巴克斯的几篇文章译成德文。其中两篇即《文明之诅咒》和《人类和阶级本能》分别发表在1892—1893年《新时代》杂志第11年卷第2卷第549页和第626页。

12. 1893年3月18日致恩格斯

奥古斯特·拉迪姆斯基致恩格斯

1893年3月18日于维也纳

最敬爱的恩格斯同志：

此地捷克人的党报《工人报》的发行人打算出版捷克文的《共产党宣言》。为了弄清楚这部著作以小册子的形式出版是否会遭到没收，他们先在该报连载。到目前为止，有一大半已顺利通过书报检查，新闻当局对整个著作高抬贵手的希望是存在的①。

敬爱的恩格斯同志，现在捷克的同志们想了解一下，您对《宣言》

---

① 拉迪姆斯基在1893年9月8日《工人报》上的叙述表明，这种希望过于乐观。他写道："按照柏林《前进报》出版社第5版逐字逐句翻译的《共产党宣言》捷克文译文发表在《工人报》第64号至70号，检察官未曾认为有必要查禁一个字。还应加以说明的是，报纸是受双重检查的：报纸在布尔诺印刷，在维也纳发行，换句话说，在维也纳会遭到查禁，而在布尔诺就会变得'客观'些。《宣言》顺利通过奥地利新闻立法的重重阻难之后，《工人报》的发行人高兴地希望一切'压制出版的'危险均已过去，于是便进行单行本的出版工作。这些轻信的人，这些天真的人，他们命中注定要大失所望的！奥地利的出版法反复无常，一天一个解释。4月间还不成问题的事情，到了9月就可能是大逆不道，因此单行本中被安上违反出版法等罪名的地方就不下九处。赫拉瓦特先生事后查禁'暴力'颠覆我们还可以原谅他，可是他对那些据第一篇序言来看'并没有什么特殊的意义'的措施，例如'征收高额累进税'，'把全部运输业集中在国家手里'，'对一切儿童实行公共的和免费的教育，取消现在这种形式的儿童的工厂劳动'，都予以查禁，这我们就不能原谅他了，我们将在提出申诉时坚决予以驳斥。"

的这个译本有无异议，是否同意这个译本并同意以小册子的形式出版。诚然，我们不知道，获得这种批准是否仅仅取决于您和是否还要同物质的代价有所联系，这样的代价我们可是难于承担的。我们满怀信心地求助于您，并请给予答复。阿德勒同志曾提醒我们，说尊敬的同志您也精通捷克语，不会不乐于审阅这个捷克文译本的。为此随信寄上迄今已部分发表了《宣言》的那几号《工人报》。我们十分高兴能听到您对译文质量的意见。理所当然，为出版小册子，我们还要把那些精彩的序言一并译出，总之我们力求按照德文原文准确译出这部著作。译者便是写此信的人本人、《工人报》的行政负责人兼撰稿人。我们希望大约两个月之内完成译文，如果此信能获得满意的答复，届时我们将立即着手单行本的出版工作。

后面的译文还需要寄给您吗？请您多多费心，在此谨致深切的谢意，并代表维也纳的捷克同志们向您致以最衷心的问候。

永远忠实于您的奥·拉迪姆斯基

回信请写《工人报》的地址。

13. 1893年10月11日致恩格斯

1893年10月11日（星期三）

亲爱的将军：

我患了严重的咽喉炎，发烧，要写信，可又心神不定——不过我必须给你写信。你已经知道：塔菲昨天提出了普选权，使我们大吃一惊：提出一些无关紧要的限制（教育程度等等），这对我们来说在西部和北部几个（工业）省份是没有影响的；此外还要保持那些议会，十分狡猾；以向封建主再保险来粉碎自由派，纯粹的俾斯麦那一套搞得很熟。他干这些好像是被我们收买了似的：对我们的鼓动和组织有百利无一害，而大地主的旧议会则是宪法身上的肉中刺——我们将就座并——开骂。

我寄去的几张报纸将向你证明人们的惊异是前所未有的，自由派气得发疯。我们成了现时的中心人物！每个人都受到祝贺，他们向我跑来，就好像这一仗是我个人打胜了似的。这种情况之所以发生，塔菲对我们表示的尊敬是一部分原因，显然我们还不完全称得上他的尊敬。不过主要在于他的真正动机是容克地主佬对庶民百姓的仇恨，这是一种被当今的摄政王司法大臣施泰因巴赫引上专制轨道的仇恨。

我告诉你，这是一场大笑话——其实对我们倒是真正的幸运。本来过火的鼓动和某些同志的夸夸其谈正使得我们进退维谷。在全国会议上我刚刚能够把总罢工拖延一个相当长的时间——在目前允许的情况下。

匆此。请代问路易莎好并请告知你的近况和你对大陆的感受。

再见。问好。

你的　维·阿德勒

14. 1893年11月26日致恩格斯

1893年11月26日于维也纳

亲爱的恩格斯：

首先我代表我们大家并特别以我本人的名义祝贺你的生日。你对于党，你对于我个人有多么重要，你是知道的。愿你，我们的顾问和导师,我最尊敬最亲爱的朋友健康长寿。顺便说一句,你想象不到,自从大家和你亲自晤识,把恩格斯这个概念同对亲爱的将军的具体印象结合起来以后,你便扎根在这里每一个人的心中了。好吧,最热烈地祝贺你,不过为庆祝生日你可不要喝醉,这个我们可以替你做,可以说这是我们有能力代替你做的唯一的一件事。

几封来信均已收到,我之所以没写回信,是因为我奔走于维也纳与赖兴堡,并在此期间有一些艰巨的工作要做。赖兴堡事件①十分滑稽,只有一个人看上去怕得要命、狼狈不堪,这就是检察官。控诉是十分愚蠢的,但包括了刺到庸人们痛处的几点,所以他们还是在两个问题上有七票赞成判处徒刑——不过有五个德意志民族党人作紧急储备可救了我,在目前的政治形势下,这些人觉得似乎有责任持反对态度,同时又担心迫害——再加上检察官的无聊,此人的举止就像被我收买了似的。纯粹由于对我的敬佩,他连气都喘不过来了,当我声明"对他的恭维可惜我不能给以回报"时,我的诙谐赢得了听众,其中包括陪审法官。肯定的是,同志们和陪审法官所同样期望政府作出的判决是难以达到的。不过,如果不是我而是一个工人,那他很可能倒霉,而且是倒大霉。说怪也不怪,在所有的同志当中,资产阶级分子最恨我,但在我面前他们总是有些拘谨,并想向我证明,我如何冤枉他们。——现在最危险的事已经过去;在维也纳我还有两起诉讼和两个指控缠身。这两起诉讼(其中之一尽管也是"犯罪",也需要陪审法官)我不太担心;不过,这两

---

① 指的是赖兴堡审判案,该案速记记录发表在《1893年11月17日至20日赖兴堡陪审法庭就维克多·阿德勒博士因在加布隆茨的几次演说而被控告犯有扰乱公共治安、破坏宗教、煽动教唆等等罪行所进行的审理》(1893年维也纳和赖兴堡版。新版于1920年由维也纳人民书店出版社出版)一书中。

个案子要搞出点结果来,需要几个月的时间。好在这事不急。

你对奥地利政治形势的看法,我认为完全正确。文迪施格雷茨内阁要不了多久就会垮台,让位给一个普累纳内阁或者塔菲内阁。不过如果它克服波希米亚邦议会这个最危险的暗礁而幸免于难,那它是会进行选举改革的,而且不是像奥古斯特所认为的那么坏,但要比塔菲的改革更坏。所谓更坏,就是说改革将更稳妥,更站得住脚;不是通过掺入无权者去炸毁那些议会,而是制造出一两个新的议会,就是说这样办,除去社会民主党人和反犹太主义者外,还要加进同样数量的教会人士。对我们来说,现在出现这样一种讨厌的情况,我们将不是同大资产阶级而是同小资产者和小农作斗争。不过和通常一样,这将会是一个巨大的进步,如果六个月前甚至10月9日有谁对那些如今表示极为不满的人说,我们今天会达到如此进展,那他会受尽嘲笑的。

我们本身则左右遇险。实现选举改革肯定得需要一两年,至少要到明年秋天。在整个这段时间内,我们必须活动活动,否则人人都要睡大觉了。我们之所以取得我们已经取得的东西,只是因为我们不是奥地利人,或者更确切地说,我们装成了非奥地利人,因为我们没有吊儿郎当,不是忽冷忽热,不是一下子就迅速精疲力竭的。现在你想想看,要一连那么多月把鼓动搞得轰轰烈烈,而又不要出差错(这是第二个危险,睡大觉是第一个),不搞过火。何况这是在奥地利,没有开玩笑的可能,像试验性选举或人民议会之类。我们必须得拿出点新东西,因为我们是奥地利人,并且因为我们生活在奥地利,所以也不能拿出什么新东西。总罢工自然是沉寂下来了,换句话说已经成为敌人的一场虚惊,就连爱伦堡根也不再信仰。本来《前进报》很快就要为总罢工再度进行鼓吹,我知道后十分恼火。当时我不是纯粹出于责任心离开赖兴堡回家三天，爱伦堡根就要写回信，又要大谈起总罢工。回信已经写好。于是我又是训又是吹牛皮，才算把可怜的奥古斯特压下去。顺便说一下，卡·考·也问过我，可否让爱德写写总罢工；在政府未发表声明之前的这个时候，我不同意这样做，不过四个星期以后，可以说就没有什么妨害了，甚至还会有益处。四周前你制止了一篇文章的发表，对此我极为感激；否则会给我的表态带来比《前进报》的蠢举的危害更大。说真心话，奥古斯特对群众的心理如此缺乏了解，使我惊讶不已，现在我估计，德国党的领导时时要犯一些错误，大部分是这种不了解所造成的；他们太天真，我简直要说，他们太诚实了。

我们要摆脱上边所描述的这种困境，实在不易。但愿政府能帮我们个忙。它现在就这么做了，给我们搞出一大堆审判案；它哪里晓得，这对我们多么有好处，这使我们有事可干，帮助我们耐心等待。

贝恩赖特尔的主张①已经不提，如果奥古斯特还在担心，那就错了。不论哪个政府都同我们一样，认为那种主张是不能接受的；因为那样会把二十个议席交给反对党而得不到任何补偿。政府在自己的纲领中也明确谈到了选举权，它波及的范围并不比塔菲的小许多。

我愿意和你一样，能够对奥地利的运动抱有种种希望。一切都取决于我们能否把争取选举权的斗争置于次要地位；我有着十分灵敏的触角，并相信感觉到狭隘的政治史将使我们变得平庸。初选完后我们才会看清，并且如果我们算得上有勇有谋的话，在奥地利就会有好戏看。希望普累纳给我们来一招漂亮活，譬如搞个"国民经济"小小的"繁

---

① 自由派贝恩赖特尔提出一个选举改革草案，按照该草案，须建立一个"作了疾病保险的工人"的选民等级，在全奥地利给他们二十个议席。

荣"——看来有此迹象——这样说不定什么地方就要发生崩溃。

再见吧！祝你生日愉快，希望我们永远得到你的爱。请代我向路易莎和杜西问好。

你的　维·阿·

奥古斯特的信已销毁。

15. 1894年1月1日致恩格斯

1894①年1月1日于维也纳

尊敬的朋友：

我受托以全体党的领导机构和编辑部的名义向你转致最衷心的新年祝愿。愿你永远精力充沛并如去年我们在这里见到你的时候那样爱护我们。

大家同样向你的管家、亲爱的路易莎致以问候。最近的这些消息极其令人兴奋，对此我们非常感激。因为路易莎给我写了许多有关你的好消息。我一向认为，你使我们这些年轻人统统算上全都感到问心有愧。

现在我们忙得很。运动必然要再度转轨。不过还好。做蠢事的危险排除了，虽然你还会时时听到某些蠢举，但基本上一切正常。

---

① 原信误写为"1893"。

每周出版两次①搞得我忙得要命……不过，我不想新年伊始便怨气冲天；我也没有理由这样做。其实我内心觉得我满坚强，受得住一击。

衷心问你、路易莎、弗赖贝格尔大夫②好，别忘记还有爱德·夫妇和杜西夫妇！

你的 维·阿德勒

已经凌晨四点钟了——刚刚完成一个长篇文章。

（原载奥地利社会民主党编《维克多·阿德勒的论文、演讲和书信集》1922年维也纳人民书店出版社版）

（王宏道 译）

---

① 塔菲选举改革草案提出后，《工人报》于1893年10月31日开始过渡到每周出版两次。

② 路德维希·弗赖贝格尔博士，维也纳医生，1893年来到伦敦，经恩格尔伯特·别涅斯托费尔介绍被引见给恩格斯。他是恩格斯的家庭医生，于1894年初与路易莎·考茨基结婚。

维·阿德勒致弗·恩格斯的信（三）[*]

16. 1894年3月19日致恩格斯

1894年3月[①]19日于维也纳

亲爱的将军：

我以"外事书记"的身份受托热烈地邀请你出席我们的党代表大会。我想你会鼓励我并允许我，最好还是先向你说说我们的形势。大体说来，我现在十分满意，远远超过几周前我所能抱的希望。普累纳亮出了一个选举改革方案，帮助我们克服了僵局——我们这里一直存在的巨大危险。选举改革方案十分拙劣，以致使我们在这方面肯定会取得若干可观的改善，当然废除议会是不可能立即实现的。党代表大会一定还要责成我们密切注意总罢工这种手段，但不逼迫我们去使用。我希望通过单独协定把最危险的分子即矿工争取过来，这样他们就不会结合他们提

---

[*] 本文选自《马列主义研究资料》1985年第4辑。
[①] 原信由于莫名其妙的笔误将日期写成1894年4月19日。然而从所谈的问题和恩格斯3月23日的回信可以看出，此信无疑是在3月写的。

出的每班八小时工作制的要求逼我们搞总罢工,而参加到政治运动中来了。总的说来,我认为党代表大会将顺利召开,虽然免不了要张扬一些家丑和炮制一些荒谬的"言论"。

爱德的文章①不错,发表得及时并使我们受益匪浅。要是早两个月就有害了;但是如今空谈的狂热已经过去,可以同人们讲道理了。更令人担心的反倒是党代表大会开得过于平淡,面对敌人这可是犯政治错误。

所以,今年夏天我们计划搞个热火朝天而又兴高采烈的运动,这个运动我只能坐在班房里去欣赏,——我将总共有两个半月的闲坐和高温假,另外还有几桩小事②。不过我住的监狱,肯定使我能够进行口头和书面联系,所以我不会完全停止活动,但是每天必须八小时睡眠,加上又可以学习点东西,对我倒是有益的。

希望海滨的生活能使你的精力像预期的那样得到恢复。自从路易莎成为弗赖贝格尔太太以后,似乎变得骄傲了。我最近一封长信(八页,对我来说是个巨大的成就)没有得到她的答复,我既没收到文章也没听到消息。好了,或许请柬会激起她写上几句话的热情。

希望你给党代表大会写封信,尽量简短。我无法向你描述,维也纳

---

① 即伯恩施坦的文章,题目为《罢工是政治斗争手段》,载于1894年《新时代》杂志第12年卷第1卷第689页。

② 这两个半月的监禁是以下几起诉讼案的判决一并执行的:1893年12月28日阿德勒因侮辱州长而被波希米亚—利帕县法院判处十四天监禁,后又因1893年10月30日在施文德尔举行的一次人民会议上发表的一篇演说而于1894年1月18日被鲁道夫斯海姆州法院判处一个月监禁;该法院于1894年3月17日又因阿德勒和舒迈尔在1894年1月28日施文德尔举行的人民会议上发表了演说各判处一个月监禁。另一次一个月监禁的刑罚于1894年12月才判决。

的同志们是如何眷念着你。

德国人派了三个代表,特别派来了奥古斯特,这对我来说极为宝贵,将会产生极为巨大的影响。

向你衷心问好。

你的维·阿德勒

无论如何我还是要向路易莎和弗赖贝格尔大夫衷心问好。

17. 1894年4月4日致恩格斯

1894年4月4日于维也纳

亲爱的将军:

请原谅我一直没给你写信。我根本无法使你们想象到我过去一周的劳累。我对党代表大会的结果感到满意,远远超过了我的期望。总罢工被承认为"最后的手段",这使大家(不仅仅是我)感到如释重负。尽管说了一些豪言壮语,他们还是高高兴兴的,因为我给他们造了台阶,使他们得以光荣地下台,变得通情达理了。更为重要的是,同捷克人接近和争取了矿工。

总罢工由于煤气工人的罢工①遭到失败而受到可怕的打击。这是一个重大的,也是政治上的不幸,不过在某些方面也有益处。当然,我们暂时要为掩护撤退而大忙特忙,撤退是逃避不了的,尽管如此,煤气工

---

① 维也纳"帝国大陆煤气联合会"的工人于1894年3月29日举行罢工,持续了九天,最后以工人的失败而告终,有六百名工人被解雇。

人本身还总是乐呵呵的。

你给屠拉梯的信①已经翻译了，但是因为路易莎表示同意的明信片来到的时候，已经过时，况且信的内容，或者确切说信的题材同西西里和上意大利起义的溃败对比过于强烈，所以我没有发表。如果这场灾难给人们留下的印象已经消失，那我同意发表你的信，而且有很多理由说明你的信非常有益。如果卡尔像在很多事情上一样捷足先登的话，尽管我很想在《工人报》上发表那封信，你也没有受什么约束。顺便说说，我对屠拉梯其人连同他那种夸夸其谈、无所事事不理解。我们总不能单单指靠表白自己无辜为生啊。

科苏特这桩麻烦事②使我非常为难，出面反对，那就会使我国的黑黄色派感到快意，因此不能这么做，为那个不近情理的骗局即使稍作辩护，我也羞于开口，唯一可以讲出有关科苏特实情的人恐怕只有你；但我几乎不敢冒昧相求。

信件是被偷了；(你开列的几封信中) 我没收到的有：第二封，有关杜西和那位维也纳大夫的；第六封或第七封，我仅收到一封来自伊斯特勃恩的信；第九封，有关博尼埃博士和饶勒斯的信，或许还有几封，不过，这几封肯定没收到，尤其是有关饶勒斯的信恐怕是我十分感兴趣的。我认为使用一个掩护的地址过于麻烦；最好是将来所有的东西都寄挂号。今后给我写信就请先用波普的地址，因为星期日我就要入狱服刑。他或她将定期送来邮件。请原谅这封信写得不太像样；我整天如牛

---

① 指恩格斯应屠拉梯的要求而写的文章《未来的意大利革命和社会党》，见《马克思恩格斯全集》第1版第22卷第514—518页。——译者注

② 拉约什（路德维希）·科苏特1894年3月20日死于都灵。《工人报》于1894年3月23日和4月13日刊登过几篇短评。

似马地操劳，现在马上就得去参加煤气工人的集会。我为我将去坐班房感到无比高兴。

向你、路易莎和弗赖贝格尔衷心问好。

你的　维·阿·

自你们离开伊斯特勃恩回去以后，收到过两卷材料，其中一卷有剪报，还有一卷是《工人时报》。

18．1894年6月17日致恩格斯

1894年6月17日于
维也纳诺伊鲍州拘留所

亲爱的恩格斯：

转交这封短信的人是本诺·卡尔彼列斯博士，他就是写有关俄斯特劳煤矿工人状况那部书①的人，此书一定赠给过你。卡·博士现在要到英国去学习，我请求你在各个方面都能给他以支持。他迄今已为我们做了若干宝贵的工作，而他的工作会宝贵到如何程度，就看他今后的发展了。他擅长的专业是社会统计学，我觉得限定得有些过于狭窄。其他一切情况维特耳斯赫弗尔会告诉你，他也要去你们那里，还有卡·博士本人也会向你讲。希望你能喜欢他。

---

① 指卡尔彼列斯的《莫拉维亚——西里西亚煤矿区的工人》一书。——译者注

向路易莎以及路德维希衷心问好,我早就答应她的信明天再写,然后偷送出去。

你忠实的　维·阿·博士

19. 1894年7月13日致恩格斯

1894年7月13日于
维也纳鲁道夫斯海姆州法院

亲爱的恩格斯:

昨天收到了狄茨以你的名义汇来的937.50马克,使我喜出望外。这么说,你又把你的劳动所得用到我身上了。我感到十分惭愧的是,我不能立即把这笔款子全部纳入党的金库,这一点我就无需讲给你听了。但是如果我对你说,这笔钱使我摆脱了在几个星期坐牢期间时时使我感到痛苦的困境,你就会知道,我的万分感激之情,你是受之无愧的。是啊,但愿恩玛逐渐康复,能使我情况正常并有一个稳定的预算。可过去我既受特殊需要的后果之苦,又受她恢复期需要采取的必不可少的措施所提出的种种要求之苦。恰恰是现在我遇到了问题:从哪里弄到钱使她还有我——如果有时间的话——能到乡下住几个星期,你的钱真好似久旱中的甘霖,从狄茨把钱寄给我以后,我白天或者确切说黑夜就比过去睡得踏实多了。

现在我知道,这些馈赠不是仅仅给予我个人的——就其作为你的友谊的明证而言,这是对我最大的满足——而且也是你希望以帮助我解除忧虑来为奥地利党做的好事。而在这方面我越来越经常产生严重的怀疑。这不是胆子小和疑心病,我还没有这样的本领(从我的身体情况看根本不可能),但是我感觉到自己年岁大了,奋斗的能力远不如前。……此外我还有力不从心之感。总是疲于奔命,而没有可能静下心有条不紊地研究点东西(就连在狱中也做不到),没有可能再来写写评论或者学习学习,所有这些都时常使我感到非常苦恼,使我变得毫无把握和失去我所需要的自信。

卡尔写信对我说,你对《新时代》上的那篇文章感到满意,我本人却不是这样。我原想把所有主线都一一阐明,对我党的策略给以毫无顾虑的批判,当然这种批评有一部分必然是自我批评,可是现在我认为批评是不彻底的,而且软弱无力。

然而糟糕的是,眼下就要求党和我本人作出一番巨大的努力。我们必须在选举权问题上再度发起冲击,必须加倍苦干以克服再次行动所带来的不利,要绞尽脑汁找出新的鼓动手段。与此同时我们自然还存在着意志消沉的严重问题,这一方面是冲锋过后神经松弛所造成的,另一方面是毫无意义的罢工搞得人们精疲力竭所带来的后果。这也表现在我们目前存在的现金缺乏上。当然也具有一些有利的征候。看来我们正面临着一个短暂的繁荣时期,尽管十分短暂,恐怕也足以使工会有时间进行整顿。而更加有利得多的则是,在奥地利我们是唯一严肃的反对党。联合内阁显示出一些突变,这是事实;但是,青年捷克派和反犹主义这些反对派的表现更凶恶了。

第三个有利之处是,我们不幸被迫要开始出版一份日报。我说不幸,是因为这在各个方面都会带来繁多的工作,假如我们不是非出不可的话,那我们也不会有这种胆量。然而这也是一个巨大的推动,恐怕不止是长期的,就眼前来说也是一个有政治意义的因素。不过我们非出不可,因为遭到我们痛骂的新闻改革只有一点意义,它准许零售,这就使我们有可能出版日报了。我们不搞日报,那么无论哪一家大印刷所都要立即出版的；现在生意十分好做，对于别人来说要比我们好得多，因为我们不能作文贼。

现在我们只等法律一生效，就发布征集创办基金的号召，晚秋时节或者1895年1月份日报就将问世。我们的人那种心急如焚的情绪，对日报的热情是巨大的，因此我希望要不了几个月就把钱（创办基金三万弗罗林）筹集齐。比起钱的问题来，报纸的组织更使我操心。我们没有一个人称得上是训练有素的记者；我自己对日报的整个技术完全外行。报纸一定要远比《前进报》更具有现实性；在维也纳人们是讲究的。何况人们恰恰对我们的报纸寄托着巨大的期望，要做到不负众望会十分困难。然而最令人恼火的倒不是人力不足，而是不需要的人过剩。大家都想进来……我一定得把好关，避免搜罗一群文风不正的党报记者。

我不担心发行工作，如果我们不是过于笨拙，而且走点运的话，头一年年终我们将有一万五千订户，而当基金终于偿清的时候，我们就主动了。你可以想象到，对此我毕竟还是觉得高兴的；不过工作和面临的种种争吵倒使我感到不寒而栗。但愿秋天我能把你给我的钱至少还给党一大部分。我感到聊以自慰的是，我们以后仍旧像今天一样需要它。

《反杜林论》出版新版本的消息使我惊喜万分。我尚未得到它，只是从《前进报》上得知，新增加了一章，这么说，你又花费了一番工夫。第三卷情况如何？路易莎真坏，硬是缄口无言，使得我什么事都不知道。（而她倒可以炫耀自己拥有我平生写得最长的一封信）就连你的即你们夏天的安排我都一无所知。我本人要在这里（同舒迈尔一起）蹲到7月29日；出狱后我打算带恩玛尽可能去进行水疗或至少到帕沙尔去。孩子们已经去那里，住在别涅斯托费尔家。只要我还没出狱，是说不动恩玛启程的。如果我没搞错的话，恩玛的身体真的大为好转了。

我这次监禁十分好过,我甚至给我们两个人搞了一种克奈普疗法。不过,工作情况不大好,同外界联系太多,被迫写一些比在外边时所写的还要又臭又长的文章,这种情况也太多了。

三个多月来我一直只有短暂的空闲,这样我就自己把自己这个夏天彻底糟蹋了,所以我特别渴望喘口气。

请告知你和朋友们的近况,你有何打算。再次向你致谢。

你忠实的　维·阿德勒

20. 1894年12月17日致恩格斯

1894年12月17日于维也纳

亲爱的将军:

两个小时前别涅斯托费尔把你的来信转交给我了,使我气得无法形容。因为谈到钱的那几封信我一封都没收到。这使我感到不快,而且使我惶惶不可终日,令人懊丧倒不只是因为内容,当然内容对我来说也很重要。现在的问题是,那些信都寄到什么地方去了呢?……

请你下次在同一天,用同一邮班,由路易莎写地址把三封内容无关紧要的信分别寄到我的住处、波普家和别涅斯托费尔处——后一个绝对可靠的地址是重要的,这样就使我知道在我家里和波普家肯定会有一封信,而且知道是哪个邮班送来的,然后我或许能够查明情况。

现在谈借款一事。正如几天前我给路易莎的信所写的那样,我们筹备出版日报的基金还不很够,然而办日报存在着一些很好的机会。一笔五千弗罗林的款子将使事情发生根本性的有利的变化;特别是如果这笔款子不要官方证明,那就不会对继续募捐有什么妨碍。我们的人不管你怎么教，他们也不那么习惯使用钱，所以他们认为，他们已经募集到的七千弗罗林是永远用不完的。此外到1月1日我们还可以有二千弗罗林，是我从各式各样的人那里得到的，他们不需要证明，另有二千弗罗林是通过募捐来的。所有这些加起来大约一万一千到一万二千弗罗林是肯定已经有的无限期基金。不管谁建议，我都没同意搞股票之类——不可重蹈覆辙（我们从印刷者那里得到三万弗罗林的贷款，五年期间内不得中止）。组织安排、广告、试刊号等等（这些就是办报的特点）要花费掉许多钱，如果我们打算在三个月内达到一万五千份并从而获得主动的话，我们就得晕头转向。你看，我什么都没对你隐瞒。不过，我还可以告诉你，我认为到1896年《工人报》就会有一笔可观的纯利；现在每周出版两次，1894年已获利四千多弗罗林，尽管形势很坏。因此，我可以放心地接受所提供的借款。至于条件嘛，我就是主编，对党负有完全的责任并对报纸有无限的领导权。请告知贷款将以何种形式提供、付息和偿还。自然要按纯商业的方式办理，我只求交涉一下争取尽量长期（至少两年）不得中止，如果可能——不过这是次要的——争取分期偿还。

我来不及同波普谈了，他是我们的金融家，不过我可以毫无顾虑地肯定，他同意我所说的这些。你想到了我们，因为完全没有你的主动性，这件事恐怕就成不了。这对我们可是帮了个大忙。

为了不误邮班，就此止笔。有关通讯的事恐怕我会得到路易莎对我的信的答复，向她及其亲人问好。

请暂时将所有来信寄往别涅斯托费尔处，他会立即把信送来的。

衷心问好。

你忠实的　维克多

附言：须知我已同波普谈了，他完全同意我以上所写的。所以问题只是贷款人把他们的条件确定下来。

维·阿·又及

（原载奥地利社会民主党编《维克多·阿德勒的论文、演讲和书信集》1922年维也纳人民书店出版社版）

（王宏道 译）

维·阿德勒致弗·恩格斯的信（四）[*]

21. 1894年12月25日致恩格斯

1894年12月25日于维也纳

亲爱的将军：

我尚未收到对我12月18日去信的答复，也没收到路易莎有关通讯的信。从卡尔彼列斯那里获悉，我给路易莎的信她已经收到，但我不放心的是，你是否收到了我的信。我不仅写了提供钱款的事，而且还请求帮助我查获窃信者。假如这封信没收到，请立即告知。

我巴不得创刊号已经出版，工作已然进行——我受不了长期繁忙和激动。我们的前景在一天天好起来，公众对报纸的舆论好极了，各界人士都紧张地期待着它的出版。但愿我不要在众望之下退缩——我正在自信与怯懦之间摇摆。

因为路易莎准备为通讯出力，我迫切地请求她立即动笔，写一封有关政治局势的短信，作为引子，不要给人造成一开始就又来咬文嚼字的

---

[*] 本文选自《马列主义研究资料》1985年第5辑。

印象。

原谅我就此止笔，虽然还有些事要讲，但我累死了。

但愿我很快就能得到你们的消息。

衷心问你好。

维·阿·

问路易莎和路德维希好。

22. 1894年12月27日致恩格斯

1894年12月27日于维也纳

亲爱的将军：

再次感谢过问借贷的事情，我现在就给路易莎写信谈此事。

至于拉法格，我丝毫不反对法国通讯，哪怕这些通讯是出自他的手笔；我将不得不大量翻译。（见到王德威尔得时，请说服他不要拒绝我约他给我们写通讯的请求，或者由安塞尔决定；比利时对我们来说十分重要。）当然弗兰克尔将定期写，列奥虽然乏味拘泥得可怕，但却认真。拉法格是个通讯员，像我给《前进报》写通讯一样很少写，可是一写就没个完。如果我不害怕他把给《前进报》和《回声报》的同样的文章寄给我，而后我们从三家报纸上读到同样东西的两种译文，他那些妙趣横生的文章对我还是很有用的。若能安排他每月给我写大约两篇文章，特殊情况多写，那我就非常满意了；我们可不可以多付报酬，一篇文章二十法郎他应当感到满足。还有一件事，我很想写一篇小品文《卡尔·马克思在维也纳》，已经在贝黑尔的《激进报》上找到了几个线索,并让人继续翻翻报纸,你们后来同贝黑尔闹翻了,是他还是耶利涅克,在48年9月27日把你们的维也纳通讯员骂了个狗血喷头。或许你还想得起来那位通讯员的名字,还有你及卡·马·在维也纳逗留的其他某些日期吗?这会是篇十分有趣的文章①。如能从速答复,我将不胜感激。

我现在才了解什么叫工作。睡眠对我来说已渐渐成为次要。开头两个星期过去以后,我们就好过了!

恩玛和我向你衷心祝贺新年!你如此尽心尽力地帮助我们奥地利人,让上帝来酬劳你吧!

衷心问好。

你忠实的　维克多·阿德勒

23. 1895年1月23日致恩格斯

1895年1月23日于维也纳

亲爱的将军:

非常感谢你的两封来信和在借款一事上的协作。我们尤其感谢你们的参与,使得我们将能顺利解决,虽然不无困难。报纸情况很好,就是说取得了比这段时间我们所可能希望的要大得多的进展。我曾估计2月初达到一万份,而现在在工作日就印了一万五千份,星期天则达到二万二千份,退回来的没多少。

---

① 《卡尔·马克思在维也纳》一文实际上写成了,作者是麦克斯·巴赫,发表在1895年1月24日的《工人报》上。

编辑方面还总有使我不满意的地方。报纸还总是过于严肃，太缺少维也纳的风格了。原则性的错误可能还不是太多，虽然我不得不处处留心免出纰漏，但还会出现一些原则性的错误。假如我能够求助于资产阶级新闻记者而不是我们的同志，那么通讯社的情况就会好得多，我们的同志和我本人一样都是蹩脚的通讯员。事情的重要性远比它是一桩新事物更使我们大家关注。不过，现在在维也纳我们不能像《前进报》那样工作，他们半个星期之后用一篇社论就把卡季米尔倒台一事交待过去了。的确，我们这里的人真够怪的，要求详细的电讯稿！为此我就得在巴黎和柏林设立钱库，因为我们的人什么都不能预付给我们，且不说此事所要花费的巨额钱款我们没有。我向你叙述及此，无非是使你看到人们对我们抱有怎样的期望和提出如何的要求。可以想见，报纸将会使你有十分惊奇之感；然而，如前所述，它毕竟还是太缺少社会新闻。

编辑工作看来我搞得蛮不错。奥斯特尔利茨是个第一流的人才，像一匹骡子似地干，并且能立即领会你的意图。只是他写的东西还是太文绉绉的。你猜对了，我很少写文章。工作繁重得吓人，我的神经正经受这样繁重的工作，使你们也非常光彩。与报纸相比，字纸篓花去我的劳动要多得多，在稿件付印之前我有责任仔细阅读。我编审一些地方评论比编审一篇文章所花的时间要多。此地教会派中间因为我们而要发生内讧。我们的态度很受重视，有趣的是，两派都把我们当作权威来引用。基督教社会党人对我们来说是无价之宝，恐怕只有在比利时他们还具有同样的重要性，他们为我们炸开了教会农民庞大的联盟，为我们廓清了道路。因此我们密切地注视着各个阶段，密切之程度恐怕你们是颇不理解的。

非常感谢路·考·的那些通讯。迄今为止，如你们所见，我全部都付印了，包括那部无政府主义者的历史，这部历史官方通讯处先是报道，后又加以否认，说实话，我觉得这部历史不大可信，我当时真不知道该如何处理才好。

英国内阁的混乱在这里在海军预算问题上引起了分歧；究竟是怎样一回事①？

我对英国报纸的利用可惜不如我所期望的那么多，不是时间问题，而是篇幅不够。请告知我，《克拉里翁与司法》是不是你们写的？这个克拉里翁变了，而且是早就变了。我将十分感谢对报纸提出非常坦率的批评；我会渐渐看不清全局，而单靠有影响还不是决定性的。

请告诉路易莎，收据拖下来的原因是，需要签字的罗伊曼当时不在。

现在我争取到把我一个月的监禁推迟大约八个星期执行，何时入狱服刑由我选择。为此，星期六我又被一件令人讨厌的、损人名誉的事缠住了；但愿此事花笔钱即可了结。因为在我们这里是，不允许把无赖称为无赖的，即使可以证明他是无赖。

随信同时寄上几个身份证，并请代向三个路·②衷心问好。

你忠实的③

---

① 你暗示说是津贴问题，使我明白了一些，但并不是全部。——阿德勒注
② 指路易莎·考茨基和她的第二个丈夫路德维希·弗赖贝格尔医生及他们的女儿路路。——译者注
③ 信的原件上阿德勒的签名剪掉了。

24. 1895年6月15日致恩格斯

1895年6月15日于
鲁道夫斯海姆州拘留所

亲爱的将军：

我几天以后出狱。由于我决心也过上几周两耳不闻窗外事、一心只顾自己的日子，所以自5月18日至今就成了我颇富乐趣和饶有成果的一段时间，这是多少年来未曾有过的。我认真研读了《资本论》第二卷和第三卷，差不多从头至尾重读了第一卷和《政治经济学批判》。我承认，第二卷当中有的地方我读起来非常吃力，然而读第三卷就省力多了。第三部分使我有心醉神迷之感，犹如奋力爬上山顶极目远眺，你忽然看到自己所走过的道路和认识到为什么要走。冒着你怀疑我被孤寂搞得神经失常这种危险，我必须对你说，崇高给予人的印象压倒了一切。而马克思自己就是怀着这种感情写作的，结尾各段所使用的真正自信必胜的语言说明了这点。不言而喻，读过第二卷和第三卷再读第一卷就大不一样了。任何一个学说都是一个完整的环，无论谁去阐述，都必须突破一点打开这个环；待它重新接合，这个学说才被理解领会。同大家一样，我也痛苦地感觉到了那些疏漏、重复和思路不连贯之处。但是经过通读，现在我认为你做得完全正确，你忠实地重述了你所发现的东西，没有多作润色和删节，而只是用你忠实的、友爱的手把那些支离破碎的片断联结起来。且不谈就文献来说我们有权要求未加缩减的文本，这也是对于在尽善尽美和完整方面的缺欠的一个补偿，使我们得以看出这位伟人的工作方法和思想方法，他是如何汲取自己的材料的，那些似乎处于新生态的思想是怎样留传下来的。对这位思想家的这种深切关心弥补了思路完整方面的缺欠，而且还有一点要说：这就是对那位以无与伦比的、罕见的自我牺牲精神推出了并改造了这一巨著的人的感激之情。这种个人的因素常常使我深为感动；人们感觉到的不只是合作，而且同时还是友情。

世人和运动对你怀有怎样的感激之情，人们自有分说；我只是作为人，作为具体的一个人要衷心感谢你使我本人从你的劳动中获得了收益。

自然马上又出现一个，或者说实际是两个任务。第一就学术方面来说：我的意见是现在应当根据卡尔·马克思的功绩来描述一下卡尔·马克思的"功绩"，对他的功绩作一番历史性的描述。谁来做这件事呢？你还有大量其他只有你才能做的事要做，而我辈之中，我觉得爱德过于注重细节，卡尔又在钻研历史。我对施米特很不了解，无法作出评论。但是，总要有人来做，当然不是马上就做。因为无论谁都得花时间去汲取全部材料。第二桩常常挂在我心上的事是：如何使无产阶级认识整个内容，至少要达到第一卷所具有的那种程度？这个工作还要难。你在《空想》一书中做了最出色和最重要的工作，但是你做得比较谨慎（我无法改换一种说法），现在已没有这样做的理由了。可是谁那么富有，能够拿千镑一张钞票去换成零钱呢？据我的看法，第一卷还没有使卡尔达到自己的目的，虽然自那以后他学会了讲话通俗易懂（如爱尔福特纲领），但是我仍然觉得，可以看得出他对没有受过高等教育的普通老百姓是屈尊俯就的态度。不过，现在没有别的办法，恐怕只有由他来做了。

桑巴特正在写一本卡尔·马克思的书，大概你已经知道了吧？将会是什么样的书呢，是阐述还是批判，我不得而知。在讲坛派那些人当中，恐怕他是唯一能胜任于此的。

就我来说，自然现在才刚刚开始消化工作。过去，为了获得成功，我百般奋斗，因为我不仅对于抽象概念觉到吃力，在借贷和银行事务方面也缺少最基本的常识。不过我现在必须补上这一课并希望不久就能打下坚实的基础。

我们这里的政治情况非常之好。不仅获得了某种类型的选举权，而且联合的体制现在也因而寿终正寝了，我们一直担心这种体制是个最严重的危险。内阁终究会倒台的，因为在我们这里人们的看法就像波兰犹太人一样往往与众不同，自然不是有关选举改革，而是有关民族方面的某件讨厌的事。不过他们完蛋了，所有资产阶级政党都威信扫地，而我们却赢得了声望。下属委员会的选举改革有不少可悲的行不通的地方，好处是，它撕掉了反犹太主义者及其"民主"的假面具。我们将得到什么样的选举权呢？很可能是塔菲的，最坏的情况是一个没被分开的第五议会。无论如何，我们将获得比照理所能占有的要多的席位，这是使我非常发愁的情况。因为我们缺少真正干练的人才，所以那些追随我们并且引人注目的毛头小伙子就上来了。这些家伙有"兴风作浪"的本事，正在把一些什么都能干就是不精于"兴风作浪"的老老实实的工人挤到次要地位。但是，我毕竟相信我们的人是健全的，相信事情决定以后他们会给那些人指点道路的。这少不了我，反正我已经被当作大规模扼杀"知识分子"的凶手而声名狼藉了。

报纸情况不错，你读过以后一定会说，在我坐牢期间报纸也并不比以往差。我恰恰因为我所做的几乎是多此一举而感到自豪。我说"几乎"是因为有些事还不顺利，我重新牢牢地掌握住领导的时候，情况就会好起来。不过传统已经形成，而且后来我非常走运，找到了一位编辑，难得地干练，同时工作能力又极强，这就是奥斯特尔利茨，请你记住这个名字，此人将会引人瞩目。1月1日以前，他在一家出口公司先后担任过会计和经理人，同时他还是维也纳店员的组织者。他还有点写作的天才，是个老实人，并且如前所述，精力过人。除此之外，自然还不是一切顺利，不过会令人称心如意的。不论怎么说，几个月的时间我们就把报纸办成在各个地方人人都认真对待的一份报纸，甚至广告主持人和商人都不例外。我们希望到秋天，星期一至星期六的报纸每天有三版广告，这样大体有十二版我们就摆脱了编辑和财政两方面的困境。

我很久没有听到你的消息了，就连路易莎现在也一个字都不写，显然是作了母亲。但愿你们大家都好。显然你们已经想望着海滨了吧？我能脱开身和你在海边住几个星期该多好啊，这是我个人的空想。如果代表大会召开，那么今年我就去不成了，只好等来年吧；我担心，这个会可能要开得有点枯燥。

你瞧，现在我又占了你许多时间；请读这封分期连载的信（对于警告来说，结尾是精心挑选的位置）。如果你有空能够给我写写你的近况和正在做些什么，那就请写吧！

问路·路·和路·好，并衷心问你好。

你的维·阿德勒

此信何时能偷送出去，我也不知道。虽然有人来探监，但最近狱方把我看得很紧。这些笨蛋硬是以为我从这里策划一切示威游行，而我引以自豪的是，没有我照样诸事如意！

25. 1895年7月13日致恩格斯

1895年7月13日于维也纳

亲爱的恩格斯：

刚刚决定，下星期我可以有大约十四天的休假。现在我想利用这段时间去伊斯特勃恩看望你。除了想再和你见面叙谈以外，作为党内的人我还有充分理由去听取你的意见，当然比写信所可能谈的要更为详细。今年秋天，我们不是面临大选，就是党将要采取一个决定性的行动，这个行动需要通盘考虑。如果进行大选（有我们参加），我们就得克服来自党内的巨大困难，特别是有关同捷克人和波兰人的关系方面。在没听到你的意见之前，我不想制订什么计划，因此如果你不觉得多有不便的话，我希望短时间内能见到你。① 见面再谈，问你好，如果弗赖贝格尔夫妇和你在一起，也向他们衷心问好。

你忠实的维·阿德勒博士

---

① 1895年3月，恩格斯患了癌症，从食道发病，随后迅速扩散。恩格斯的医生弗赖贝格尔博士把这一严重的危险通知了维克多·阿德勒。阿德勒决定前往英国，同自己尊敬的朋友作最后一次（这一点他确定无疑）会见。当时恩格斯病情危险，为了使这次访问不致引起他对这种危险的注意，阿德勒写了上面这封信，这是他给恩格斯的最后一封信。恩格斯临终前几天已处于完全昏迷状态，阿德勒看到，病人随时都会死去，但是他不能在英国久留，只守候到8月3日。当他返回奥地利时，弗里德里希·恩格斯于8月5日逝世的电报也到了。

此信寄往伦敦,我不知道你在伊斯特博恩的地址。

(原载奥地利社会民主党编《维克多·阿德勒的论文、演讲和书信集》1922年维也纳人民书店出版社版)

(王宏道 译)

普列汉诺夫致恩格斯的十封信[*]

1. 1893年3月14日致恩格斯

伦　敦

1893年3月14日于日内瓦

致伦敦弗里德里希·恩格斯的电文

西北区瑞琴特路122号

3月14日各国社会主义者聚会纪念伟大思想家和天才卡尔·马克思,谨向您——他的伟大事业的合作者致敬,并深表谢忱。

普列汉诺夫等人

---

[*] 本文选自《马列主义研究资料》1983年第4辑。

原题注:普列汉诺夫于1889年到伦敦拜会恩格斯之后,他们曾有书信往来。保存下来的普列汉诺夫致恩格斯的信共计十四封,这里选译十封发表;恩格斯给普列汉诺夫的信共计五封,即恩格斯写于1894年5月21日、5月22日、11月1日和1895年2月8日、2月26日的信(见《马克思恩格斯全集》第1版第39卷第238—240、241—242、291、382—384、393—395页)。这些书信对于研究马克思主义史和国际共产主义运动史很有意义。——译者注

2. 1893年3月25日致恩格斯

伦 敦

1893年3月25日于日内瓦

亲爱的和尊敬的导师!

　　下面是您向我要的通讯地址:日内瓦,阿勒芒街5号,鲍格拉德·普列汉诺娃女士。我荣幸地把通讯地址告诉您,这使我有权期望得到您的来信。我没有首先给您写信,只是因为不愿意打扰您和占用您的时间。此刻我的愿望是到伦敦去,以便在那里同您会面并且谈谈俄国的状况和我的理论著作。但是我还不知道,这个愿望何时才能实现。在伦敦跟您在一起度过的日子将在我的一生中留下最幸福的回忆①。我现在准备(为《新时代》)写一组关于霍尔巴赫、爱尔维修和马克思的文章②,十八世纪的法国唯物主义越清楚地呈现在我面前,我就越钦佩您在《路德维希·费尔巴哈和德国古典哲学的终结》一书中就这个问题所写的那些篇章。这本小册子给予用心的读者的东西,比官方哲学家、职业哲学家所写的成百本著作都要多。有人转告我,您在给考茨基的信中对我的论黑格尔的文章③写了一些称赞之词。如果这是真的,那么我再不希望得到别的赞许了。我的全部愿望就是成为一个多少无愧于像马克思和您

---

① 普列汉诺夫指的是1889年7月他第一次亲自结识恩格斯。——原编者注

② 普列汉诺夫的这些文章出版了单行本,书名为《唯物主义史论丛》,1896年斯图加特版。——原编者注

③ 普列汉诺夫指的是1891—1892年发表在《新时代》杂志第1卷上的文章《黑格尔逝世六十周年》。——原编者注

这样的导师的学生。谨向女公民爱琳娜·马克思－艾威林及其丈夫表示问候。维拉·查苏利奇向您表示最衷心的问候。

亲爱的导师，请您相信我的真诚。

格·普列汉诺夫

又及：多亏本地新成立的工人政党①的协助，我回到日内瓦已经三个月了。但是问题尚未彻底解决②。很可能，我将不得不回到法国去，最近三年我曾住在那里（在上萨瓦省）。

3. 1893年5月4日致恩格斯

伦　敦

1893年5月4日于墨尔纳赫③

亲爱的导师！

女公民爱琳娜·马克思－艾威林请我为7日在海德公园召开的群众大会写几句话。现在把由维拉·查苏利奇和我签署的这篇短简④寄给您。然而在墨尔纳赫这里，我没有女公民的通讯地址，因为我把她的信

---

① 指1888年成立的瑞士社会民主党。——译者注
② 指普列汉诺夫于1889年3月因被诬告为无政府主义者，而被瑞士政府驱逐出境一事。——译者注
③ 在法国萨瓦省。——译者注
④ 即：就争取八小时工作日斗争问题致伦敦工人的呼吁书，这是为1893年5月7日在海德公园召开的群众大会写的。呼吁书全文见《格·瓦·普列汉诺夫遗著》第1卷第268页。——原编者注

留在日内瓦了。因此我冒昧地请求您把载有我和维拉·查苏利奇的良好祝愿的附页转交给她。公民艾威林也请代致最诚挚的问候。

我们的一个俄国朋友阿列克谢·沃登,大约一个月前到伦敦去了。我托他给您捎封信①。他到您哪里去了吗?他没有给我们寄来片言只语。如果您见到他,请代为问候。我已把我在西欧的最可靠的通讯地址告诉过您:阿勒芒街5号,医学博士鲍格拉德·普列汉诺娃女士。我把这个通讯地址再写一次,因为我的信有可能在途中丢失。

亲爱的导师,请原谅,打扰您了。

忠实于您的

格·普列汉诺夫

维拉·查苏利奇衷心向您致意。

5月1日在日内瓦举行了盛大的游行。2日盖得在选举宫大厅里作了报告。他获得了巨大成功。这个报告将大大促进日内瓦的工人运动。盖得令人钦佩。

4. 1894年5月底致恩格斯

伦　敦

1894年5月底于墨尔纳赫

亲爱的公民恩格斯!

由于您没有以漠不关心的态度对待约吉歇斯—克里切夫斯基那桩事

---

① 普列汉诺夫的信未保存下来。沃登此行的目的在于劝说恩格斯在报刊上反对民粹派分子。——原编者注

情，我们全都非常感谢您。毫无疑问，这件事只能看成是俄国侨民间的不和。但是不巧，侨民们对俄国的运动现在正在产生着、在一定时期还将继续产生着巨大的影响。不幸的是，不重视他们是不行的，因而闭眼不看他们中间发生的事情也是不行的。

在您的小册子《论俄国社会关系》中，您说出了很正确的思想：反对派运动在俄国进展得很顺利，唯一可能危害这一事业的事情是革命者组织的过早的起义（大意如此）。这种过早的起义采取了"恐怖"的形式。恐怖的斗争耗尽了知识分子的全部力量，并把资产阶级和贵族推到沙皇制度的怀抱里去。在亚历山大二世死后可以认为，革命运动实际上停止了；几次新的谋杀未遂事件并未改变局势——知识分子的作用已经发挥完了。亚历山大三世政府为了把贵族和资产阶级吸引到自己方面来，已做了力所能及的一切：首先借助于地方行政机关（例如地方长官）和地方自治局的改革，特别是借助于著名的银行。在银行那里，"勇敢的俄国贵族"想借多少钱就借多少钱，甚至不用付利息，沙皇制度像丘必特一样变成了金雨。这种改革在对待资产阶级的态度上没直接表现出来：丘必特采取了严格的保护关税政策。但因为保护关税政策意味着民族资产阶级得到发展，所以归根结底，结果还是一样的。这样，两个最有影响的阶级都同陛下政府和好了。至于说到知识分子，当局已采取一切可能措施来阻挠他们中经济条件较差的阶层进入各大、中学校。由于这些措施，许多贫苦知识分子的子女不得不加入工人阶级的队伍；他们在那里将会起不小的作用，是对工人进行政治教育的人员，但是在这个时候，知识分子——这个过去的革命运动的主要成员——的力量处于比任何时候都更加削弱的境地。老实说，所有这些加在一起，使过去十年（1884—1893年）间几乎没有革命运动。一些革命小组继续存在，但是联合一切力量进行斗争的中心组织则没有了。

在这种情况下，报刊宣传具有巨大的作用，而这种宣传只有借助于国外的出版物，也就是侨民的出版物才能进行。在这方面，要做的事情还多得很。而正因为如此，所以侨民中的不和对俄国运动不会没有影响。

在现代的俄国，只有马克思主义的宣传才是革命的宣传。从前我们有过民粹主义和民意主义。民粹主义按其实质是巴枯宁主义的变种。民意主义是最平庸的特卡乔夫主义（我说的是关于报刊宣传；《人民意志》的理论家列·吉留米洛夫只是抄袭特卡乔夫的文章）。而现在，当涉及进行马克思主义的宣传时，您的每一句话都会对我国革命思想的未来发展给予决定性的影响。

我说这些，为的是向您表明：您的小册子《论俄国社会关系》及其跋对于我们有什么样的意义。

马克思主义的宣传在俄国获得了巨大的成就。但是，俄国知识分子有时竟企图把马克思主义本身改变成某种空想社会主义，岂非怪事！

例如，当然您知道尼古拉－逊[①]的著作《我国改革后的社会经济概论》。在许多方面，这是一本名著。但是作者的结论是什么呢？我们的社会应当向自己提出以社会主义方式组织我国生产的任务。尼古拉－逊补充说，这是个困难的任务，但是完全能实现。您非常明白，现政府不愿意听到社会主义，因而尼古拉－逊所说的"社会"不得不从推翻这个政府开始做起。不言而喻，经济问题成了政治问题。我不知道尼古拉－逊怎么对待这个问题，但是我知道它的书受到了我国民粹派分子们

[①] 尼古拉－逊是俄国经济学家尼古拉·弗兰策维奇·丹尼尔逊的笔名。他是八十年代至九十年代自由民粹主义思想家，1893年出版的他的著作《我国改革后的社会经济概论》一书是自由民粹主义的主要理论根据。——译者注

的热烈欢迎。有个沃龙佐夫（他在自己文章中用的笔名是伏·伏·）是民粹派的理论家。沃龙佐夫的理论归结如下：资本主义没有可能在俄国发展；俄国资本主义没有国外市场。哪里没有资本主义，哪里也就没有资产阶级。在西方，立宪制度正是资产阶级的产物。这就是说，既然没有资产阶级，也就没有政治自由。这样一来，我国的任务不是为争取自由而斗争。在著名的三位一体的口号中，我们只剩下两个口号——博爱和平等了。而为了实现平等，没有必要进行反对专制制度的斗争。相反，君主专制本身能帮助我们实现我们的任务——以社会主义方式组织我国的生产力。这就是那种首先对全俄罗斯的皇帝和法国资产阶级有利的独特的社会主义。尼古拉-逊的书使这种社会主义的拥护者们获得了一些新论据。他们洋洋得意地在俄国杂志上攻击我们，宣称：瞧这才是真正的马克思主义者，他和你们不一样；其实马克思自己说过：俄国可以避免资本主义的发展阶段；他号召俄国政府建立博爱（他们指的是保持成了贫苦农民沉重负担的公社），因而我们正在踏着马克思的足迹前进。这一切并没有妨碍上述那些先生们在每个方便的场合攻击马克思。不久前米海洛夫斯基先生还在《俄国财富》杂志上同马克思论战[1]。他们只是在要维护沙皇政府时才借用马克思的名字。

请您原谅，我的信纸不够了。在这个村子里唯一的一家小商店离我的住处（墨尔纳赫）很远，而现在正下着倾盆大雨。我继续说下去：

您看到：如果说在马克思的时代我们俄国革命者还能从俄国不必经过资本主义发展阶段那种思想中汲取一定力量的话，那么在我们的时代这种思想已成了很危险的空想。现在同这种思想进行斗争是十分必要的。

---

[1] 尼·康·米海洛夫斯基在《文化和生活》（载于《俄国财富》杂志1894年第1期）一文中批判马克思和恩格斯的历史唯物主义。——原编者注

顺便提及，英国的领事们有时刊印关于各国工业情况的综合报告。这些综合报告是出单行本，还是刊载在某些官方的定期刊物上？您是否确切知道这些综合报告的名称？如果您能为我提供关于这个问题的消息，我将非常感激您。

几年前广泛地讨论了一个英国人写的关于俄国工业情况的书。这个英国人的姓俄语写作埃德热沃尔特，不知道英文的写法是什么。您知道这本书吗？您是否知道还有哪些关于这个题材的英文书籍？英国的报纸对芝加哥博览会上的俄国商品都说了些什么？请您简要地告诉我。

我向您说明了米海洛夫斯基反对您和马克思的论战。这就是他的论证的典范。他们引用了您在《路德维希·费尔巴哈》中的一句关于五十年前的一份手稿①的话，这个解释只是表明当时我们在经济史方面的知识还多么不够。米海洛夫斯基先生欢呼道："你们看，当时他们的知识是不够的，而他们的历史唯物主义正是从那时开始的。所以，这也是一个不够的理论。"这不是说得很巧妙吗？在所有那些为神圣俄罗斯寻找正确的经济道路的探索者先生们中间，这位先生是最聪明的一位！这就是马克思在自己的书信中矛头指向的那位米海洛夫斯基。我认为，马克思是打算把那封信寄给《欧洲通报》的出版者，而不是寄给米海洛夫斯基的，对吗？这位先生还荒唐可笑地以这封信②自豪。他这样描述这整个事件：马克思在未读他的文章《卡尔·马克思在尤·茹柯夫斯基先生的法庭上》之前，认为俄国应该经过资本主义；但是在读了这篇出色的文章之后，就改变了看法。正像我们的莱蒙托夫所说的那样："所有这一切即使不是可悲的，也是可笑的。"

---

① 说的是马克思和恩格斯的手稿《德意志意识形态》。——原编者注
② 马克思的信，见《马克思恩格斯全集》第1版第19卷第126页。——原编者注

如果您愿意的话，请您按我妻子的通讯地址给我回信。我妻子的通讯地址是：日内瓦，阿勒芒街5号，鲍格拉德·普列汉诺娃。我再次被驱逐出日内瓦，并有可能被驱逐出法国。

如果您见到伯恩施坦，请您问他一下，我那篇关于无政府主义者的著作的情况怎么样了？他是否翻译完了①？

我们大家问候您。

忠实于您的
格·普列汉诺夫

5. 1894年7月（10月左右）致恩格斯

伦　敦

1894年7月［10月左右］于墨尔纳赫

亲爱的恩格斯公民！

我匆忙答复您，请允许我从最有趣的问题，从尼古拉－逊和他的书②开始谈起。

您说，他害怕资本主义侵入俄国的后果，这是很容易理解的。然而，从另一方面看，俄国农村公社能在哪个方面帮助我们，并且怎样帮助我们避免他所担忧的那些灾难呢？这种公社现在的状况怎样？

---

① 普列汉诺夫的著作《无政府主义和社会主义》第一次发表在1894年第20—25号《社会民主党人报》上。同年由《前进报》出版社出版了单行本。——原编者注

② 指丹尼尔逊于1893年出版的《我国改革后的社会经济概论》一书。——译者注

早在1879年，著名的奥尔洛夫①（俄国地方自治机关统计学的创始人）在自己的著作《莫斯科省地产形式》中说，公社对于它的最贫穷的成员（他们的人数众多）来说成了有害的机构（"对于最贫穷的农民来说，公社成了障碍和灾难"。灾难——Fléau）。这部分社成员除了有为耕种自己的土地所必需的资金而外再没有更多的资金，然而他们要想利用自己的"份地"，就得纳税。这些赋税（而它们是很繁重的），政府是从他们作为工厂工人的工资中征收的。在这种情况下，公社的瓦解对于这些人来说，会是如释重负。而对政府来说，就是少了一个借口来迫使那些还有点财产的人去为那些一无所有的人交税，因为随着公社的瓦解，连环保也会崩溃。我国的民粹派分子以及我国的自由主义者在对待公社的态度上被吓得惊慌失措，他们亲自对政府说，假如公社崩溃了，谁来交税呢？您会同意，如果这不是愚蠢，也是极其幼稚的观点。他们在这里重复我国的托尔克维马达－波别东诺斯采夫已经说过的话，他在反动的《俄国通报》上发表的一篇很有意思的文章中宣称："正是农村公社能把我们从工人运动和社会主义中拯救出来。"的确，农村公社的老年农民（公社成员）革命性如此之少：假如经济发展不改变农村公社农民的生活环境，并随之改变他们的思想方式，那么俄国专制制度还可能存在几千年。现在可以毫不夸大地说："在尼古拉－逊看来如此可爱的我国旧经济制度破坏得越厉害，那么我们越临近革命。"

尼古拉－逊这样提出关于资本主义的问题，似乎它在俄国还不存在。事实上，我们已经尝到了资本主义的苦头，此外还尝到了资本主义不够发达的苦头。苦上加苦——这使我国的经济灾难加重了三倍，更不

---

① 瓦·伊·奥尔洛夫（1848—1885年），俄国统计学家。他负责编写了《莫斯科省统计资料汇编》。马克思、列宁和普列汉诺夫都引用过这本统计资料。——译者注

用说我国的政治状况了。我国的政治状况已经糟到极点。

但是我们姑且假定：公社是我国的救命符。尼古拉－逊建议的改革，谁去进行？沙皇政府吗？瘟疫都比这类改革家的改革还好些！由俄国的县警察局长们来推行社会主义——这岂不是异想天开！况且政府正竭尽全力来摧毁这倒霉的公社。

最近在俄国由于进行逮捕，将近二千人被关进监狱。被捕者的大部分已经获释……

我和维拉①（她在这里仍用别人的名字）天天都在担心会被驱逐。卡齐米尔－佩里埃不会长期宽容我们。宪兵和侦探不停地在我们的住宅周围巡视。

总之，可以期望我们不久就会见面。问候您、伯恩施坦、艾威林夫妇和路易莎·考茨基女士。维拉·查苏利奇向您全家致意。

忠实于您的
格·普列汉诺夫

6. 1894年10月30日致恩格斯

伦　敦

1894年10月30日于伦敦

我的亲爱的将军！

我已经几次出其不意地去过您那里。大概，这些突如其来的拜访会使您感到奇怪。我来向您解开这个谜吧。

您有许多珍奇的藏书（例如，《新莱茵报》——报纸和杂志）。即

---

① 指维拉·查苏利奇。——译者注

便我不可能细读这些书籍，也忍不住要翻阅翻阅。于是我就到您那里去了，为的是请您允许我浏览您的这些书。但是我每次都缺少勇气：我怕这件事会打扰您。然而这个问题需要解决，我很想请您写信告诉我，这件事能否办到，我什么时候去您家对您更方便。

我把宣传您和马克思的思想看做是我毕生的任务。而这意味着，我必须好好弄懂这些思想。我希望您体察这一片赤诚之心而原谅我的冒昧。

忠实于您的
格·普列汉诺夫

7. 1895年2月2日致恩格斯

伦　敦

1895年2月2日于日内瓦

我的将军！

一个星期前我通过维拉给您寄去了一本俄文书①。我很想知道您对此书的意见。但是，很可能您还未收到该书，因为她看来病得很厉害。关于她的病我正想同您谈一谈。

维拉留在瑞士的时候，很不注意自己的身体，只是由于我们的坚持，才同意吃点药。现在她远离我们，所以我相信，她会完全不去看病。必须强迫她治疗。弗赖贝格尔②大夫如果能给维拉检查检查，那他就对我们帮了大忙。我没有直接给他写信，因为我估计他可能很忙，所

---

① 即普列汉诺夫本人的著作《论一元论历史观之发展》。——译者注
② 路德维希·弗赖贝格尔，奥地利医生，当时侨居伦敦。——译者注

以我的请求可能使他感到不快。如果情况不是这样——而您比谁都更能判断情况究竟怎样——请您同他谈谈关于维拉的病情，并请他把我们的执拗的病人的情况简单告诉我。请代我问候他和弗赖贝格尔太太。

您当然在报纸上看到了，尼古拉二世宣布自己打算追随"永志不忘"的先父的消息①。这将给我们的"社会"增添一点它很需要的自由空气。我们对这件事倒不会发牢骚。

尽管现在在伦敦象俄国那样寒冷，我们仍希望您健康。

我、我的妻子和现在在日内瓦的阿克雪里罗得向您致以最诚挚的问候。

忠实于您的

格·普列汉诺夫

8. 1895年2月20日致恩格斯

伦 敦

1895年2月20日于日内瓦

我的将军！

我没有马上给您回信，是因为我懂得，要办好所说的那件事是多么困难。显而易见，如果没有维拉的邀请，弗赖贝格尔是不便以医生身份出现的。另一方面，如果维拉决定同伯恩施坦或者同爱琳娜·马克思-

---

① 指的是尼古拉二世于1895年1月17日（公历29日）在接见贵族、地方自治局和城市代表团时的谈话。沙皇亚历山大三世于1894年死后由其子尼古拉二世继位，他曾矢志继承其父的反动衣钵。——译者注

艾威林谈一谈自己的病情，那么这已算是明智的开端了。我认为按照她的性格，这是完全不可能的。根据这个状况，只有一个办法，这就是：当维拉去您那里时，您就严厉责备她。她看见您站在我一边，只好不反抗就放下武器。

我给维拉寄去了一月号《俄国财富》。那里有某个扎克写的对您的著作《家庭、私有制和国家的起源》的评论①。这位先生在我们的文坛上完全是一个无名之辈，根据开头的情况来看，他不会做出好事情来。他的批评同在这个杂志上对您和马克思的所有攻击一样，是荒谬的。使我惊讶的是，尽管《俄国财富》的性质现在已经十分清楚，但是丹尼尔逊先生还继续为它撰稿。况且丹尼尔逊本人在一篇反对司徒卢威的文章②中，还在说尼古拉二世的政府是能够关心在我国"组织生产"的政府。仅这一点就已经表明，他是个反动分子，同时是个空想家。

来自米海洛夫斯基方面的类似的瞎说完全不使我吃惊。在洛里斯－梅利柯夫③时期，他已经清楚地阐述了自己的"纲领"，在纲领中沙皇政府被看作是和平的缔造者和组织者④。但是《资本论》的译者本应具有清醒的政治头脑。丹尼尔逊给我国的革命运动带来了很大的危害。关

---

① Л.扎克：《历史唯物主义》，载于《俄国财富》1895年第1期。——原编者注

② 说的是丹尼尔逊的文章《颂扬作为时代特征的金钱的权力》，载于1895年第1、2期《俄国财富》杂志，他用的笔名是尼古拉－逊。——原编者注

③ 洛里斯－梅利柯夫伯爵（1825—1888年），沙皇政府的反动将军和大官僚。1880年2月担任沙皇政府维护国家秩序和社会安宁最高治安委员会主席，同年8月任内务大臣。1881年3月1日辞职。——译者注

④ 尼·康·米海洛夫斯基：《文化简讯》，载于1880年第10期《祖国纪事》。——原编者注

于这个问题,您能否在例如《新时代》杂志上谈谈看法?这个问题完全值得写一篇文章来讨论。而您的意见会迅速地戳穿这位先生的一切"歪曲"。

如果我国的"真正的社会主义者们"是规矩的反动分子,那么我国的地方自治局就活跃起来了。想必您已知道特维尔省地方自治局的请愿书。切尔尼果夫省地方自治局的请愿书说得更恳切①。冬宫里的那个年轻的白痴②的讲话帮了革命党很大的忙。

请代我衷心问候弗赖贝格尔夫妇和艾威林夫妇。

忠实于您的
格·普列汉诺夫

再者:您读过饶勒斯关于唯心主义和唯物主义的报告了吗?这位饶勒斯先生是位奇怪的"哲学家"!

我现在的通讯地址是:日内瓦,康多勒大街6号。

---

① 指地方自治局拟定的祝贺尼古拉二世继承王位的贺词。在贺词中以十分温和与忠心耿耿的形式说出了如下的愿望:政府应倾听社会机关的呼声并吸引它们来解决一系列国内问题。尼古拉二世于1895年1月17日(公历29日)的谈话是对地方自治局贺词的答复。他在答词中把地方自治局的代表要求参加管理国内事务的意图,称之为"不可理解的幻想"。——原编者注

② 指沙皇尼古拉二世。——译者注

9. 1895年3月3日致恩格斯

伦　敦

1895年3月3日于日内瓦

我的将军!

首先想谈谈关于维拉的情况。我感谢您打算提供的慷慨援助。我认为这是您对我们的友好态度的感人肺腑的证明。但是我对您说句真话,维拉不需要钱。我希望,在今后很长一段时期内,她也不需要钱。不幸的是,主要困难不是给她寄钱,而是迫使她花钱。她自己有独特的原则:她不许自己"奢侈"。而她所谓的"奢侈",在另一些人看来却是必需的。在这方面,她是改不了的。当我们一起住在墨尔纳赫时,我强迫使她吃有益于健康的各种各样的食物,每天向女房东替她定饭食。她现在一个人住在伦敦,就自由自在,可以完全不吃正餐。一块烤肉,有时两杯茶或者咖啡,加上几片小面包——这就是她平时的饮食。我在每次给她去信时都批评她,但是她仍不注意这件事。在这种情况下,我有什么办法呢?

这真是对我国运动的最宝贵力量的不可原谅的糟蹋。请您亲自批评她。这样做是对我们的帮助。

我非常明白,读《俄国财富》不是一件惬意的事,可是我们不得不读。我觉得,您好像对这些先生们的政治呆小病没有确切的概念。在亚历山大二世统治末期,在洛里斯-梅利柯夫专政时代,还存在着某些出版自由,我们现在与之论战的那个米海洛夫斯基先生当时在自己的一篇文章中写道,在俄国解决社会问题的使命只属于政府。他说,在西方则是另一回事，但我们完全不是西欧主义者①。这些话是正当革命者同俄国政府进行着你死我活的斗争，而政府也在扪心自问，它该不该让步的时候写的。由此您可以看到，米海洛夫斯基所维护的我国的这种空想社会主义是多么反动和有害。而目前，正当所谓的社会坚决奋起反对尼古拉二世的时候，拥有"马克思的朋友"，《资本论》的译者（顺便指出，这是属于叛徒范畴的译者），"真正的马克思主义者"等等，等等，等等称号的丹尼尔逊，突然又开始胡言乱语，这真是惊人的巧合。假如我处在尼古拉的地位，我就要奖给丹尼尔逊先生一枚勋章！

我国的情况非常清楚，用不着费很长的时间去研究它才能批判丹尼尔逊的"国家社会主义"。您如果讲几句不赞成的话就会带来很大的益处，这正是我在前一封信中谈到的对俄国革命的那种援助。既然您很忙，我就不再谈这件事了。但是如果提出要在丹尼尔逊和洛里亚②之间进行选择的问题，那么我会说：将军，请您挑选丹尼尔逊——这是最重要的。

附上俄国自由主义者对尼古拉的著名演说的答复。信是在伦敦翻印的，但它是真的。它在伦敦出现之前，已在整个俄国不胫而走。您从信中可以看到，我们可以指望美好时期的到来。

在我看来，大约再过四、五年，恐怖主义将在俄国东山再起。不管我们愿意不愿意，这都是不可避免的。

---

① 尼·康·米海洛夫斯基：《文化简讯》，载于1880年第10期《祖国纪事》。——原编者注

② 阿基尔·洛里亚（1857—1943年），意大利的庸俗资产阶级经济学家，马克思主义的赝造者。——译者注

请代我问候和感谢弗赖贝格尔。

忠实于您的

格·普列汉诺夫

10. 1895年5月底—6月致恩格斯

伦 敦

1895年5月底—6月于日内瓦

亲爱的将军！

已经很久没给您写信了。工作、疲倦和经常不舒服妨碍我这样做。我经常不舒服是由于整天坐着和过度劳累造成的。其实，我有许多话需要对您说。

您已经知道，小尼古拉先生是彻头彻尾的反动分子。他在稍稍作出一些向自由主义方面摇摆的姿态之后，便决定步他亲爱的父亲的后尘。杜尔诺沃①和前朝的其他一些角色现在可以弹冠相庆了。出版界受到疯狂迫害，逮捕事件层出不穷。五月初（旧历）在莫斯科搞了一次大搜查，逮捕了男女八十人。自由主义者和社会民主党人受到了打击。被捕者中间有许多工人。在工人阶级中进行逮捕是由于来自各工人小组的一百二十六名代表在莫斯科集会庆祝"五一"节引起的。这次节日庆祝会有点像是莫斯科及其郊区的地方代表大会。警察一听到集会的消息就不加分析地进行袭击，因为他们一点也不知道确切的情况。但是他们对

---

① 伊·尼·杜尔诺沃（1830—1903年），俄国沙皇政府的反动官僚，1889—1895年任内务大臣，1895—1903年任大臣委员会主席。——译者注

几个在他们看来是"有罪的"人下手了。是什么东西使警察特别卖劲呢？这就是您无疑听说过的雅罗斯拉夫的罢工。恰好在五月初（旧历），有八千名工人举行罢工。士兵被召来了。军队和罢工工人之间爆发了一场真正的战斗。八名工人被打死。十六名工人被打伤。根据5月8日（即新历5月20日）的消息——这是我收到的关于这件事的最新消息，罢工仍在继续。情况现在怎样了，我还不知道。①

来自彼得堡的消息，有点不太好。说得确切些，在涉及普遍的不满情绪方面，消息是令人欣慰的：革命运动在过去十年内还从来没有像现在这样强大，但是政府正在采取防御措施。俄国在沸腾。"会出事，会发生什么事情！"②

感谢寄来的《阶级斗争》③一书。顺便说一句，您是否允许我们翻译您的著作《英国工人阶级状况》和《杜林先生在科学中实行的变革》④？这是为了在俄国出版它们。只是那里的书报检查机关……它现在并不很客气，——而相反。

我给您寄去了一本俄文小册子。您在读到这本小册子的结尾时，就会感到惊奇：我国的民粹派分子"反对资本主义"的斗争越来越蜕变为同专制制度结成联盟；《共产党宣言》中的精彩批判（对"德国的"或"真正的"社会主义的批判）也可以用来批判这个冠冕堂皇的《纲

---

① 普列汉诺夫说得不精确，在大雅罗斯拉夫的科尔金科纺织工厂的罢工从1895年4月26日继续到5月2日。由于顽强斗争，工人自己的基本要求得到了满足。——原编者注

② 引自米茨凯维奇 Dziady。——原编者注

③ 1895年出版的马克思的著作《1848年至1850年的法兰西阶级斗争》。——原编者注

④ 即《反杜林论［欧根·杜林先生在科学中实行的变革］》。——译者注

领》。民粹派的光荣就是这样在消逝！请想一想，丹尼尔逊竟在这伙可爱的人中间！

亲爱的将军，您感觉自己身体怎样？经常见到维拉吗？

请代我问候伯恩施坦、艾威林夫妇、弗赖贝格尔夫妇、门德尔森①和您在伦敦的所有朋友。

忠实于您的

格·普列汉诺夫

又及：请您给我寄一本洛里亚的新书②来，不胜感谢之至。

（原载《卡·马克思和弗·恩格斯同俄国政治活动家通信集》
1951年莫斯科苏联国家政治书籍出版社版
第324—326页）

（高敬增、高放 译）

---

① 斯塔尼斯拉夫·门德尔森（1858—1913年），波兰社会主义者，波兰社会党创始人之一，政论家。十九世纪九十年代中期脱离工人运动。——译者注

② 指的是1894年在米兰出版的洛里亚的书《当代社会问题》。——原编者注

理查·费舍致弗·恩格斯*

1. 1895年3月6日致恩格斯

1895年3月6日于柏林

亲爱的"将军":

早在阅读你的导言手稿时,我对其中个别段落就有些担忧,而且对党的政策的担忧甚于对惩治法的担忧。但是,我本想等校样来了以后再说,现在我已征求了奥古斯特①、保尔②、纳齐③的意见,我们对这里所附的这个校样取得了一致意见,请你接受我们的观点。

在我们的书报检查官那里,④ 我们担心:那些"遭到指责的"地方可能很容易给我们的敌人以可乘之机。而这一点正是我们今天需要特别

---

* 本文选自《马列主义研究资料》1984年第2辑。

① 倍倍尔。

② 辛格尔。

③ 伊格纳茨·奥艾尔。

④ "在我们的书报检查官那里"一句被伯恩施坦删去了,而且未作任何可供辨别的标记。

防范①的。如果我没弄错的话，那么，讨论防止政变法草案似乎是"浪费时间"——在这方面你对林泰伦和施潘②好凶狠——。

不过，你总得承认，一个心术不正的对手不难把你所承认的东西作为你的论述精华公布于世。首先，你承认，我们之所以到今天还没有进行革命，只是因为我们还不够强大，因为军队还没有受到充分的感染——而对于防止政变法草案来说，这正是需要证明的；其次，如果我们遇到战争或别的严重动乱，譬如公社，我们就会面对国内的敌人等等而高举起义的大旗。

这样的"材料"在今天正是"正中下怀"的东西，而我们的一切声明只会被理解为宽恕或否认的企图。③

我相信，你定会承认我们的担忧是正当的，谨致衷心的祝愿。

您的 理·费舍

我差点把书名问题给忘了：我想采用你提出的三个方案中的第一个，即《1848年至1850年的法兰西阶级斗争》。

你也许还有更好的，请同校样一起寄往汉堡。

还有一个问题：顾客和读者百分之九十九是工人，那么多的法文引文不应在正文（括号）里都译成德文吗？你的意见如何？

---

① 伯恩施坦误认为"避免"。
② 维克多·林泰伦博士，中央党在帝国国会中的议员；彼得·施潘，中央党政治家，帝国国会议员，1917—1918年担任普鲁士司法大臣。在1894年12月和1895年1月帝国国会关于防止政变法草案的第一次讨论同1895年5月的第二次讨论之间，由于中央党的决定性影响，政府的草案在委员会中变成了一个保护道德和宗教的法律草案，而施潘是中央党在该委员会中的代言人之一。
③ 伯恩施坦就刊印到此。

2. 1895年3月14日致恩格斯

1895年3月14日于柏林

亲爱的"将军":

非常感谢你同意我们的修改意见。但是,你提那些意见的前提是完全错误的。我们谁也没有想到要"立誓忠于绝对守法"①等等,也没有想到要"宣扬绝对放弃暴力行为"。

你也是完全对的,谁也不能使我们相信这一点,至少是现在。因此,即使这是一次愚蠢的举动,但是,如果我们硬要一味地以威胁口吻对那借助于防止政变法草案掐我们脖子的敌人说:你等着,只要我有一天能恢复行动,我定要掐断你的脖子,②这样做同样也是愚蠢的。不,我们同那个有理智的农村少女是一个心眼儿,她对她的笨拙而胆怯的情人直截了当地说:"人家不谈什么,你就干什么"③。

你对我们的指责也许是没有道理的:你以为我们让敌人逼得承认守法的义务也是一种道义上的义务。无论从哪一点上说我们都没有承认过,相反,无论老头子④还是奥古斯特⑤恰恰在最近多次非常明确地强

---

① 从这里到这段结尾都被伯恩施坦删去了,并作了删节标记。
② 以下直到这段结尾都被伯恩施坦删去,而未作任何标记。
③ 这个比喻显然是出自费舍的挚友伊格纳茨·奥艾尔之口。奥艾尔根据伯恩施坦的倡议,把"人家不谈什么,你就干什么"这句话实际运用于修正主义的争论后,变成了党内实践者的纲领。
④ 威廉·李卜克内西。
⑤ 倍倍尔。

调,自上而下践踏宪法和法律的行为会取消自下而上的各种义务。

我们今天是合法的,因为我们占据优势,顺便提一下,其他方面也强大得足以使我们这样做;今天我们提倡这种合法性,因是这一点使我们今天的敌人特别不舒服,破坏了他们的计划。

如此而已!①

你还将看到,我们不会给法国人、意大利人等等在这方面对我们嗤之以鼻的机会,同样我们也不会忘记或否认,我们在维登就从纲领中删去了"合法的"一词,在爱尔福特也没有再使用这个词。

其他一切情况你都知道了,否则你也不会同意我们的修改意见。②

谨致衷心的问候!

你的　理·费舍

从恩格斯的信中可以看出,恩格斯鉴于当时关于防止政变法草案的讨论接受了党的执行委员会提出的修改导言的意见,除了在信中所列举的比较不重要的几处地方。这是一个不可否认的事实。当然,无论如何不能说他同意党自1894年底以来利用其合法地位直截了当地向公众吹嘘的策略。谈到这封信,似乎有必要弄清恩格斯所主张的合法性的策略——"在这种合法性下"党定会"长得肌肉结实,两颊红润,"③——并弄清党的领导所采取的策略。

弗里德里希·恩格斯早在八十年代就深信,从选举结果中可以看出党的发展将这样继续下去:"现在就可以精确地算出它的加速度方程式,

---

① 以上一整段,伯恩施坦均未刊印。
② 伯恩施坦刊印到此。
③ 《马克思恩格斯全集》第1版第22卷第610页。

从而推算出它最终胜利的时刻"。① 恩格斯的期待——他同德国党的代表的区别就在这里,——表示了一种革命的基本概念。在他的脑海里首先想到的东西就是普鲁士军队的"模范团"②。他认为,由于武器技术的发展,只有在大半的军队成为社会主义的军队时,革命才有希望③。他过高地估计了事物发展的速度,错误地估计了所争取到的波美拉尼亚和梅克伦堡农村居民的人数,从而使他在九十年代初得以肯定地认为,到本世纪末德国军队将从统治阶级手中"滑走"。④ 恩格斯发现,这种不可遏止的发展受到了两个因素的威胁:一个是党的过早攻击,一个是欧洲战争。早在1895年撰写导言以前很久,他曾经警告防止像1871年巴黎那样的流血事件。自从七十年代末以来,他就没有放弃过这样的思想:通过"突然袭击"达到社会改革和政治改革的尝试将会极其严重地损害运动。⑤ 社会民主党卓有成效地利用了普选权,对恩格斯产生了影响,以致他相信,普选权就是同过时的巴黎街垒战截然相反的行之有效的革命手段。

---

① 《马克思恩格斯全集》第1版第36卷第230页。

② 参看《马克思恩格斯全集》第1版第37卷第362页。

③ 早在1877年帝国国会选举结束时,恩格斯在给米兰的社会主义报纸《人民报》编辑比尼亚米的信中就认为,这次选举结果已经证明,社会主义已经特别在后备军中产生影响。(《马克思恩格斯全集》第1版第19卷第108页)

④ 《马克思恩格斯全集》第1版第22卷第291—292页。在我发表在弗里德里希·艾伯特基金会研究所编辑的丛书上的《社会主义和德国社会民主党。论党在第一次世界大战前的意识形态》著作中汇集了所有证据。

⑤ 参看《马克思恩格斯全集》第1版第19卷第107—109页、第2卷第285—303页、第37卷第361—364页以及《现在怎么办?》。(《社会民主党人报》1890年3月8日第10期)

社会民主党的多数派,特别是后来的修正主义者照搬恩格斯的话,一味强调党的合法的、和平的性质。早在1890年恩格斯就认为有必要向李卜克内西提出抗议,反对把他关于草率行动不会给"自己的事业"带来危害的这一劝告变成一般承认不使用暴力的意思①。1895年3月8日的信才真正证明了他的观点和党的执行委员会的观点之间的区别。恩格斯曾把党的态度描述为"右脸挨了耳光再把左脸送过去的政策"②,一年以后,在社会民主党的堡垒萨克森实行三级选举制,而党则表示温和的抗议时,证明了恩格斯的描述是多么正确。恩格斯把奥地利人树立为党的榜样。他由革命的期望所决定的观点在社会民主党中是不惜任何代价按照守法的意义解释的。倍倍尔在帝国国会中说过:"直到今天您也未能向社会民主党证明暴力革命所作的努力,即想要通过暴力革命来实现党的目标所作的最小尝试"③,这段话在防止政变法草案面前不仅可以解释为策略表现,更确切些说,它体现了党的真正性质。④ 倍倍尔和费舍曾经试图安慰恩格斯,正是倍倍尔的信就能说明这一点:"……我们不容置疑地表明,事物发展的自然进程会把政权交到我们手中,至于怎么个交法,我们并没有表示过意见。我们只是驳斥了说我们热衷于尝试一下新的弹仓式步枪的那种看法。"⑤ 但是,这里的关键在于"怎么个交法",比如在关于防止政变法草案的议会辩论中仅次于倍倍尔的

---

① 《马克思恩格斯全集》第1版第37卷第362页。
② 参看《马克思恩格斯全集》第1版第37卷第363页。
③ 《第九届(立法)议会第三次会议速记记录。1894—1895年》第3卷第2172页等。
④ 参看格利伦贝格1891年在帝国国会的讲话。(《第八届(立法)议会第一次会议速记记录。1890—1891年》第3卷第1776、1805页)
⑤ 《恩格斯和倍倍尔通信集》德文版第795页等。

主要演讲人奥艾尔，他在帝国国会中报告了恩格斯关于守法的策略思想，介绍了向社会主义的过渡。他的发言同恩格斯的观点几乎没有共同之处。恩格斯的观点同党的执行委员会的观点之间在前途问题上存在着根本区别。最后，想把恩格斯的导言拿来论证修正主义的企图，是建立在说什么恩格斯拒绝传统的革命策略就是强调原则上背离无产阶级革命思想这样一种错误观点之上的。恩格斯的出发点则是：在党表现出暂时严格守法姿态的情况下，政府以及由它所代表的社会对自己的死敌的不可抗拒的迅猛发展下，定会采取行动，直至有朝一日社会主义的多数派不可避免地导致革命的变革，而这种变革也因为武装力量的大多数站在革命运动一边而定将取得完全的胜利；恩格斯从这种观点出发长期认识不清德国党的表面革命的性质。直到他逝世之前不久他似乎才明白，对党来说，承认合法性不过纯粹是一句空话。

恩格斯和党的领导都认为，最终胜利是可以精确地估计到的，因而不可避免的发展趋势也是无法改变的。但是，鉴于社会革命和政治革命的可能性，恩格斯的静观和期待的策略仍然是一种现实考虑的表现。与此相反，在德国党内，有人"要把继续发展议会中的多数派看成是目标，而出于对这种发展的信念，无产阶级革命就被取消了；另一方面，有人（倍倍尔！）则抱着听天由命的态度，期待现存制度的崩溃"。

（原载《国际社会历史评论》1967年第12年卷第2卷第177—189页）

（蒋仁祥 译 朱中龙 校）

新发表的恩格斯和马克思家属之间的通信[*]

苏联《苏共历史问题》杂志为了纪念恩格斯诞辰一百六十周年在1980年第11—12期上发表了恩格斯同马克思的女儿燕妮、劳拉、爱琳娜和女婿保尔·拉法格之间的十六封信。

恩格斯致燕妮的三封信（第2、3、9封）和爱琳娜致恩格斯的两封信（第15和16封）第一次用俄文发表，其余的书信从未发表过。所有的信均全文刊载，只有燕妮1869年6月24日的信（第1封），刊载时作了一些删节。

这批书信写于1869—1890年期间。它们包含一些关于马克思和恩格斯生平活动的新资料：例如，从1872年10月30日恩格斯致燕妮的这封信中第一次知道，马克思于同年10月27日对伦敦德意志工人共产主义教育协会会员作过演说；同时记载了当时欧洲各国革命运动和政治事件，第一国际及其支部和各个政党活动，党的代表大会、社会主义代表大会和会议的准备工作，特别是巴黎国际社会主义工人代表大会（1889年）和布鲁塞尔第二次国际社会主义工人代表大会（1891年）的准备情况。这对马克思主义和国际共运的史学工作者来说是有一定价值的史料。本刊将分辑译载。

---

[*] 本文选自《马列著作编译资料》1981年第15辑。

1. 燕妮·马克思致弗·恩格斯

曼彻斯特

1869年6月24日［于伊斯特勃恩］

亲爱的恩格斯：

……几天前我收到保尔①的一封信，信中谈到法国的骚动②。正像许多人推测那样，这不是波拿巴－蒙蒂霍③的奴仆为其主子所作的普通表演。骚动性质要严重得多。用保尔的话来说，人民在某个时候已陷入绝望，准备斗争到底，但是，由于无法得到武器，在本身尽一切可能防止冲突的政府的武力面前犹豫不决。波拿巴关照不要在紧要时刻去刺激巴黎人，因为他知道，这个时刻一过，就再也没有什么可怕的了。所以他和自己的尊敬的终身伴侣在林荫道上兜风。

整个这一运动的重大成果是在法国所有大城市建立的强有力的政党④只期待结束帝国的机会。《文艺复兴》⑤ 尚未问世，新的障碍全都出

---

① 拉法格。

② 指法国许多城市里的工人因激进派在立法团选举中的失败而于1869年6月6—7日采取的行动。工人和警察发生冲突，警察逮捕了许多人。

③ 法国皇帝拿破仑三世及其妻子欧仁妮·蒙蒂霍。

④ 当时第一国际的支部在法国已经十分巩固并在这些支部的基础上成立社会主义党。

⑤ 巴黎的布朗基主义者小组从1869年初起筹备出版报名拟定为《文艺复兴》的政治报纸。当时住在巴黎的保尔·拉法格积极参加这项工作。他受布朗基的委托邀请马克思撰稿。报纸出版计划未能实现。

现了。《号召报》① 找不到印刷厂，所以，似乎未必有谁敢印布朗基出版的报纸。

但是，该停笔了。你的眼睛痛，而我却强迫你看我写的这么多潦草的字。多谢你的美意，衷心问候你的全家。

永远爱你的

燕妮·马克思

原文是英文

2. 燕妮·马克思致弗·恩格斯

曼彻斯特

1871年5月9日于波尔多②

亲爱的将军③：

南方令人陶醉的温暖空气使我感到非常轻松。我好多了。

的确，我们一到比斯开湾，我就感觉自己的健康状况不同了，很遗憾的是，摩尔没有和我们在一起：旅行一定会治好他的咳嗽。气候的差异是惊人的。我们从烟尘弥漫的利物浦直接来到波尔多，完全被晴朗天空迷住了。我觉得，利物浦的一只烟囱放出的烟要比这个城市全部烟囱放的烟还要多。

由于我们的"国际性"，在英国船上我们被当作伦敦居民，而在波

---

① 《号召报》——左翼共和派日报，从1869年起在巴黎出版。
② 燕妮·马克思和妹妹爱琳娜去波尔多劳拉和保尔·拉法格处作客。
③ 恩格斯的绰号。

尔多又被当作巴黎人，所以我们上岸时没有遇到什么麻烦。杜西的精致的护照一直在我的手提包里，我们的皮箱甚至没有受到检查。

波尔多照旧是无聊的。波尔多的居民照常吃、喝和玩骨牌。他们的睡梦丝毫也没有被巴黎展开的激烈斗争所扰乱。波尔多是肚子，它解决了没有"世界的头脑和心脏"如何生存的问题。然而，甚至在这个沉睡的王国里国际依然是清醒的，而这证明，如果"领袖们"为了在巴黎起作用而不离开自己的岗位，那么在外省人们也能做出重大事业。

昨天在保尔的庇护下组成国际第三支部。① 我们这位地方的大人物狂热地进行活动，从早到晚从事宣传。正像洛尔米埃②太太所说的那样，他简直不着家。

最近的选举是国际的胜利。他的四名成员当选。③ 刚刚击败吉伦特派代表的激进共和派，现在感到他们自己的日子已经屈指可数了，国际将击败他们。他们带着一副十分不悦的面孔讨好国际会员，甚至把自己的《论坛报》④交给协会支配。保尔在这家报纸上发表了比斯利⑤的文

---

① 1870—1871年普法战争开始时，保尔·拉法格同家人一起从巴黎来到波尔多，继续积极宣传国际的思想。他来到波尔多后，从1866年起存在的当地国际组织加强了活动，出现了一批新的支部。

② 玛丽·洛尔米埃——居住伦敦的法国妇女，认识马克思一家。

③ 指1871年4月即在巴黎的内战打得火热的时候在法国所有的城市进行的市议会的选举。梯也尔政府力图通过这个办法来阻止外省的革命群众支持巴黎公社。国际的支部利用选举进行广泛的宣传，左翼力量因此而在许多地方取得了胜利。例如，提出类似巴黎公社的纲领的代表在波尔多当选。

④ 《波尔多论坛报》是普法战争和巴黎公社（1870年9月起）时期在波尔多出版的共和派日报。

⑤ 比斯利，爱德华·斯宾塞（1831—1915）——伦敦大学教授，历史学家和社会活动家，资产阶级激进派，曾同马克思保持友好关系。

章的译文。可惜，已发表的第一部分刊误很多。在我们出席的选举前一天召开的大会上，只有提到协会才是爆发掌声的信号。的确，协会和正义分享了崇高的荣誉。因为国际这个词是阴性名词①，所以有充分理由认为，它很快就会同自由、平等和博爱这些神圣概念并驾齐驱了！

  小施纳普斯②大声地叫他的"燕妮姨"。他想给我表演他的拿手戏。小淘气很渴望掌声——他一听到"施纳普斯，好样的！"赞扬声，恨不得跳到天花板那么高。真希望你和恩格斯夫人今天吃早饭时能看到他。他很好玩。我们教会他说"公社万岁！"，他补充了一句"黄葡萄酒万岁！"施纳普斯的性格完全像他的父亲，喜欢喝上一小杯好酒，真是了不得。马尔克-洛兰③自我感觉不大好，所以我想比利牛斯山区④之行只好延缓几天。

---

 ① 法语中的国际一词是阴性名词。
 ② 沙尔-埃提耶纳，即劳拉和保尔·拉法格的儿子。
 ③ 拉法格夫妇的小儿子。
 ④ 由于警察的迫害，拉法格一家决定从波尔多迁居比利牛斯。1871年6月初，他们住在法国南方疗养小镇巴涅尔-德-吕雄。燕妮和爱琳娜跟他们同去。马克思在1871年6月13日的信中以秘语的形式坚决劝告他们迁往比利牛斯的西班牙地区。（见《马克思恩格斯全集》第1版第33卷第231—232页）6月底，保尔·拉法格、燕妮和爱琳娜以旅游者身份完成下一封信（第5封）中所叙述的位于边境不远的西班牙小镇博索斯特之行。保尔·拉法格由于朋友们警告他面临危险而于8月头几天迁到这里。8月6日劳拉带着孩子同燕妮和爱琳娜一起来到此地，此后不久燕妮和爱琳娜返回巴涅尔-德-吕雄，而劳拉和丈夫留下了。后来拉法格迁到圣塞瓦斯田，而在1871年12月底保尔·拉法格又由于警察的迫害被迫去马德里，1872年2月劳拉带着孩子也投到他这里来。（关于马克思的女儿们在巴涅尔-德-吕雄和博索斯特逗留期间受到警察的虐待，见《马克思恩格斯全集》第1版第17卷第430—433、704—715页）

我们大家衷心问候恩格斯夫人、你和彭普斯！

亲爱的将军，始终爱你的

燕妮

原文是英文

3. 燕妮·马克思致弗·恩格斯

曼彻斯特

1871年7月5日 ［于巴涅尔－德－吕雄］

亲爱的将军：

多谢你的来信①。我们明白了信中的暗示，所以我们无论在言论上或行动上都照办了。我们只限于同犍牛和牡羊谈话，只是揪一下小青草；由于这样明智的行动，图尔②的健康大有好转，以至于没有任何必要改换气候了。我的健康也有好转，吕雄的水对我有好处。至于马尔克·洛兰，我们必须千方百计地避免任何迁移。小淘气不顾恶劣的天气和难消化的乳酪带来的种种不愉快和困难，还念念不忘他应当再长一颗牙。他正发烧，神情非常不安。

上星期我有幸踏上了西班牙的土地。我们经过小桥越过一条标志法国和西班牙边界的小河，然后来到城市，或者更正确地说，来到博索斯特村。旅行是令人神往的。杜西、施纳普斯和我（可惜，劳拉感到不舒服，我们只好把她留在家里）一路坐敞篷马车。追求马术者的桂冠的心理促使保尔骑马上路。他是一个很可悲的人物。骑马的技能不是他擅长

---

① 恩格斯给燕妮·马克思的这封信我们至今未找到。

② 保尔·拉法格的绰号。

的方面。我们路过的地方风景极美。风景是这样的千姿百态,而对比是这样的明显!我们看到白雪皑皑的山头和黑如夜色的山头,绿油油的草地和晦阴的森林,奔腾的急流和缓缓而流的小河。越是接近西班牙,山越是荒凉、阴森和原始。在法国每小块土地都被利用,甚至悬挂在山谷上面的窄条土地也被耕种了。我常常感到,耕种这些长条土地的不幸的人只有辛勤地耕作,才能使自己承受如此不可思议的处境。在西班牙那一边,有些山形状非常神奇;我们觉得似乎看到了四围雾气腾腾的城堡、金字塔和巨人的头,施纳普斯把这雾叫做"烟",令人想起唐·吉诃德和常常使这位可悲的骑士陷入绝望的烟。

由于穿着长袍子的牧师这位非常可敬的人的热心帮助,我们通过边境时没有遇到什么困难。在三个不同的地点有士兵站岗,阻挡形迹可疑的过路人。

博索斯特村没有给我留下特别好的印象。这是一个非常脏的地方,是我见到过的最脏的地方。猪满街跑,小孩子同猪一起玩;那个爱尔兰佬①很喜欢这个情景:可能人们由此回忆起古老的爱尔兰。

但是,我们完全没有白白地遇到一些猪和费力通过肮脏的地方,得到的补偿是在集市上看到西班牙农民。农村居民各地都一样!博索斯特的集市很像皮尤特茨享的集市,而所大不相同的是,西班牙集市上没有艺术、科学和不幸的蓝制服②的代表。每个人面孔的最大特点是高鼻子,这是吕雄的一切居民的标志。但是,应当承认,尽管我喜欢鹰钩鼻子,但是它们使人感到厌烦。在这里小鼻子简直是一种慰藉。

我在集市上买了一点东西,讲的是最不可思议的不可理解的方言。当我就我寄给你的歌曲讨价还价时,我甚至同西班牙流动小贩争吵起来。

---

① 燕妮可能是指自己的妹妹爱琳娜,因为她对爱尔兰很有好感。
② 指警察。

顺便问一下,关于圣父尼克①的宣传,听到了什么反应?难道没有任何机会读到它②?我有幸听说圣父的健康状况有了好转。我以为他为真正的基督教协会的成立而高兴。这个协会有大批黑蟑螂③,监督我们的灵魂并用传统的军刀使我们的肉体服从。不能对道德家仲马、政治经济学家萨尔塞、指引我们走向真理和道德的我们的实际引路人昂利·德·赛和维耳梅桑④抱任何幻想!

听说意外的事情又使恩格斯夫人不得安宁,我很难过。对我们共同的朋友奥顿诺凡-罗萨的行为⑤,她有什么看法?

请转达我对她以及彭普斯的问候。

永远爱你的

燕妮

用本地人说的方言写的附言⑥记得不对,我认为对你没有什么用处。看来,这是意大利语、西班牙语和法语的大杂烩。

原文是英文

---

① 马克思的绰号之一。
② 指马克思写的号召书《法兰西内战》。
③ 燕妮·马克思出于谨慎使用了英语单词 beetles,意思是"蟑螂",而没有用法语的 caffard,它既有"蟑螂"的意思,又有"奸细"、"暗探"和"告密人"的意思。
④ 萨尔塞·弗兰契斯科(1828—1890)、仲马-逊·亚历山大(1824—1895)、宾赛·昂利·德(1830—1888)、维耳梅桑(1812—1878)——法国作家和极右翼新闻工作者。他敌视巴黎公社并号召把它淹没在血泊中。
⑤ 燕妮·马克思指发表在《爱尔兰人报》上的奥顿诺凡-罗萨的通讯。这篇通讯不加批判地转载凡尔赛报刊对巴黎公社社员的诽谤性的材料。
⑥ 附言没有保存下来。

4. 保尔·拉法格致弗·恩格斯

伦 敦

1872年3月6日于马德里

亲爱的恩格斯：

不久以前，我在波尔多的代理人寄给我一千法郎银行券，在邮局被盗，他借此事声称，由于我而同警方发生了一些不愉快的事，不想再办理我的事情了。在我取得巩固地位之前，您能不能费心代办我们的事情？我请您照顾的财产是铁路股份、美国林业的股份和六、七千英镑。其余的将留在我的公证人手中，因为这是抵押品。请您尽快地答复我，因为我在波尔多的这位商人已经不耐烦了；请告知如何进行转交。

请告诉马克思，我们已收到他的信，并为他患病的消息而感到特别担忧。非常感激他把给德纳的便条①寄给了我，但是，因为再写一个东西以备万一也不坏，所以我请他给我写一张给《先驱报》②的便条，如果这不是太麻烦他的话。

西班牙的政局一天比一天紧张。萨加斯塔完全摧毁了萨瓦王朝。蒙

---

① 德纳·查理·安德森（1819—1897）——美国进步新闻工作者，《太阳报》编辑。指马克思给德纳写的推荐拉法格当该报在西班牙的通讯员的便条。1871年2月28日马克思把这个便条附在他给劳拉·拉法格的信里。

② 《国际先驱报》——英国资产阶级激进派周报，1872年3月至1873年10月由共和派集团在伦敦出版。1872年5月至1873年5月是国际不列颠联合会委员会的机关报。

潘西埃家族想要抓住时机取代意大利人①。这个意大利人正在收拾皮箱，出卖马匹，把奴仆换成利弗尔②；同时我认为，斗争将不在意大利人和革命派之间，而在蒙潘西埃家族的拥护者和革命派之间进行；我们将会在这一斗争中取得好处。

以焦急的心情等待您许诺我们的来信。

问候住在你们那里的所有人。

热烈地握您的手。

图尔第一

施纳普斯感觉好一些。我们的信③将使共和派分子大怒。他们中的一些人议论说，我们该枪毙。

原文是法文

（待续）

（原载《苏共历史问题》1980年第11—12期）
（晓鸣 译　孙魁 校）

---

① 指1868—1874年西班牙资产阶级革命时发生的事件。萨加斯塔，普腊克塞德斯·马提奥（1825—1903）——西班牙国家活动家、自由派的领袖，内务大臣（1871—1872）。蒙潘西埃家族——波旁家族的支系，支持阿尔丰斯七世（1874年—1885年为西班牙国王）的候选资格，反对"意大利人"——1870年至1873年占据西班牙王位的意大利国王维克多-艾曼努尔的儿子萨瓦的亚马多的候选资格。

② 法国旧时的金币。

③ 指莫拉受西班牙联合会委员会委托起草的公开信《致在马德里开会的共和联邦派的代表》。工人组织在信中确定了自己独立的立场，提出了工人的要求。这封信刊登在1872年3月3日《解放报》上。

新发表的恩格斯和马克思家属之间的通信（续）*

5. 保尔·拉法格致弗·恩格斯

伦 敦

[1872年3月21日于马德里]

亲爱的恩格斯：

西班牙人这些魔鬼无论如何非要在萨拉哥沙召开自己的应届代表大会①不可。

在提出讨论的问题中，联合会委员会从自己方面提出以下几点：

代表大会应该起草工人共同组织的草案，作为西班牙地方组织的提案提交即将召开的全体工人代表大会。

修改总委员会的关于权利和义务的表述。

---

* 本文选自《马列著作编译资料》1981年第16辑。

① 保·拉法格指原订1872年4月4—11日在萨拉哥沙召开的国际西班牙联合会代表大会。

联合会委员会委托罗伦佐①和我根据所提出的全部问题准备一个报告，将在代表大会上宣读，如果代表大会召开，那么表决的结果当然取决于代表大会。我和罗伦佐准备的报告本应由联合会委员会核准，因此，问题的决定取决于我们。因为我很怕担当这个责任，所以请您和马克思写几篇论述总委员会的权利的文章。此事应该尽快地办，并马上寄来，因为距离萨拉哥沙代表大会的召开只剩十五天了。我急切地等待您的答复。不必面面俱到，首先指出您认为必须写进章程的各要点就行了。此事请您对任何人都不要讲，因为假如巴枯宁分子知道了，就会大吵大闹。

感谢您的同意——我马上着手把我的有价证券寄给您。

劳拉打算写信给您，谈一些有关巴枯宁分子的饶有兴趣的揭露性消息。②

问候全家，紧握您的手！

保尔·拉法格
（原文是法文和西班牙文）

---

① 罗伦佐，安赛尔莫（1841—1915）——印刷工人，西班牙工人运动活动家，西班牙的国际支部组织者之一，西班牙联合会委员会委员。

② 劳拉·拉法格的信，我们没有找到。

6. 燕妮·龙格①致弗·恩格斯

伦　敦

1872年10月27日于牛津

亲爱的将军：

多谢寄来《解放报》②。我高兴地看到，出色的小报继续打击蒲鲁东先生，而且不饶恕他的最当之无愧的追随者，《自由报》③的比利时洋洋自得的傻瓜们。至于蒲鲁东的不像样的学生和我们的共同朋友④，他读了文章后笑了一笑，但这是含泪的笑。这样，你十分狡猾地掷到我们脚下的炸弹并未爆炸，——我们巧妙而小心地跨过了它，你看，我们反而安全无恙。唉，将军你这个凶手——在这一点上我可把你看清了！你以为，早就该给我们的蜜月掺点醋。你值得赞美和颂扬。你不仅是一位将军，而且也是一位手艺高超的厨师。

你们大家生活得怎样？恩格斯夫人和彭普斯怎样？请向他们转达我最亲切的问候并对他们说，我希望不久就和他们握手。我需要到伦敦呆一两天。

---

① 1872年燕妮·马克思成为沙尔·龙格的妻子。

② 《解放报》——西班牙的一家工人周报，国际马德里支部的机关报，反对无政府主义在西班牙的影响。在恩格斯寄来的1872年10月5日和13日两号上刊载了《蒲鲁东和罢工》一文。这篇文章尖锐地批判了无政府主义观点并多次援引马克思《哲学的贫困》一书。

③ 《自由报》——比利时民主派的报纸，1865—1873年在布鲁塞尔出版。它刊登关于国际的消息和主要是支持蒲鲁东派的国际会员的文章。

④ 沙尔·龙格。

至于牛津，城市本身由于自己豪华的学院而颇有趣味，但这些学院的居民却是可能想象到的最无趣味的一种人类——趋炎附势、笃信宗教和百无聊赖的可悲的混合物。看到图书馆、豪华的学院的全体人员和教育者把自己的努力，白白耗费在培养几打教士和划船冠军上面，是令人惋惜的。靠伺候一千二百名大学生为生的成千上万的牛津居民看来好像疗养地的房主和小铺老板一样。他们是不折不扣的小偷。我们的女主人开头巧妙地零星窃取我们贮存的食物，最后发展到偷我们付款一周的煤气。她用精巧办法把煤气灯弄得同普通蜡烛一样亮，致使我们晚上看书都吃力。她供给我们的煤老是烧不尽。我们以为，她是把染上黑色的石头弄来给我们使用。可是，从好的方面说，在另些方面她是模范的女房主，她清洁，非常认真。她的认真经常使人无可奈何。例如，她一天要打扰我十次，请求同她商量这个事和那个事、吃饭的菜单等等。

亲爱的将军，我必须和你分别了。

问候全家，爱你的

燕妮

沙尔向你和恩格斯夫人致意。

纯种的、非纯种的和半纯种的牲畜现在干什么？①

（原文是英文）

---

① 这里大概是指在伦敦的法国流亡者中间的各个派别。"纯种的"指的是以爱·瓦扬为首的巴枯宁主义者。1872年11月他们出版了一本小册子《国际和革命》，反对第一国际海牙代表大会关于总委员会迁往纽约的决议并谴责国际放弃革命。小册子上署名的是同时声明自己退出国际的前总委员会委员。"非纯种的"显然是指诽谤马克思和国际总委员会的以比·韦济尼埃和贝·朗德克为首的法国流亡者集团。

7. 保尔·拉法格致弗·恩格斯

伦　敦

1889 年 1 月 16 日于勒－佩勒

亲爱的恩格斯：

我午夜里两点到家才读了您的信①。劳拉已经给您复信了②。

我当即写信给李卜克内西，告诉他说，我们将参加会议，但请他改变一下会晤的日期和地点：把日期挪到 2 月——选举运动结束的时候，地点选在根特。我们请求把代表会议的日期挪到另外的时间，是因为那时波尔多工团全国委员会指定的国际代表大会的巴黎组织委员会和特鲁瓦社会主义小组执行委员会③就将成立，它们将会向代表会议派出被授权进行谈判的代表。

---

① 恩格斯在 1889 年 1 月 14 日致保·拉法格的信中通知说，德国社会民主党人想在南锡召开预备性的代表会议来筹备巴黎国际社会主义工人代表大会，并建议法国马克思主义者接受这一提议。（见《马克思恩格斯全集》第 1 版第 37 卷第 132—133 页）从保·拉法格 1889 年 1 月 16 日致威·李卜克内西的信中可以看出，拉法格依从了这一劝告。然而，德国人提出的这个建议未能实现。1889 年 2 月 28 日根据恩格斯提出的建议，在海牙举行社会主义者国际代表会议。

② 劳拉·拉法格的信我们未找到。

③ 指 1888 年 10 月 23 日—11 月 4 日在波尔多召开的法国工会代表大会。代表大会的多数代表属于工人运动中的马克思主义派。代表大会主张 1889 年在巴黎召开国际代表大会。1888 年 12 月在特鲁瓦召开的法国工人党代表大会通过了类似的决定。

27日，布朗热大概将取得胜利①。被人鄙视的和令人憎恨的弗洛凯部长将辞职，而这将是克列孟梭②式的激进派的末日，尤其被人鄙视的机会主义者将掌握政权并开始废除有利于布朗热和可能保证他在以后选举中获取议会的多数的名单表决。局势危急，应当期待重大事件的发生。您不能想象工人阶级中对议会共和国的憎恨和蔑视。人们把共和国看得一钱不值，也不希望再保持现状，工人们宁愿闯一条新路。

您说，您受眼睛的纵径的延长的折磨。难道病眼专用的玻璃不能使您感到轻松吗？无论如何，您一定要试一试我的电池。

匆匆。

忠于您和大家的　保·拉法格
（原文是法文）

---

① 由于塞纳省议会议员奥·尤德死亡，决定1889年1月27日举行众议院补选。竞选很紧张。右翼集团候选人布朗热将军取得了巨大胜利。

② 弗洛凯，沙尔·托马（1828—1896）——法国国家活动家，资产阶级激进派，1876—1893年为众议院议员，1888—1889年任法国内阁总理。克列孟梭，若尔日·本扎明（1841—1929）——法国政治活动家，第二帝国时期作为激进派开始了自己的政治投机，第一次世界大战以后作为法国最反动的资产阶级的傀儡结束了自己的政治投机。他那一套蛊惑宣传、欺骗群众的手法在他的政治活动的初期就已表现出来了。

8. 保尔·拉法格致弗·恩格斯

伦 敦

1889年3月14日于勒－佩勒

亲爱的恩格斯：

您是正确的：可能派正在丧失分寸感，必须有布鲁塞尔人的三倍奴性，才能忍受他们的专横和傲慢①。

我及时写信告诉李卜克内西说，应当邀请英国人，他本人在最后一分钟写信给我，让我邀请他们，我写信给莫利斯②，他道歉说不能来。在民主联盟③方面未采取任何行动。我认为它与布鲁斯派④瓜葛很深，没有可能使它回头。

---

① 保尔·拉法格答复恩格斯1889年3月12日写的信。恩格斯在信中谈到可能派拒绝参加海牙代表会议和服从它的决议（见《马克思恩格斯全集》第1版第37卷第153—154页）。弗·恩格斯还指出，比利时工人党的部分领导人，特别是布鲁塞尔人处于可能派影响之下。可能派——法国社会主义运动中的机会主义派别的代表人物。他们宣扬在可能的范围内通过改良把资本主义制度逐步改造为社会主义制度的空想。

② 莫利斯，威廉（1834—1896）——英国诗人，作家和艺术家，参加过工人和社会主义运动；社会主义同盟的领导人之一，从八十年代末起处于无政府主义者影响之下。

③ 社会民主联盟——1884年8月建立的英国社会主义组织。长时期处于以推行机会主义和宗派主义的政策的亨利·盖得曼为首的改良主义者的领导之下。

④ 布鲁斯派——法国小资产阶级社会主义者可能派首领之一保尔·布鲁斯的拥护者。

星期五我将会见到契普里昂尼①,我希望通过他的帮助使意大利人能参加代表大会;我们同他们毫无联系。

您大概在《小法兰西共和国报》上看到鲁维埃②在贴现银行要了什么把戏。鲁维埃把灵魂和肉体献给了路特希尔德家族③,他在他的最后一届内阁时终于决定发行镍币,以保障路特希尔德家族开采的矿石的销路。据说,他们垄断镍矿的开采,就像他们从前垄断水银矿的开采一样。

我相信,铜的投机吞食了十多亿。投机者不考虑工业发展,当铜的价格上涨时,重新冶炼过去使用过和再也不能使用的旧铜找到了经济的方法。投机者期望法国每年消费十万吨,但能销售出去的不过一万吨。随着人们掌握了旧铜的利用办法,便加紧开采投机者以前收购的铜矿石。铜矿的破产——这是富人的巴拿马④。破产损害了最大银行。法兰西银行损失了五千万,而靠贴现银行的破产才得以补偿自己的损失;假如存在法律的话,那么不少大金融家就要进监狱。

感谢您的支票使我能够支付一些附加的开支。

---

① 契普里昂尼,阿米耳卡雷(1845—1918)——意大利社会主义者,巴黎公社的参加者,1889年国际社会主义工人代表大会的副主席之一。

② 鲁维埃·莫里斯(1842—1911)——法国国务活动家,温和的资产阶级共和主义者,不止一次担任部长和总理。《小法兰西共和国报》——法国激进共和派日报,1875—1893年在巴黎出版。

③ 路特希尔德家族——欧洲银行世家。

④ 指巴拿马丑闻——为了组织凿通巴拿马运河工程而于1879年在法国成立的"两洋之间运河总公司"的骗局。"巴拿马"一词成为表示大规模营私舞弊的普通名词。

问候你们全家。

忠实于您的 保·拉法格

（原文是法文）

9. 保尔·拉法格致弗·恩格斯

伦 敦

1889年3月26日于勒-佩勒

亲爱的恩格斯：

伯恩施坦的小册子①——我昨天在委员会上已宣读了它重要的段落——产生了最好的影响。人们高兴地看到可能派受到十分正确的评价和谴责。这个东西大大减轻了我的任务。人们接受了海牙②提出的全部条件，但委托我在外国人面前坚持7月14—21日的会期，必要时提前。这对于在法国召开的代表大会的成功是非常重要的。

1. 这时有廉价火车行驶，代表们可以乘坐。

---

① 指小册子《1889年国际工人代表大会》答《正义报》，伯恩施坦根据恩格斯的倡议撰写，由恩格斯校订。这本小册子用英文在伦敦出版，并译成德文，在揭发法国可能派的阴谋中起了很大的作用，因为可能派在英国社会民主联盟机会主义领袖的支持下，曾企图把1889年巴黎国际社会主义工人代表大会的召开和领导权拿到自己的手里。(《马克思恩格斯全集》第1版第21卷第573—585页)

② 德国、法国、比利时、荷兰和瑞士的社会主义运动的代表出席了1889年2月28日在海牙召开的社会主义者国际代表会议。代表会议确定了巴黎国际社会主义工人代表大会的权限、开会日期和议程。可能派尽管受到邀请，但拒绝参加代表会议，不承认它的决议。

2. 许多工团利用这个日期可以派代表来参观展览会。他们顺便可以参加代表大会。

3. 工团考虑这一点，打算差不多同一时间即在国际代表大会前一两天召开自己的全国代表大会。因此，工人代表团将参加两个代表大会。

在这个时间召开的代表大会由于有来自法国各地的人数众多的代表而将具有重大意义。另外，展览会9月就将结束，接着就要开始普选的准备工作，普选将在10月的前两周进行。已开始的竞选吸引了全部注意力。可能派知道，当决定在7月下半月召开自己的代表大会时，他们作了些什么。

可能派认为海牙代表会议没有什么意义，他们硬说，会议的参加者代表不了任何人。

人们请求我催促指责可能派的比利时人，我们等待他们的批驳①。

人们还期待国际代表大会的准确日期，因为各种工团想早一两天召开自己团体的代表大会。这次国际代表大会将成为许多工会代表大会的中心。

请把瑞士（拉希尔和舍勒尔）的声明寄来。

同时我要往比利时写信。

问候伯恩施坦并向您致良好的祝愿。

保·拉法格

---

① 海牙代表会议决定，如果可能派不接受提出的条件，比利时人和瑞士人就倡议在巴黎召开代表大会并发表共同声明。

我刚刚收到您的信①并拆开了自己的信。

关于代表大会日期的决议通过时我不在场。所以法国人有权要求改变这个日期,尤其是如果他们有这样做的重要理由的话。9月举行代表大会可能会导致失败,而代表大会在表决通过的和签署的决议规定的日期举行将取得巨大胜利。当涉及可能派的代表大会时,我看不出德国人有什么理由不接受倍倍尔和李卜克内西规定的这个日期。

这是奇怪的。

什么时候比利时人出来批驳?

10. 劳拉·拉法格致弗·恩格斯

伦　敦

1889年6月17日于勒-佩勒

亲爱的将军:

延期并不等于取消。这句话我也许可以非常自由地译成下面的意思:将军答应明年来。对你的原话采取这样自由的态度可能是无法辩解

---

① 指1889年3月25日恩格斯致拉法格的信。恩格斯在信中指示拉法格不要从1889年2月28日海牙代表会议通过的有关国际代表大会开会日期的决议后退。(《马克思恩格斯全集》第1版第37卷161—162页。并参看本卷第24页注③和本卷第28页注①)恩格斯1889年3月27日的信,是他对拉法格的被公开的信的答复。(《马克思恩格斯全集》第1版第37卷第163—166页)

的①,但是这符合同勒-佩勒和整个现实保持良好关系的目的。

海德门在自己毫无意义的回答②中吹嘘自己,而且废话连篇。

代表大会筹备委员会星期六开了会,而以门德尔森③为代表的波兰人似乎声称,许多对这个问题最感兴趣的人对他们自己的代表大会的"情况"毫无所知,并希望得到解释。通过一项决议:委员会发表了一本小册子来阐述7月将召开的代表大会的起因和目的,波兰人提出支付出版费。

因为不打算对可能派说任何挑衅性的话,所以我希望小册子将不会带来任何害处。

倍倍尔和李卜克内西用旷野里的呼喊继续要求枕头,以便他们来巴黎时可以把自己的疲倦的头放在上面。完全不可能迫使这些流浪的国际主义者了解,当谈到要寻找仅有的最廉价的食宿的地方时,根本不可能在开会前找到能订一个月的地方。保尔尽可能地立即和非常认真地回答了倍倍尔向他提出的明确的问题,但这完全不妨碍倍倍尔向各地发信,询问详细情节,而李卜克内西用尽了所有的方案,又到我们这里来过夜,又期望听到关于预见到德国入侵时法国人会作什么的令人安心的消

---

① 劳拉·拉法格的信是对恩格斯1889年6月11日的信的答复。恩格斯在信中用"延期不等于取消"这句话通知劳拉,他忙于《资本论》第三卷的工作不能出席代表大会。(《马克思恩格斯全集》第1版第37卷第224—225页)

② 指1889年6月15日《正义报》第283号上发表的亨·海德门的文章《国际工人代表大会和马克思主义集团》。恩格斯1889年6月15日在信中谈到这篇文章:"这是一个人在感到自己已被打翻在地时所发出的无力的狂叫"(《马克思恩格斯全集》第37卷第230页)。

③ 门德尔森,斯塔尼斯拉夫(1858—1913)——波兰社会主义者,波兰社会党创建人之一。

息,这些伟大人物往往是非常孤立无援的。

保尔被正式提名为众议院候选人。人们建议他作为植物园区和瓦尔·德-格拉斯区(第五区①)的候选人。前者好,后者很坏。其他候选人中目前已知的有拉涅桑和皮松。如果布朗热分子提出纳克和列伊桑作为候选人,那么社会主义者的候选人由于一方面有机会主义者,另一方面有布朗热分子而自然会遭到失败。

据说,布朗热分子不打算从自己的人当中提出任何人同拉涅桑对抗。后者在迫害布朗热的投票时曾经弃权。在这种情况下,保尔可能会保持候选人的地位(有可能在植物园区得到足够的选票)并开始进入发表文章和演说的新阶段。

如果德国人带来资助亏空的钱不多,这更好,而此刻不需要钱。

百亲爱的将军,我很匆忙,所以请原谅写了这封完全是电报式的信……

尼姆身体怎样②?我很想在穆尔戴上非洲假发③之前见到他。

我们问候你,爱你的

劳拉

(原文是英文)

---

① 巴黎的选区。
② 海伦·德穆特的绰号。
③ 赛米尔·穆尔在阿萨巴(尼日利亚)获得首席法官的职务。

11. 爱琳娜·马克思－艾威林致弗·恩格斯伦敦

伦 敦

1889年6月28日于
中西区法庭巷61号

亲爱的将军：

附信昨天从劳拉处转来。我想，爱德①知道已商定一位代表的事②？

关于报刊。自然，除了一切私人事情外，我希望我们的朋友们能避免命定的错误——举行秘密会议。当然，我最好能摆脱哈第③以及相类似的人，使白恩士和帕涅尔号召可能派分子转向另一派的打算落空。倒不是说，这本身有任何意义。但是白恩士和帕涅尔④的离去会造成极好的印象。要知道，这两人谁也不会参加秘密工作的代表大会。你知道，斯密斯·赫丁利⑤和海德门有一种说法，就是好像我们的大名只存在于纸上：只要一举行秘密会议（讨论像八小时工作日之类的一般问题），他们就立即加以利用。

---

① 爱德华·伯恩施坦。
② 大概指约翰·白恩士。他受社会主义联盟委派去参加可能派的代表大会。白恩士（1858—1943）——英国工人运动活动家，八十年代是新工联的首领之一，后来转到自由派工联主义立场。
③ 哈第，詹姆斯·凯尔（1856—1915）——英国工人运动活动家，改良主义者，苏格兰工党和独立工党的创始人和领袖，工党的积极活动家。
④ 帕涅尔，威廉——英国工会活动家。
⑤ 斯密斯，阿道夫——英国社会主义者，记者，社会民主联盟盟员，接近法国可能派，反对卡·马克思。

老雷诺①昨天在这里出现。他想多了解一些（我们同他已经会见了一次）两个代表大会的情况。我们对他说，唯一值得专门报道和报告的是社会主义代表大会。他提起围绕旧国际的几次代表大会曾经有过多少争吵，并提议我们给他寄三封关于代表大会，特别是关于将出席会议的人的信。当然，假如不准许我们，那也不要紧。更要紧的是其他方面，因为我们总是能够从保尔②那里了解到详细情况。我们还准备向《太阳》③提供报道，这会使马辛厄姆④十分痛心（潜在的），他知道它是怎么同这缠绕在一起的。《派尔－麦尔新闻》⑤派遣了"特派通讯员"，大概是肯宁安－格莱安夫人⑥。如果我们不允许她，她就将报道另一个代表大会。如果盖德曼分子及其少数几个人在报上"吵吵嚷嚷"，而我们的大型代表大会又不被人注意地举行了，那么我一定会非常难过的！我们将全力以赴，以便使代表大会人所共知。

凯尔·哈第昨天写了信。他由于一天需要十（法郎）的款项（关于这一点，保尔已给他写了信）而处于绝望之中。他说，他的联合会当然负担不起！可是，或许用另外的办法可以解决这个问题。

不是这样吗，太热了！

---

① 大概指从1850年起在伦敦出版的工人日报《雷诺新闻》的英国出版者。
② 拉法格。
③ 《太阳》——英国资产阶级激进派周报，从1888到1890年在伦敦出版。
④ 马辛厄姆，亨利·威廉（1860—1924）——英国新闻工作者，《星报》编辑。
⑤ 《派尔－麦尔新闻》——保守派日报，从1865到1920年在伦敦出版。
⑥ 肯宁安－格莱安——女新闻工作者，英国作家罗伯特·肯宁安－格莱安的妻子。

我们俩人问候你。

你的 杜西
（原文是英文）

12. 爱琳娜·马克思-艾威林致弗·恩格斯①

伦 敦

1890年10月14日于萨利河畔哈雷

亲爱的恩格斯：

我刚刚开完一天的会议，我第一次找到一点从我们星期五晚上离开伦敦以来我真正能够称之为安静的时间。我被旅行、会议和会外的谈话弄得疲惫不堪。

正如你知道的，我们星期五离开伦敦，早晨三点钟到达利尔，早晨九点钟我们已坐进代表大会的会议厅。我认为，我们的赴会在各方面都是有益的。它产生了最好的影响——大家都这样说，我认为，我们的私人谈话也带来某种好处。至于代表大会，应当说，它的确是出色的，如果我不身临其境，我永远也不会相信，六十四名法国人能够这样平静，很少说话，即使说话，也是严格地照实说话，绝对实事求是，甚至连一

---

① 爱琳娜·马克思-艾威林的这封信和下一封（第16封）寄自德国城市哈雷。在哈雷1890年10月12—18日举行了德国社会民主党代表大会，并计划根据弗·恩格斯的建议召开社会主义政党代表的国际会议，讨论1891年应届布鲁塞尔国际社会主义工人代表大会的会址和日期问题。在此以前，爱琳娜和爱德华·艾威林一起参加了1890年10月11—12日在利尔召开的法国工人党代表大会。该党的创始人和领导者当时是保尔·拉法格和茹尔·盖得。

点夸夸其谈的迹象都没有。(其至从演说的艺术角度来看,所有的发言都是出色的)我也不会相信,他们几乎在一切问题上如此完全一致,而且完全具备了如此清晰的,从理论角度上看完全摆脱了一切混乱的思想。但是,我现在相信了。这两天做了巨大工作,同时没有发生一点磨擦。到处显然充满着完全的信任感。同布鲁斯-阿勒曼代表大会①形成鲜明的对比。布鲁塞尔代表大会和"总罢工"这两个问题使我担心。第一个问题困难要比我曾经预料的少一些。当然,对可能派的愤慨情绪是很大的,但是事实已由盖得和拉法格很好地叙述了,所以去布鲁塞尔②的决议(在你自己拟订的条件下)被一致通过。

总罢工问题引起了比其他任何讨论更激烈的讨论。幸好"革命"

---

① 指1889年7月在巴黎举行并遭到彻底失败的各国改良派组织的代表大会。它是由法国社会主义运动中机会主义派的首领可能派分子雅克阿勒曼和保尔·布鲁斯召开的。

② 指1891年要召开的第二国际第二次代表大会。主要的马克思主义政党——德国社会民主党和法国工人党——还没有来得及通过关于代表大会会址的决定,比利时工人党受可能派巴黎代表大会的比利时工人党委托宣布在布鲁塞尔召开国际社会主义代表大会并散发了大会请帖。为了避免分裂,恩格斯在1890年9月15日致保·拉法格的信中建议同意就在布鲁塞尔举行代表大会,并向可能派提出在无条件地承认代表大会决议的条件下共同举行代表大会。恩格斯写道,如果可能派拒绝,分裂的责任就落到他们自己的身上。(《马克思恩格斯全集》第1版第37卷第449页)恩格斯的建议受到有其他社会主义政党的代表参加的利尔法国工人党代表大会,后来又受到开会期间举行了社会主义政党代表的国际会议的哈雷社会民主党代表大会的重视,上述代表大会和会议通过了在布鲁塞尔举行代表大会的决议,并讨论了举行代表大会的策略。

是不能强迫的,——六十四名代表中只有五人投票赞成决议案①。

  但是,当我从利尔墙上看到即将举行集会的大广告,而广告上又横贴着一大张写有"由爱琳娜·马克思-艾威林主持"字样的宽条白纸时,将军,你可以想象我是多么惊慌!我真想跑开,但是我毕竟不能这样做,会议由我"主持",开得圆满成功。而他们和我都露了一手!会上爱德华②用英语讲了几句话,我再一次证实法国人是多么有天赋的演说家,会后我们去参加一个人出一法郎的愉快的"宴会"!我们很想尽早离开,但是当我们回到旅馆时已经几乎是夜里十二点钟了。因为我凌晨三点零五分要离开,所以只躺了一会儿,后来,在三点零五分遇见了盖得、费鲁耳③和一个年轻人,更确切地说是一个少年(他的名字,不论是我,还是照顾他的盖得,都不知道),——盖得带他来是为了给他寻找工作——,而收拾了一下东西之后,我们就开始了我们长途的旅行。我的亲爱的将军,法国人总的说来是很可爱的,简直是迷人的,但是如果什么时候我再甚至和一个而不是和三个法国人一起去"国外旅行",那我就该被诅咒。我还不如抱着两个婴儿和身边带着半打子孩子旅行。在这种情况下,他们也不会更束手无策,而且任何时候也不会这样让人操心。然而,我们的情绪是非常愉快的。当我们发现火车经过比利时将完全在睡梦中,这一点我们特别感到很好笑。我们大家都竭力保

---

  ① 利尔法国工人党代表大会在其他问题中讨论了认为总罢工是社会主义革命唯一道路的无政府工团主义论题。这个论题被代表大会否决了。就这个问题所通过的决议指出,总罢工要求有很高的社会主义觉悟和组织性,而无产者达到这种水平不采取这个手段也能取得胜利。这个决议反映了恩格斯1890年5月10日给劳拉·拉法格的信中的观点。(《马克思恩格斯全集》第1版第37卷第402页)

  ② 艾威林。

  ③ 费鲁耳,约瑟夫(1853—1921)——法国社会主义者。

持清醒。白费。当比利时被抛到后面的时候，我们才醒。关于我们长途旅行的详细情况，我回来再讲给你听。大约十二点三十分，我们到达科伦。我让同行的三个法国人吃早餐——他们吵嚷着要吃早餐，如果不很快地端上饭菜，我想他们一定会哭起来——而我自己去取他们的行李。当然，我只带了一只小手提包和你的一只手提箱；我需要重新办理托运行李到哈雷和买去哈雷的车票。当然，这需要一些时间，但是赶乘我们计划乘的那趟十二点的火车，时间还是绰绰有余的。我对丰盛的早餐和我带到车上的"清淡的小吃"感到非常满意。但是，我的被监护人还没有结束早餐，服务员使他们相信十二点五十分的火车要好得多。经过这一番谈话以后，我们只剩下三分钟时间了。而我们知道已经赶不上了，既然真有十二点五十分的火车，那我就顺从了自己的命运和早餐的前景。天啊！当我们走近火车时，才弄清楚这不是那趟火车，而我们的车票是另一条线路的。张罗——这又是我的任务——一阵子后，我换了车票——三个人中甚至没有一个人想跟我一起去，于是我们才出发了。暂时大家都很愉快，我们有说有笑，每五分钟我的三个同伴中的一个便消失在我们车厢的小盥洗室里（而且他们每站都下车，并且还有勇气要求我带他们下车和告诉他们应当往哪里走！！！）事情达到这样的程度：我开始觉得奇怪，他们如何能够作到这一点。而这时他们饿了。在我们到达（大约五点三十分）的一个车站上，火车停了二十分钟，我不忍心叫醒他们——三个人都睡着了。过后我觉得后悔。他们想吃东西。他们几乎要哭了——这是指盖得，因为费鲁耳表现得非常好——因为火车停的时间不长，我不能去给他们买"食品"。我安慰他们，谈起费鲁耳在其医疗实践中经常运用的催眠术，暂时吸引了他们的注意力。后来在卡塞尔——至少我觉得是卡塞尔——我们停下了，出现了卖小白面包和啤酒的小孩。我买了能够买到的一切，但是我不得不委托友好的向导搞点东西提提精神，这比较容易办到。然而，盖得庇护的那个人不满意，破口谩骂一切，并且什么也不吃。结果，这个不幸的人只好挨饿！而我也无能为力。这样，火车不停地行驶着，三个人整天抽烟，甚至在如果我打开窗阳光就会照得暖烘烘的时候，也宁肯挨冻。而当太阳落了的时候，他们关闭了通风口，你可以想象空气会怎样。我头疼得非常厉害，感谢命运的安排，我们十一点五十分到达哈雷。我带着三个人和他们的零星东西，领取了他们的皮箱（十二点的火车运到的），然后商量下一步的行动。我事先从科伦打电报告诉格罗特十一点到达（当时我考虑乘十二点的火车），而现在已是午夜了，无论是格罗特，还是其他同志，我都没看到。我想，也许已经给我们订好了房间，我提议雇马车去雅可布街二号（费舍①寄给我的地址）。我们雇了马车上路了，刚走了不远，我们的喝醉酒的马车夫，回过头来让我们告诉他雅可布街在哪儿。这真是岂有此理！我问他，我刚到此地，怎么能向居民讲清楚本城街道在什么地方。然后他向上帝发誓说，没有这个街道。我们在街上问了一个人，然后又问了另一个比较清楚的人。回答是一样的：哈雷没有这个街道。我陷入绝望之中，于是就说："请把我们随便送到哪一家旅馆"。最后我们被送到"金球"旅馆。今天早晨当我们在代表大会上听说倍倍尔、李卜克内西、阿德勒和其他许多人都住在那里时，你可以想象我们是多么惊讶！而我还是继续讲我自己的故事。

这时我的伙伴快要饿死了。这是不足为奇的。除了一些小面包，他们从上午十二点起一直没有吃什么东西。（我吃饱了我们车厢里的可怕空气！）于是我问，我们能不能得到什么吃的东西。不行！太晚了。

---

① 费舍，理查（1855—1936）——德国社会民主党人，新闻记者，《社会民主党人报》编辑，该报在1888年至1890年9月在伦敦出版。

"能不能搞点什么——面包，奶酥？"——"什么都没有。"——"哪怕一点面包？"——"不可能"。我觉得这非常可笑，并且哈哈大笑起来，甚至我的三个饥饿者也跟着大笑起来，虽然他们已经断定德国根本没有文明。一位招待员拿着住址簿出现（我顺便问了他，也许他知道雅可布街，可是他不知道）并指给我说，有这么一条雅可布街，但是那里总共只有两幢房子，所以谁能晓得人们问到它呢？这时整个事情达到了顶点。于是，我们喝了一杯啤酒，就去睡觉。（这时倍倍尔找到我，让我去吃晚餐和参加当地居民安排的"娱乐活动"。）

星期三早晨。我接着说。昨天早晨我们起床，有人告诉我们开会的地点和喝了咖啡之后，便前去开会。当然，在那里我们找到了所有的人。大厅虽然挺大，但很不相称。里边人挤得满满的，我们感觉像、而且看起来也像沙丁鱼。我提起这一点是因为人们尽管感到很不方便和拥挤还是很安静和很客气。这里有四百一十三名代表（倍倍尔说，他原来预计有二百五十名），其中有安塞尔、纽文胡斯、布兰亭（瑞典）[1]，从哥本哈根和瑞士来的代表、法国人和我。杜克-凯西也在这里，他代表《时代》报[2]。

倍倍尔立即对我说，反对派实际上已被打败了。威纳尔[3]头一天，

---

[1] 安塞尔，爱德华（1856—1938）——比利时工人党创始人之一。纽文胡斯，斐迪南·多梅拉（1846—1919）荷兰社会民主党创始人之一。布兰亭，卡尔·亚尔马（1860—1925）——瑞典社会民主党创始人之一，第二国际机会主义派的代表人物。

[2] 杜克-凯西，阿尔伯（生于1856年）——法国社会主义者，新闻记者，参加创立法国工人党，社会主义日报《人民呼声报》和《人道报》编辑部成员之一。《时代》——法国保守派日报。从1861到1943年在巴黎出版，对第二帝国持反对立场。

[3] 威纳尔，威廉——柏林出版者，属于德国社会民主党机会主义派。

即在星期一，还想开始辩论，有两三个柏林人支持他，但是他们完全是孤立的。倍倍尔认为，现在连威纳尔的最后两三个支持者也要离开他。果然如此。没有一个人举手反对费舍的决议（当然，你在《人民报》上已看到这个决议）①，只有威纳尔声明，放弃任何表决。昨天只有威纳尔一个人就议会党团的报告这个主要问题表示反对，并胡说了一通，以致我都不相信自己的耳朵了。福尔马尔②在某种程度上还极力（不是公开地）支持他。实际上他们已经一败涂地。顺便说一下，实际上那里再也没有什么可击败的了。简直令人失望！我本来以为，那里将有一场战斗。但是，四百人怎么能同一个人战斗呢？而归根到底就是这样。

白天盖得和费鲁耳的发言好极了，产生了很大影响。昨天晚上，我们感到很轻松的是，这么多人参加"招待会"，几千人（其中包括倍倍尔、阿德勒和辛格尔③）进不去，所以我们进行了平静的和饶有兴趣的谈话。明天要召开我们的国际会议。如果发生什么重要的事情，那么我随后还要写信。现在我应当去参加代表大会了。

衷心问候你们俩人。（假如我打算向你转达所有的问候，那么光是人名就得写满十二页纸。）

你的 杜西

---

① 指关于社会民主党国会党团的国会活动问题的决议，哈雷代表大会表示赞同党的领导的革命政策和策略。《柏林人民报》——1884年创办的德国社会民主党的日报，根据哈雷党代表大会的决议，该报成为德国社会民主党的中央机关报，并用《前进。柏林人民报》的名称出版。

② 福尔马尔，格奥尔格·亨利希（1850—1922）——德国社会民主党改良主义派首领之一。

③ 辛格尔，保尔（1844—1911）——德国工人运动的著名活动家。

星期三。再补写几句。社［会］民［主］联［盟］提出一项决议案（它简直是一种号令），它通篇是善意的劝告和期望：不要让"分歧"玷污了德国人表现的"团结一致的画面"，和成为运动的障碍等等。所有这一切你大概将会在《正义报》① 上看到。阿德勒在翻译决议，但他对它们蛮横无理反应很强烈，以至于着手稍微修改它，而我说"不"，让他如实地翻译。我相信，人们对这种胜于一切的智慧的真正冷静的论断并不那么非常感兴趣。

威纳尔显然完蛋了，但是依我看，福尔马尔是一个更加危险的人物。他比威纳尔狡猾，竭力不走得太远，从而保持自己的立场，并维护一定的影响。昨天李卜克内西和盖得、费鲁耳谈了一夜晚，据我从同盖得的谈话中了解的，他的确说了谎。我们大家本来应该碰头，但是李卜克内西不通知我们当中的任何人，就邀请了一些法国人同他会晤，但不是在我们住的那个旅馆，而是在另外的地方。很显然，他不希望我们参加。但是，我不认为那里发生了什么特殊情况。

这是非常有趣的，但我们私下说，我不能否认，德国人很像大多数的利物浦人，也就是说非常可敬，外表看起来像中等等级的代表。他们中间必定有不少庸人。从这个观点看来，法国人给人留下非常好的印象，当然，尽管那里有六十四人，而这里有四百一十七人。

我刚才就党务和考茨基的问题同阿德勒进行了长谈。他说，路伊莎②看起来要年轻十岁，觉得身体非常好。阿德勒仍旧是机智的。听他

---

① 《正义报》——英国社会主义日报，社会民主联盟的机关报。
② 卡·考茨基的妻子。

和奥艾尔①的彼此挖苦简直是一种快事，因为奥艾尔是我遇到过的最机智的人中的一个。我还同纽文胡斯进行了长谈。他还像牛奶那样细嫩。正像我在信中告诉你的，昨天我同安塞尔进行了谈话。也许是我错了，但是我始终认为——而去年在巴黎也是这样认为——他同我们不能以诚相见，始终使人感到他是一个在某些方面做过亏心事的人。

　　再见，亲爱的将军。

你的　杜西

　　纽文胡斯和阿德勒（他们知道我要寄这封信）致最良好的祝愿。
　　海德门、吉勒斯和沙克②都不在这里。
　　我认为海德门不大想来，当时他从巴克斯③那里知道，我们将到这里。至于说沙克，她准备来，因为——费舍说——，这里有给她的几封信。显然对这伙人打击多大！他们本来很希望分裂，或至少发生一场严重的纠纷，但从这里什么也捞不到！

（原文是英文）

---

① 奥艾尔，伊格纳茨（1846—1907）——德国社会民主党人，改良主义者，社会民主党领导人之一，曾多次当选为国会议员。

② 吉勒斯，斐迪南（生于1856年）——德国新闻记者，社会民主党人，1886年迁居伦敦，后来被揭发为警探。吉约姆－沙克，盖尔特鲁黛（1845—1903）——德国社会主义者，居住伦敦。

③ 巴克斯，厄内斯特。贝尔福斯（1854—1926）——英国社会主义者。

13. 爱琳娜·马克思－艾威林致弗·恩格斯

伦 敦

1890年10月16日于萨利河畔哈雷

亲爱的将军：

关于代表大会的实际详情，你无疑从《人民报》的每天的报道中知道了。一切似乎进行得很顺利。但是应该说，我对人们观察得越多，就越加深信，他们当中的庸俗气是多么严重。当然，为什么会这样，这是不难理解的，而对党来说非常幸运的是，在这些人们的背后有逼迫他们走正路的人民群众。无论倍倍尔还是所有同我谈过话的人都说：威纳尔集团的所谓反对派彻底完蛋了。我认为，我们的人犯了个错误，这就是对福尔马尔所造成的危险性缺乏十分清楚的认识。他肯定不是一个优秀知识分子或这一类的人物，但他却是一个非常狡猾的阴谋家，依我看，他对运动来说比一打威纳尔还要危险一千倍。

至于倍倍尔，无论从人们在公众面前的演说中还是从私人交谈中，我清楚地了解到，党的一切——当然，除了它得益于明确的、人民的健康理智的东西之外——正是要归功于倍倍尔和他真正难以置信的工作。我认为，甚至将军你也想象不到这个人做过的和正在做的事情。实际上一切都全靠他。正如你所知道的，现在有两个委员会。一个委员会（除了纯粹事务性问题）在积极地完善组织计划，另一个委员会在调查威纳尔的诉讼。班贝尔格尔（爱德姐妹的丈夫）是主要证人，在私人交谈中对我说，委员会的行动是正确的，威纳尔彻底完蛋了。

现在纲领几乎不加修改地通过了，但有个保留条件，就是将制定一个供普遍讨论和在下一届代表大会通过的《草案》。李卜克内西是纲领问题的报告人,说了许多不得体的话,但讲得很生动,有时非常精彩。

昨天晚上我们本来应该举行国际会议,但是因为辛格尔、奥艾尔和倍倍尔参加两个委员会的会议,国际会议未能举行,现在有协议,我认为是完全不正确的,但工作这么多,而时间又这样少,我真是一点办法也没有。阿德勒赞同我的意见,但他也束手无策。而这个协议的实质在于,今天晚九时整个党团——即有多少成员全都出席——举行"晚会"来欢迎我们这些外国人,会后我们将讨论关于代表大会等问题。尤其非常遗憾的是,李卜克内西原来还邀请了杜克-凯西(他作为《泰晤士报》的通讯员在这里)。我知道,现在杜克同盖得很接近,在法国同我们的党关系很好。但我不认为,他实际上加入了党,既然我们应当讨论党务,那么我不明白,为什么像杜克-凯西这样的人应该参加。此外,如果我不能用费舍是从伦敦来到的理由说服倍倍尔邀请他,那么他就不能在已经制定的条件下出席会议①,而这将是很大的损失。困难在于,我几乎看不见倍倍尔。他整天地忙碌,而且,所有这些人都在为自己国家的党务而操心,未必能够认清外部问题的重要性,这是很自然的。

昨天我同许多人包括阿德勒进行了长时间的非常有趣的交谈。他像倍倍尔一样也认为,至少暂时能平安无事地进行工作,能够给予国会议员——用倍倍尔的话说其中大多数不外乎是小资产阶级的代表,所以在一定意义上会造成危险——以很大的压力,对运动来说是好事。

今天晚上组织委员会结束自己的工作,也就是说最重要的问题将在明天解决,虽然代表大会最早将在星期日以前开会,而且还有可能推

---

① 反社会党人法在德国废除以后,费舍从伦敦回国。因为他不是国会议员,未参加社会民主党国会党团,所以他不能算为国际会议参加者。

迟。但是，正像我所说的那样，所有真正重要的问题大概将在明天和星期六解决。我对此感到很高兴，因为我去科伦的往返车票的有效期到星期六。而我在代表大会实际结束以前离去不会有很大的关系，因为国际会议今天晚上举行，倍倍尔告诉我，从明天早晨起，他就比较自由了，可以和我谈一谈。当然，大家特别是柏林人，都请我去做客，但因为我的车票有效期只有六天，我不得不谢绝。我对此甚至感到很高兴。我在这里已经见到了所有的朋友（我多么想看看埃德加尔①舅舅，虽然我不知道怎样才能找到他，也很想看一看弗丽达·倍倍尔②），但是，假如我在柏林将去看望什么人，那么别人就要见怪，因此干脆谁那里也不去了。除此以外，我还要瞒着我的没有往返票的法国人。一次旅行就足够了。回来以后，我有许多话要对你说。

三家巴黎大型报纸在这里有三个通讯员作为代表，而他们一个德文字也不懂和不能读，真是难以想象！

你看看桌子旁的这些人，起初你会真的开始发怒，而最后阿德勒和我昨天晚上差点笑破肚皮。这三个人至少用了半小时讨论他们将要吃饭的问题。后来他们为了没有得到想要的东西差点哭了。他们只忙于讨论菜单和自己的胃口。当然，指的不是龙格③以及盖得和杜克-凯西。再见，亲爱的将军，我们很快就会见面。我这里有大家委托你的许多事。问候尼米④。

你的　杜西

---

① 威斯特华伦，卡·马克思的内弟。
② 奥·倍倍尔的女儿。
③ 沙尔·龙格。
④ 海伦·德姆特。

在今天收到的电报和问候中还有来自伦敦救世军的祝贺!①

——我是否对你说过,在台上看见一名警官和两个官方的女速记员,这至少使我感到非常好笑。

(原文是英文)

(原载《苏共历史问题》1980年第11—12期)

(晓鸣 译　孙魁 校)

---

① 救世军——资产阶级宗教博爱主义团体,1865年由传教士威·布斯在英国创立,后来它的活动又扩展到其他国家。

马克思恩格斯早期活动文献——同时代人之间的书信（1841—1846）摘编（一）[*]

这里发表的是到1846年2月为止这个时期马克思和恩格斯的同时代人的书信中所包含的有关马克思和恩格斯生平活动的材料的汇编。这一段时间总的说来同《马克思恩格斯全集》国际版第二版第三部分第一卷的时间是一致的。这些书信除了少数例外情况外都以摘要的形式发表。

写信的人中有青年黑格尔分子爱德华·梅因、布鲁诺·鲍威尔、格奥尔格·荣克、阿尔诺德·卢格，革命诗人格奥尔格·海尔维格、亨利希·海涅、格奥尔格·维尔特、斐迪南·弗莱里格拉特，唯物主义哲学家路德维希·费尔巴哈，马克思的朋友和战友约瑟夫·魏德迈，小资产阶级的"真正的"社会主义的代表莫泽斯·赫斯、海尔艾·克利盖和卡尔·格律恩。他们中有些人一度同马克思和恩格斯保持密切的关系或者曾经同他们紧密合作（如布鲁诺·鲍威尔、阿尔诺德·卢格或莫泽斯·赫斯），但是后来，当马克思和恩格斯转向共产主义的立场并全面地创立关于无产阶级的历史作用的学说时就成了马克思和恩格斯在意识形态阶级斗争中的敌人。

---

[*] 本文选自《马列主义研究资料》1983年第2辑。

这里发表的文献是充实我们对早期创作阶段的马克思和恩格斯的认识的一份重要资料。

同时代人的来往书信包含关于马克思和恩格斯生平活动的多种多样的材料。这些来往书信使我们能够更好地理解马克思和恩格斯自己的书信，并且丰富了有关他们学说的发展史、有关他们在各个时期所从事的政治活动以及整个马克思主义史的知识。

这批书信中有一些直到现在还没有发表过。其他文献在不同时期的各种出版物中登载过，其中有许多出版物是藏书家的珍本。另外，在这些出版物中简单地提到马克思和恩格斯的地方往往很难找到。有的时候出版者还恰好把提到马克思和恩格斯的地方删去了。

对1841年爱德华·梅因、格奥尔格·荣克、阿尔诺德·卢格、莫泽斯·赫斯、埃德加尔·鲍威尔和布鲁诺·鲍威尔等人的书信的摘录，使我们对青年马克思的个人设想和创作计划有更清楚的了解。

1842年阿尔诺德·卢格的书信谈到马克思开始从事政治活动以及他参加在瑞士出版《德国现代哲学和政论界轶文集》（一部政论和哲学论文集）的情况。在1842年底到1843年3月的书信中，我们可以看到一些有关马克思参加《莱茵报》编辑工作的有趣的叙述。

1843年和1844年初的很大一部分材料（主要是卢格的书信）谈到筹办和出版《德法年鉴》的情况。这里发表的书信不仅使我们可以看到《德法年鉴》产生的历史，而且也证明了那时就已显露出来的马克思和卢格之间的意见分歧。《德法年鉴》的出版是当时精神生活中的一个重大事件。这家杂志上发表的恩格斯的文章给他的同时代人留下了深刻的印象。1844年4月2日弗里德里希·黑贝尔斯给爱利莎·伦辛的信证明了这一点。

卢格在1844年春天和夏天写的书信反映了他和马克思之间越来越

严重的意见分歧，这种分歧很快就导致了他们的彻底决裂。争论的主要问题是对共产主义和无产阶级的历史作用的态度。尽管如此，卢格还是承认作为科学家的马克思具有杰出的品质。

这里发表的文献包含了关于马克思和他的战友们在1844年下半年参加巴黎的《前进报》出版工作的重要叙述。1845年2月7日费尔巴哈给维干德的信和同年2月10日弗莱里格拉特给毕希纳的信，表现了由于法国当局迫害《前进报》编辑部及其撰稿人并且把马克思驱逐出法国而引起的德国民主人士的愤怒情绪。

同时代人谈论早年恩格斯的材料，我们知道得比较少。1842年至1844年间的恩格斯的书信保留下来的也极为稀少，恩格斯留居曼彻斯特时期的全部书信都佚失了。因此，收入本刊的文献就尤其重要。这首先是1842年10月5日恩格斯父亲给卡尔·威廉·摩里茨·斯涅特拉格的信，该信谈到恩格斯从柏林服兵役回来，还有1844年和1845年维尔特给他母亲的信，这些信是维尔特在同恩格斯结识和交往的影响下写的。

这里发表的材料会使我们对于马克思和恩格斯如何和为什么同"真正的"社会主义的思想家卡尔·格律恩和海尔曼·克利盖划清界限并开始同他们展开论战有进一步的了解。

文献均根据手稿或印刷品刊印。每篇文献都注明了原文出处。至今尚未发表的书信根据原稿或手稿影印本刊印。对于已经发表的书信，在选择文本的根据时照例都采用在学术上得到承认的版本。如果已出版的文本指出了在手稿辨认方面的重大错误并且可以找到手稿影印本，这里发表的文献则根据手稿刊印。

所有材料都从编辑的角度作了统一的加工整理。在这里采用了现代的正字法和标点符号，而拼写方法和音节数目没有加以改动。明显的笔误和印刷错误以及叙述事实时的差错都已更改。姓名都已根据正式的写法加以改正。一般通用的缩略语仍旧保留,其他的缩略语词均已补全并且没有标明。缩略的姓名及书报名称都加方括号补全;书报名称都加了书名号。

为了说明,首先是弄清与马克思和恩格斯的活动和身份有关的情况,书信后面附有注释。此外,本刊还编了一个人名索引。

这个材料是在索菲亚·列维奥娃领导下由马娅·科切特科娃和尼基塔·费多罗夫斯基加工整理的。英格·陶贝尔特以及克里斯塔·克劳泽和叶列娜·布特尔也参加了这一工作。

1. 爱德华·梅因致阿尔诺德·卢格

莱比锡

1841年1月14日寄自柏林

敬爱的朋友!

[……]里德尔的杂志①出版了。您可能会得到这份杂志。您应该为这家杂志做点事,您根本没谈到过1838年出版的、有费尔巴哈和道梅尔撰稿的以前那家《雅典神殿》,②这是很不好的,而且有人甚至会

---

① 《雅典神殿。德意志知识界杂志》从1841年1月起以周刊形式在柏林出版,由卡尔·里德尔和爱德华·梅因编辑,是青年黑格尔派的机关报。马克思在1841年1月23日该杂志第4期上发表了《狂歌》。(见《马克思恩格斯全集》第1版第40卷第20—23页)

② 《雅典神殿,科学、艺术和生活杂志。德意志知识界月刊》于1838—1839年在纽伦堡出版,由卡尔·里德尔编辑。

因此指责您。我们希望为《雅典神殿》找到一个出版人。那时才能有所作为。[……]

最近我将写信请普鲁茨为《雅典神殿》撰稿,我请您最好也参加这一工作。我当了这家杂志的编辑之一或者说真正的编辑。里德尔非常懒散,什么事情都得别人紧紧催促他。他总是有时间。请您试一试至少在哈雷帮助扩大杂志的订阅工作。每年只花4个塔勒。

最近,我认识了一位很能干的青年黑格尔分子——马克思,科本的论弗里德里希大帝的那本书①就是题献给他的,他是布鲁诺·鲍威尔的亲密朋友。他能够而且必定还会有所成就。因为他不仅富有才智,而且具有坚强的毅力。他可能在波恩的大学任教。②

[……]

您的 爱·梅因

(现在我住在多罗西娅大街63号)

1841年1月14日于柏林

根据原稿(德勒斯顿萨克森州图书馆编号藏件目录第46号第2卷第58号)刊印

---

① 卡尔·弗里德里希·科本:《弗里德里希大帝和他的反对者。纪念性著作》1840年莱比锡版。

② 马克思打算在获得博士学位以后以非公聘教师的身份在波恩大学任教(见《马列著作编译资料》第12辑第108—110页)。1841年,他放弃了在波恩大学从事教学工作的打算。

2. 埃德加·鲍威尔致布鲁诺·鲍威尔

波恩

1841年2月11日寄自柏林

[……]最近我同《雅典神殿》①的出版人里德尔和马克思一起在沙洛顿堡参加了市民俱乐部的一次盛大晚餐。我在那里过得相当痛快而又有趣。我们还邀请了欣策。马克思向里德尔讲了许多关于欣策博学多识的好话,因此,里德尔在见面时对欣策说了许多恭维话,他说,他感到十分荣幸,能见到并结识一位为马克思所格外崇敬的人云云。他问这位优秀的神学院学生是否想当个牧师还是教会法庭顾问或者大学讲师而献身于神学生涯。欣策谦虚地躲闪着说,啊,不,我只想到一所中等市民学校去当校长。里德尔说,那么您是一个纯粹的哲学家。为了完满地结束这个玩笑,里德尔邀请他担任《雅典神殿》的撰稿人。[……]

埃德加尔

1841年2月11日于柏林

根据《鲍威尔通信集》 第123—124、125页刊印

---

① 《雅典神殿。德意志知识界杂志》从1841年1月起以周刊形式在柏林出版,由卡尔·里德尔和爱德华·梅因编辑,是青年黑格尔派的机关报。马克思在1841年1月23日该杂志第4期上发表了《狂歌》(见《马克思恩格斯全集》第1版第40卷第20—23页)。

3. 爱德华·梅因致阿尔诺德·卢格

哈雷

1841年2月23日寄自柏林

最亲爱的朋友！

[……] 马克思还在忙他的博士论文①，现在他还想写一本关于海尔梅斯的小册子，②因此他目前无法为《年鉴》③办事。④ [……]

根据原稿（德勒斯顿萨克森州图书馆编号藏件
目录第46号第2卷第60号）刊印

---

① 见卡尔·马克思：《德谟克里特的自然哲学和伊壁鸠鲁的自然哲学的差别》。（见《马克思恩格斯全集》第1版第40卷第183—285页）马克思起初想在柏林获得博士学位，但最后于1841年3月底决定把博士论文提交耶拿大学哲学系。1841年4月15日，他在缺席的情况下获得了哲学博士学位。

② 马克思从1839年起就研究海尔梅斯主义，1840年春，他告诉布鲁诺·鲍威尔说，他想在波恩大学讲授海尔梅斯主义。1840年7月，马克思请布鲁诺·鲍威尔帮助他寻找出版商，出版对海尔梅斯主义的"哲学批判"（见《马列著作编译资料》第11辑第85—89、95—96页）。格奥尔格·海尔梅斯想根据当代哲学知识从哲学上重新论证天主教。海尔梅斯主义的主要代表人物当时在波恩大学任教，并在那里出版了他们的杂志。

③ 《德国科学和艺术哈雷年鉴》从1838年1月至1841年6月在莱比锡以周报形式出版，由阿尔诺德·卢格和泰奥多尔·艾希特迈耶尔编辑；它作为文学哲学杂志创办，1839年底该杂志发展成为青年黑格尔派的政治哲学性的机关报；从1841年7月1日起，编辑部从哈雷迁到德勒斯顿，改名为《德国科学和艺术年鉴》。

④ 1841年2月21日，阿尔诺德·卢格写信给阿道夫·鲁腾堡说："您认识马克思博士吗？肯定认识。我希望他参加《年鉴》的工作。"（见苏共中央马列主义研究院中央党务档案馆藏编号全宗第172号目录第1号卷宗第25号）

4. 爱德华·梅因致威廉·弥勒

杜塞尔多夫

1841年3月20日寄自柏林

尊敬的朋友！

我终于有时间来给您写一封短信了。本来早就决定要给你写信，但是我一直没有时间。今年年初以来，我一直忙得不可开交。我们在这里创办了一家新杂志《雅典神殿》，我必须为它尽一切努力。里德尔博士是编辑，而由我经管全部工作，但是从现在起完全由我负责。克莱曼有一个出版社，我获得一半所有权。[……]

我们有一个著作家俱乐部，俱乐部成员每天晚上在一家舒适的酒馆①里聚会。您从我们的来往中认识的人如艾希勒、缪格、布尔等，都是这个俱乐部的成员，此外还有里德尔、科内利乌斯、弗兰德、阿瑟·弥勒、卡利埃尔、弗里德里希·赖纳茨、马克思（特利尔人）、科本等人。我们常常畅怀痛饮到深夜。

逐渐形成了一种集中制，《雅典神殿》有了一个良好的立足点。[……]

请您马上回信。

您的

爱·梅因

---

① 正如埃德加尔·鲍威尔告诉他哥哥的那样，"著作家俱乐部在克罗年街的酒馆里"聚会（见《鲍威尔通信集》第130—131页）。

根据原稿（科伦市历史档案馆编号藏件目录第1141号（弥勒，冯·科尼斯温特）第3号）刊印

5. 布鲁诺·鲍威尔致阿尔诺德·卢格

德勒斯顿

1841年8月17日寄自波恩

亲爱的朋友！

我希望在9月下半月到德勒斯顿去见您，告诉您许多因为过于烦琐这里无法写清的事情。我现在只能告诉您一点：这半年来，整个波恩大学真正处于极度的恐惧之中。再加上弗莱舍的文章①到达这里的同时，马克思也来到这里②，——这简直给了所有人以致命的打击。在他们的伟大中表现了卑贱。有人认为马克思是个密使，要来进行最后裁决的。

---

① 摩里茨·弗莱舍：《论莱茵普鲁士福音教派居民的状况和情绪》，载于《德国科学和艺术年鉴》1841年7月3、5—9日第2—7号。这篇文章论述的问题是莱茵省福音教派宗教会议和普鲁士政府之间的分歧。普鲁士政府批驳了该宗教会议通过的教会惩戒条令，这一条令的起草人是波恩大学神学系主任卡尔·亨利希·扎克。弗莱舍既批判了扎克的"无原则的拙劣作品"的正统的中世纪的性质，又批判了普鲁士政府，因为普鲁士政府虽然正确地批驳了宗教会议的教阶制图谋，但是本身却宣布公民不成熟。

② 马克思于1841年7月初从特利尔迁居波恩，以便作为讲师在波恩大学任教。

在客厅里谈论的只是评价问题①，有一次我也在场，他们全都喝得酩酊大醉，面露怒容，费希特终于向我冲来，质问道，弗莱舍说那些话是什么意思。我反问他说，他是否认为我会秘而不宣——假如我看这篇文章的话，我也想知道这一点。为此，大家要记录在案，以便追究他们的责任。[……]

请代向艾希特迈耶尔多多问候

您的
布·鲍威尔
1841年8月17日于波恩

根据《马克思恩格斯全集》国际版第1版
第1部分第1卷1册第259—260页刊印

---

① 见摩里茨·弗莱舍：《论莱茵普鲁士福音教派居民的状况和情绪》，载于1841年7月3日《德国科学和艺术年鉴》第2号。文中谈到波恩大学时写道："看来书刊应该证明，同其他大学相比，至少在目前干预当代利益的活动并不盛行。给人得出的印象是，科学界的代表们过着愉快的生活，部分人住在高楼大厦里，来自哈雷或科尼斯堡或布勒斯劳的教授在这里会感到自己像是教堂里的耗子。不过据说在青年中放荡的行为日益发展，这同大量学生突然一齐消失有密切关系。不过这当然还是很不肯定的证明，必须对波恩大学作出详细的、有充分理由的评价（我们热切地期望作出这种评价），才能说明这一证明的正确程度。"

6. 莫泽斯·赫斯致倍尔托特·奥艾尔巴赫

1841年9月2日寄自科伦

亲爱的奥艾尔巴赫！

[……]认股的事①发展缓慢，但很稳当。布劳恩费尔斯将把到目前为止的结果告诉你。如果在那儿和法兰克福也有一些人认股，那当然很好。不过这桩事业无论如何会像我所希望的那样获得成功，尽管比我们所预料的要晚些。同时我也在物色能干的撰稿人和通讯员。

你会感到高兴，能在这里结识一个人，他尽管住在波恩，不久将在那里任教，但是现在已是我们的朋友了。如果布劳恩费尔斯已经向你谈到某些有关这个人的情况，那么不能小看这件事，因为正如目前这个例子所说明的那样，布劳恩费尔斯对一些人和倾向的判断还不如一个小孩，这些事大大超出了他的眼界。

虽然我也在同一个领域中进行活动，但这是一种给我留下了深刻印象的现象。简言之，你应该准备去结识一位最伟大的哲学家，也许是当今活着的唯一真正的哲学家。这位哲学家一旦崭露头角（在报刊上和讲台上），很快就会把德国人的目光吸引到自己身上。他无论按其思想倾向来说还是按其哲学修养来说，都不仅超过了施特劳斯，而且超过了费尔巴哈，而后面这一点是很说明问题的！如果我在波恩，他讲授逻辑学

---

① 1841年8月，有一批莱茵地区的自由主义者和青年黑格尔分子，其中包括格奥尔格·荣克和莫泽斯·赫斯，呼吁成立一家股份公司，以便创办一家进步报纸。1841年12月成立了莱茵报社，从1842年1月1日起出版了《莱茵政治·商业和工业日报》。

时，我将会成为他的最勤奋的听众。我一直盼望有这样一个人作哲学教师。现在我才感到，在真正的哲学中我是个地道的门外汉。不过耐心点！我现在还能学到些东西！

马克思博士——这是我所崇拜的人的名字——还是个十分年轻的人（至多不过二十四岁左右），他将给中世纪的宗教和政治以致命的打击。他把最深刻的哲学的严肃性同最机敏的智慧结合起来了。设想一下，如果把卢梭、伏尔泰、霍尔巴赫、莱辛、海涅和黑格尔结合为一个人（我说的是结合，不是凑合），那么结果就是一个马克思博士。

你的 赫斯

1841 年 9 月 2 日于科伦

根据《马克思恩格斯全集》国际版第 1 版
第 1 部分第 1 卷 1 册第 260—261 页刊印

7. 阿尔诺德·卢格致阿道夫·施塔尔

1841 年 9 月 8 日寄自德勒斯顿

[……] 我现在的处境很糟糕。普鲁士的所有职员，法特克、沙列尔等人都与《年鉴》① 断绝了关系。[……]

---

① 《德国科学和艺术年鉴》作为《德国科学和艺术哈雷年鉴》的续刊从 1841 年 7 月 2 日到 1843 年 1 月初以日报形式在莱比锡出版，由阿尔诺德·卢格编辑，是青年黑格尔派的政治哲学杂志；随着名称的改变，卢格使这家杂志的方针变得越来越激进，发展到批判自由主义，1843 年 1 月 3 日该杂志被查禁。

事情就是这样。艾希特迈耶尔是一个叛徒①，法特克、沙列尔在向官场生涯方面发展，这是另一种人。

后来来了士瓦本人。他们自己创办了杜宾根《年鉴》②这是一个哲学党派，吉伦特派。这个党派现在还在发展，如果它倒台的话，对我和《年鉴》来说就更麻烦了。因为布鲁诺·鲍威尔（和马克思以及克里斯提安森）和费尔巴哈将会或者已经宣布成立山岳党并且举起无神论和必死论的旗帜。上帝、宗教和灵魂不死论将被废除，而宣告成立哲学共和国，宣告人就是神。你知道，对愚蠢的人来说，对上帝的任何解释，甚至奥桑认为是无神论的亚里士多德的体系和方法，都是无神论。现在由鲍威尔实现了他们长期渴望实现的口号：当警察当局使时机成熟时（而这毕竟是无法阻挠的），《无神论杂志》③（很明确）就会问世，并且将出现一场轰动。[……]

您的朋友
阿·卢格博士

根据《卢格通信集》第239—240页刊印

---

① 泰奥多尔·艾希特迈耶尔于1841年6月23日退出《年鉴》编辑部。

② 《神学年鉴》1842年起在杜宾根出版，由爱德华·泽勒尔编辑。泽勒尔是《哈雷年鉴》的撰稿人，他在1841年8月把他的打算告诉了卢格（见《卢格通信集》第235页）。

③ 见《马列著作编译资料》第12辑第108—111、116—119页。《无神论杂志》没有办成。

8. 格奥尔格·荣克致阿尔诺德·卢格

德勒斯顿

1841年10月18日寄自科伦

尊敬的朋友！

看了您对海尔维格的评论①后，我很高兴我的那篇评论没有写下去，因为我现在觉得我那篇评论实在平庸肤浅、空洞无味。尽管如此我还请您尽快地把那篇东西从邮局寄还给我，因为我想把它修改一下，登在我们的报纸上。我们这家报纸将在1月1日出版②，而原《莱茵总汇报》现在在赫斯的主持下由股东们出钱继续出版到那时为止。③ 我将把新报的广告④同书籍一起寄给您，两合公司发行了面值25塔勒的股票为这家报纸筹集资金，已经认购了11000塔勒，在开始出版前尚不足4000塔勒，我们还希望得到这笔钱。

---

① 阿尔诺德·卢格：《新抒情诗。一个生者的诗。附给死者的献词》1841年苏黎世和温特图尔文学社版，载于1841年9月13—16日《德国科学和艺术年鉴》第63—66号。

② 《莱茵政治、商业和工业日报》是一家日报，1842年1月1日至1843年3月31日在科伦出版；由于莱茵自由资产阶级的支持而创办，是青年黑格尔派的喉舌，在马克思任编辑期间，越来越明确地代表了革命民主主义观点，并发展成为德国最著名的反对派报纸。1843年4月1日起被普鲁士政府查封。

③ 《莱茵报》在法律上是作为《莱茵总汇报》的续刊出版的，《莱茵总汇报》于1840年10月1日至1841年12月8日作为温和的自由派报纸出版。1841年该报发行人放弃了对该报财产的权利，把它交给了莱茵报社的发起人。

④ 《两合公司决定创办一家新报》（广告）1841年8月科伦版。

现在我不能为您承担特定的工作,更确切地说,我只好再次让您等待偶然的机会,因为我这个冬天非常忙。

马克思博士、鲍威尔博士和路·费尔巴哈正联合创办一家神学——哲学杂志,那时所有的天使就可能聚集在老上帝周围,而上帝本身是仁慈的,因为这三个人肯定向他提出诉讼。至少马克思会把基督教称为最不道德的宗教之一,不过他虽然是个完全无所顾忌的革命者,但却是我所认识的头脑最敏锐的人物之一。[……]

祝您健康。

您的最忠诚的
格·荣克
1841 年 10 月 18 日于科伦

根据《马克思恩格斯全集》国际版第 1 版
第 1 部分第 1 卷下册第 261—262 页刊印

9. 格奥尔格·荣克致阿尔诺德·卢格

德勒斯顿

1542 年 11 月 29 日寄自科伦

尊敬的朋友!

如果一切进行顺利的话,我们的报纸将于 12 月 27 日问世。我们正在同一些人进行协商。赫斯可能担任第二编辑,因为他还根本没有干过这事,为了聘请第一编辑,我们已写信给弗洛伦库尔、鲁滕堡博士和布尔,您对此事的看法如何?马格尔博士自愿担任这个职务,有一些人也十分赞成，但是我却很反对他，马克思博士还特别提醒我要提防他。①

您能否在27日前寄给我们一些德勒斯顿、莱比锡等地的通讯稿来，以便我们能顺利地开始出版报纸，在这个基础上我们以后也可以同有关的通讯员联系。不过，董事会（由五个成员组成）有权聘请通讯员，这个董事会由我们这一派的人组成，我们要为此尽力。② 必须给通讯员提出两个条件，对天主教持极端宽容的态度，使用通俗易懂的，但在政治方面含蓄的语言。

您看了论黑格尔的《末日的宣告》一文吗？如果您还不知道，我想告诉您（但是必须严守秘密），这篇文章是鲍威尔和马克思写的，③我看这篇文章时，禁不住开怀大笑。鲍威尔是信教者最危险的敌人，他们大概在提防他。他还在讲课，赫斯最近到波恩去了，并且听了他讲课，他有五十个听众，而且无情地批驳了使拉撒路复活的故事。李斯特

---

① 最初让弗里德里希·李斯特担任《莱茵报》编辑部的领异。他在1841年11月初拒绝了。因此，古斯塔夫·赫弗肯接受了达哥贝尔特·奥本海姆和格奥尔格·荣克的邀请，担任了这个职务。但是赫弗肯由于不愿让青年黑格尔派参加编辑部，在1842年1月18日又辞职。1842年2月3日，阿道夫·鲁腾堡由马克思推荐担任了报纸的主编。

② 莱茵报社于1841年12月通过的章程规定，设一名经理和两名副经理主持《莱茵报》的事务。约瑟夫·恩格尔贝尔特·雷纳尔当选为经理，达哥贝尔特·奥本海姆和格奥尔格·荣克当选为副经理。莫泽斯·赫斯没有获得必要的票数。副经理的任务是任命编辑、物色撰稿人和通讯员，并且确定报纸的政治方向，除经理以外还设一个由新成员组成的董事会。董事会首先同副经理一起确定报纸的政治方向。

③ ［布鲁诺·鲍威尔］：《对黑格尔、无神论者和反基督教者的末日的宣告。最后通牒》1841年莱比锡版。大量的材料证明，这篇文章的作者是布鲁诺·鲍威尔。只有《末日的宣告》的第二部分据说是布鲁诺·鲍威尔和马克思的合著。

答应给我们撰稿。

您的忠实的朋友
格·荣克
1841 年 11 月 29 日于科伦

根据《马克思恩格斯全集》国际版第 1 版
第 1 部分第 1 卷下册第 262 页刊印

10. 布鲁诺·鲍威尔致阿尔诺德·卢格

德勒斯顿

1841 年 12 月 6 日寄自波恩

［……］亲爱的神学家马克思，我的信仰基督的同狱难友，委托我告诉您，他觉得向您致以基督教的问候是一个真正的内心的需要。向所有的教员和圣徒问好，来自莱茵河畔的所有兄弟都向你们问好。向所有在信仰上爱我们的人问好。西塞罗胡说八道。这张王牌。一起抓起来，一起绞死！

别再喝水了，需要喝点酒。它 Ecrasez l'infâme！①

---

① Ecrasez l'infâme（superstition）！（摧毁可耻的［迷信］！）——这是伏尔泰首先在书信中使用的一句名言。大卫·弗里德里希·施特劳斯认为，伏尔泰所说的可耻的东西是指作为迷信和宗教狂热的体现者的基督教教会（不分教派）。

我的同狱难友马克思一直在写反对恶的堡垒的《末日的宣告》①。这篇文章一定写得很仔细。我仅用了十天时间来写反无神论者的抗议书，不过我也打算叙述一些个别的事。关于圣经和历史的著作是一篇也要马上付印的导论。[……]

您的

布·鲍威尔

1841年12月6日于波恩

[……]

根据《马克思恩格斯全集》国际版第1版
第1部分第1卷下册第264页刊印

---

① 布鲁诺·鲍威尔和马克思曾计划合写《末日的宣告》的第二部分。在《末日的宣告》于1842年1月被查禁以后，出版商最初不想出版这部著作，但是后来又决定用别的标题把它作为独立的论文发表。当布鲁诺·鲍威尔在1月底把他所负责的那部分寄出时，马克思拖延了，后来他决定把自己的论文作为独立的文章交给《德国年鉴》发表，最后打算把手稿全部改写，作为论文由《轶文集》发表。但是这个计划他也没有实现。（见《马克思恩格斯全集》第1版第27卷第419—420、422—425、425—427、428—431页。并可参看《马克思恩格斯全集》国际版第1版第1部分第1卷第963—966页。）

11. 布鲁诺·鲍威尔致阿尔诺德·卢格

德勒斯顿

1841年12月24日寄自波恩

亲爱的朋友!

如果问题在于坚持的话,那我一定顽强地挺住,我将寸土不让。不过我认为,不能让警察当局那么便宜地撤退①,他们从《莱比锡报》的最近一些文章②中可能很容易察觉这件事。同时《末日的宣告》的正文现在已脱稿——今天我已经把这篇文章中我负责的那部分写完,马克思还得把他承担的那部分稍微誊清一下——该文第二部分将进一步提出这件事,向人们指出事情非常严重。序言包含从善意的观点出发所作的评

---

① 《莱比锡总汇报》是一家日报,1837年至1843年出版,从1842年起先是自由主义反对派的喉舌,从11月中起越来越坚定地反对普鲁士国家,因此从1843年1月1日起在全普鲁士境内被查禁。(可参看《马克思恩格斯全集》第1版第1卷第186—209页)

② 布鲁诺·鲍威尔:《柏林12月讯》,载于1841年12月10日《莱比锡总汇报》第344号附刊。——《柏林12月14日讯》,载于1841年12月18日《莱比锡总汇报》第352号。1841年9月,普鲁士政府以布鲁诺·鲍威尔在柏林作了一次讲演为口实,不准他继续在波恩大学神学系任教。由于这个措施报刊上爆发了剧烈的争论。柏林的一篇官方文章声称,鲍威尔可以在哲学系,但不能在神学系发表他的观点。前面提到的那两篇通讯是反对把哲学和神学这样分离开来的。广大阶层对普鲁士政府的这一措施所进行的公开批判使鲍威尔能够继续进行教学活动,直到1842年3月被解职为止。

论,将在1月写完,并使所有的人大吃一惊。[……]

您的

布·鲍威尔

1841年12月24日于波恩

根据《马克思恩格斯全集》国际版第1版
第1部分第1卷下册第265页刊印

12. 阿尔诺德·卢格致路德维希·费尔巴哈

布鲁克堡

1841年12月25日寄自德勒斯顿

亲爱的朋友,收到您的来信,我感到非常高兴,主要是因为我发现您对《末日的宣告》持有一种我完全赞同的看法,而作者本人也可能同样持有这种看法,尽管他还不像您那样完全摆脱了黑格尔。① 您完全正确地猜中了作者是布·鲍威尔,虽然这还是一个秘密,但在所有内行人中间却是一个公开的秘密,在我还没有开始读序言之前,我立即就猜

---

① 关于这一点,费尔巴哈在他的发表在1842年2月16日《德国科学和艺术年鉴》第36号上的文章《评〈基督教的本质〉》中写道:"我的宗教哲学决不像非常富有才智而又精力充沛的《末日的宣告》的作者想让人们相信的那样,是对黑格尔宗教哲学的解释,因此,毋宁说,它只是从反对黑格尔宗教哲学的立场中产生出来的,只有从这种反对立场出发才能理解它并对它做出判断。凡是在黑格尔那里具有派生的、主观的、形式的意义的东西,在我这里却具有原初的、客观的、本质的东西的意义。"

到了。[……]

  布·鲍威尔同一位名叫马克思的青年人（他认为这人非常博学多才）根据实证论的整个传播情况正在写一篇彻底批判实证论的文章。他们正在继续合写《末日的宣告》，不过这还是他们两位作者的秘密，这个秘密必须让他们来揭开。[……]

忠实于您的朋友
阿尔诺德·卢格

根据《费尔巴哈通信集》第153．155—156页刊印

（原载《马克思恩格斯年鉴》1978年版第1辑）
（中央编译局马哲组 译）

马克思恩格斯早期活动文献——同时代人之间的书信（1841—1846）摘编（二）[*]

13. 阿尔诺德·卢格致罗伯特·普鲁茨

耶 拿

1842 年 1 月 8 日寄自德勒斯顿

亲爱的朋友：[……] 现在我又在这里了，匆匆向你致以新年的祝贺。不过祝贺是超验的，只有行动才是现实的。因此，倒是应该好好考虑一下，在新的一年的最近一段时间里应该怎么办。诚然，许多事很不顺利。我们的普鲁士朋友，那些当权者专门迫害自己的同胞，而且根本不容分说，便盲目地大发淫威。他们没收了《宣告》、《邦福音教会》[①]——这是布·鲍威尔写的两本值得注意的书，因为这两本书推翻了关于重要的政治存在、关于联邦和黑格尔主义（它们以前是合法的，

---

[*] 本文选自《马列主义研究资料》1983 年第 5 辑。

[①] ［布鲁诺·鲍威尔］：《普鲁士邦福音教会和科学》1840 年莱比锡第二版（也可参看《布鲁诺·鲍威尔致卡尔·马克思（1842 年 1 月 26 日）》，载于《马克思恩格斯全集》国际版第 2 版第 3 部分第 1 卷第 369 页，见《马列著作编译资料》第 14 辑第 138—139 页）。

现在作为非基督教的东西就是非法的了）的幻想。于是人们就想像鸵鸟一样把头藏在丛林里。鲍威尔还没有承认《宣告》是他写的，但是毫无疑问，他会承认的，因为整个这件事有一个哲学上的意图，即用极端坚决的态度来消除对黑格尔主义的温和的和不彻底的解释。这种利益本身有点难于行得通，因为它仍然太拘泥于文字，此外，不像费尔巴哈那样粗俗，其实费尔巴哈是一个新的转折点，而合乎理性的黑格尔主义却仍然被禁锢在黑格尔主义及其"思辨"立场之内。"批评家"们——开辟道路的赫斐斯塔司的儿子们——以某种方法合理地得到了康德，尽管他们不会知道，这就是他们曾预言的东西。对说明的赞同就表明了这一点。在这方面，科本发表在《年鉴》开头那篇评论施洛塞尔的文章是很出色的。① 科本、鲍威尔、马克思（在波恩）、鲍威尔的兄弟、费尔巴哈等人（这一派的人崭露头角的越来越多，当然他们彼此之间又有细微的差别）在暴风雨即将来临的德国天空上写下了"弥尼、弥尼、提客勒、乌法珥新"②。[……]

多多问候！

您的

阿尔诺德·卢格

根据《卢格通信集》第 258、259、260 页刊印

---

① [卡尔·弗里德里希·科本]：《评弗·克·施洛塞尔著〈到法国帝制覆亡为止的十八世纪和十九世纪史〉》，载于《德国科学和艺术年鉴》1842 年 1 月 4—8 日第 2—6 号。

② 语出圣经旧约但以理书第五章，这是在伯沙撒宴会上神灵显圣写下的话，意为：气数已尽，在劫难逃。

14. 阿尔诺德·卢格致路德维希·费尔巴哈

布鲁克堡

1842年2月24日寄自德勒斯顿

亲爱的朋友！您在前一封信中表示担心有人会对哲学使用暴力，这种担心应验了。萨克森的书报检查制度变成了普鲁士王国的书报检查制度。我对您的书的评论、您的《纲要》和布·鲍威尔的所有文章都被删掉了。① 他们实行了普鲁士的有倾向的书报检查制度，对科学干出了各种下流无耻的勾当，因为各种神学告诉他们，这不是科学，只有浪漫主义和基督教才是正确的、优秀的、有德行的倾向。在萨克森，他们的矛头看来只是对准报刊；不过还不想把书籍置于有倾向的监督之下。但是一切都向《年鉴》开火，特别是他们都用手指指着您今年的文章，② 并告诉我，这是要使"一切教会关系和社会关系归于毁灭"。他们就是

---

① 阿尔诺德·卢格：《德国哲学的新转变。评路德维希·费尔巴哈的〈基督教的本质〉（1841年莱比锡由奥托·维干德出版）》；路德维希·费尔巴哈：《关于哲学改革的临时纲要》；布鲁诺·鲍威尔：《神学意识的痛苦和欢乐》；布鲁诺·鲍威尔：《〈不来梅杂志〉关于现代虔诚主义的福音教真相（第一册）》；布鲁诺·鲍威尔：《评泰奥多尔·克利福特的〈基督教义史导论〉》。卢格把这些被书报检查机关删去的文章收在他编的《轶文集》第二卷（见第17封信）。

② 路德维希·费尔巴哈：《对〈神学研究和批判〉（1842年卷第1期）发表的关于我的著作〈基督教的本质〉的评论的说明》，载于《德国科学和艺术年鉴》1842年1月21、22、24—27日第17—22号。路德维希·费尔巴哈：《谈谈对〈基督教的本质〉的评价》，载于《德国科学和艺术年鉴》1842年2月16、17日第39、40号。

这样说的，一字不差。① 这些蠢牛倒学得挺快。凡是柏林的虔诚派教徒当作教条的东西，他们都立即不加考虑地奉为信仰。就好像世界在聪明人那里还不如在这些白痴那里好似的！

必须采取行动，而且要毫不迟延。因此请问您是否同意我将所有被删掉的文章和我自己的一篇评论书报检查暴行的文章在瑞士编印出版，取名为：《哲学轶文集》，费尔巴哈、布·鲍威尔、卢格等人著。② 这样一来，这种阴谋诡计就会真相大白，这也可以给书报检查制度一记响亮的耳光，同时使被删掉的文章更加引起公众的注意。

当然我还需要征得布·鲍威尔的同意，征得其他人，如马克思和弗莱舍这两位勇敢和自由的年轻人的同意。马克思看来尤其是一位难得的人才。[……]

完全属于您的

阿·卢格

1842年2月24日于德勒斯顿

根据《费尔巴哈通信集》第159—160、161页刊印

---

① 《王室萨克森书报检查委员会致阿尔诺德·卢格（1842年2月12日）》，载于《德国现代哲学和政论界轶文集》1843年苏黎世和温特图尔版第1卷第15页："[……]相反，这家杂志在1月份出版的几乎所有各期都证明，它直到现在仍然使用不知天高地厚的语气，奉行一种旨在彻底瓦解一切教会关系和社会关系的方针。"

② 这部两卷本的文集于1843年出版，题为：《德国现代哲学和政论界轶文集》，布鲁诺·鲍威尔、路德维希·费尔巴哈、弗里德里希·科本、卡尔·瑙威尔克、阿尔诺德·卢格等人著，阿尔诺德·卢格编，1843年苏黎世和温特图尔版第1、2卷。

15. 布鲁诺·鲍威尔致阿尔诺德·卢格

哈 雷

1842年3月16日寄自波恩

亲爱的朋友！

［……］马克思在他关于出版的文章①里大概把一切都谈到了。但是守旧的人、久经世故的出版商、法学家、哲学和批判的反对者都是书报检查官，而且事先都能发表评论，这种矛盾简直太厉害了，应该每天都对这些人加以谴责。我们再也不需要《文学报》②了，我们现在有书报检查制度，因此某个维尔斯、尼德尔斯就可以随便砍掉不利于他们的制度的东西。［……］

您的

布·鲍威尔

42年3月16日于波恩

---

① ［卡尔·马克思］：《评普鲁士最近的书报检查令》，载于《德国现代哲学和政论界轶文集》1843年苏黎世和温特图尔版第1卷第56—88页（见《马克思恩格斯全集》第1卷第3—31页）。这篇文章马克思是为《德国年鉴》撰写的。卢格没有把这篇文章提交书报检查机关审查，而是向马克思建议把它收入《轶文集》（见《阿尔诺德·卢格致卡尔·马克思（1842年2月25日）》，载于《马克思恩格斯全集》国际版新版第3部分第1卷第370页，参看《马列著作编译资料》第14辑第140—141页）。

② 《文学报》于1834年至1849年在柏林出版，由普鲁士政府提供资金，1842年初该报激烈攻击《德国年鉴》。

根据照相复制品（苏共中央马列主义研究院中央党务档案馆编号全宗第 171 号目录第 1 号卷宗第 22 号）刊印

16. 布鲁诺·鲍威尔致埃德加尔·鲍威尔

柏　林

1842 年 8 月中寄自波恩

[……]马克思现在又来到这里。① 最近我和他到郊外去了，再次欣赏所有美丽的风景。这次郊游真是痛快极了。我们像往常一样兴致勃勃。在哥特斯堡，我们租了两头驴子，骑着满山飞跑，穿过村庄。波恩人比过去更惊奇地注视着我们。我们欢呼，驴子鸣叫。

布鲁诺

1842 年 8 月中于波恩

根据《鲍威尔通信集》第 192 页刊印

---

① 马克思从 1841 年 12 月底或 1842 年 1 月初至 4 月初住在特利尔他的未婚妻燕妮·冯·威斯特华伦家里。后来，在科伦逗留了几天以后，他大约在 4 月中旬重返波恩。

17. 阿尔诺德·卢格致尤利乌斯·弗吕贝尔

苏黎世

1842年9月3日寄自德勒斯顿

尊敬的先生，可敬的朋友！

现在我决定请您出版《轶文集》。也许它会成为新的反对书报检查的、自由的科学的正式避难所。不过我们把这本书作为书出卖，这样就更容易销售。标题是：《德国现代哲学和政论界轶文集》。布鲁诺·鲍威尔、路德维希·费尔巴哈、弗里德里希·科本、马克思、卡尔·瑙威尔克、阿尔诺德·卢格等人著。阿尔诺德·卢格编。①

目录：

一、书报检查。

1.《关于1839、1841、1842年对〈哈雷年鉴〉和〈德国年鉴〉实行书报检查的情况的证据确凿的说明》

2. 马克思《评普鲁士最近的书报检查令》② n.v.

---

① 这部两卷本的文集于1843年出版，题为：《德国现代哲学和政论界轶文集》，布鲁诺·鲍威尔、路德维希·费尔巴哈、弗里德里希·科本、卡尔·瑙威尔克、阿尔诺德·卢格等人著，阿尔诺德·卢格编，1843年苏黎世和温特图尔版第1、2卷。

② ［卡尔·马克思］：《评普鲁士最近的书报检查令》，载于《德国现代哲学和政论界轶文集》1843年苏黎世和温特图尔版第1卷第56—88页（见《马克思恩格斯全集》第1版第1卷第3—31页）。这篇文章马克思是为《德国年鉴》撰写的。卢格没有把这篇文章提交书报检查机关审查，而是向马克思建议把它收入《轶文集》。（见《阿尔诺德·卢格致卡尔·马克思（1842年2月25日）》，载于《马克思恩格斯全集》国际版新版第3部分第1卷第370页，参看《马列著作编译资料》第14辑第140—141页）

二、出版自由。

1.《〈莱茵报〉论出版自由》① n.z.

2. 阿尔诺德·卢格《出版和自由》n.v.

三、教学自由。

1. 阿尔诺德·卢格《布鲁诺·鲍威尔和教学自由》n.v.

2. 摩·弗莱舍《公元1842年和公元前399年》n.v.

四、政治自由。

1. 弗里德里希·科本《费希特和革命》n.v.

2.《从哪里来,往哪里去,或者说,1840年的普鲁士邦议会》,由卡尔·瑙威尔克(报道并)评论。n.v.

3.《普鲁士国内形势以及对四个问题的分析》,卡尔·瑙威尔克的批判。n.z.

4. 卡尔·瑙威尔克《爱国的普鲁士人,一篇赞同的声明》n.v.

5.《来自普鲁士的对普鲁士人的呼声》,寄自莱茵。n.z.②

6. 鲁滕堡《关于科尼斯堡宪法提案的文献》n.z.

7. 卡尔·瑙威尔克《贵族和时代》

五、自由的科学。

---

① 《〈莱茵报〉论出版自由》,载于《德国现代哲学和政论界轶文集》1843年苏黎世和温特图尔版第1卷第91—92页。这篇文章是卢格对马克思的《关于出版自由和公布等级会议记录的辩论》一文的摘录。(见《阿尔诺德·卢格致卡尔·马克思(1842年7月9日)》,载于《马克思恩格斯全集》国际版新版第3部分第1卷第375页;还可参看《马克思恩格斯全集》国际版新版第1部分第1卷第991—992页,《马列著作编译资料》第14辑第149页)

② 这篇文章的作者是摩里茨·弗莱舍。(见《阿尔诺德·卢格致路德维希·费尔巴哈(1842年3月8日)》,此信存慕尼黑大学图书馆,编号4手稿935b/21)

Ⅰ. 哲学

1. 卢格《德国哲学的新转变》(对费尔巴哈的批判)。n. z.

2. 路德维希·费尔巴哈《关于哲学改革的临时纲要》n. z.

Ⅱ. 神学

3. 《神学意识的痛苦和欢乐》

4. 《评〈不来梅杂志〉》

5. 《评克利福特的〈基督教义史〉》

6. 《评阿蒙的〈耶稣生平〉》

7. 《旧的新约全书》

Ⅲ. 杂录

8. 卢格《当代的历史喜剧》n. z.

9. 《路德是施特劳斯和费尔巴哈的仲裁人》[①]

10. 《〈德国年鉴〉的哲学批判》,寄自柏林。

11. 卢格《基督教日耳曼的中庸》n. z.

12. 摩·弗莱舍《基督教的语文学》n. v.

13. 卡尔·瑙威尔克《评博伦的自传。与〈德国年鉴〉上发表的文本相比较》

---

① [路德维希·费尔巴哈]:《路德是施特劳斯和费尔巴哈的仲裁人》,载于《德国现代哲学和政论界轶文集》1843 年苏黎世和温特图尔版第 2 卷第 206—208 页。这篇文章的作者不是马克思(几十年来一直认为是马克思),而是费尔巴哈。(文章见《马克思恩格斯全集》第 1 版第 1 卷第 32—34 页)

序 言

《轶文集》是由于《德国年鉴》遭到书报检查的困难而产生的。《轶文集》是这种情况的表现,但是它除了这方面的内容以外,同时还具有许多独立的价值;而且我们期望这种价值并不是不重要的。注有 n.v. 的文章是没有提交审查的,注有 n.z. 的文章是不准发表的。

《轶文集》可能有必要出续集,因为不能设想《轶文集》中表现出来的科学方针会使德国书报检查机关感到满意,更不能设想"懒惰的德国人"能立即赢得光荣的出版自由。

出版者

这个文集集进步政党的哲学之大成,深刻而大胆地探讨了目前所涉及的主要问题。书报检查机关会大出其丑。如果不冒立即被没收的危险并拿这许多有才干的人的所有著作去冒险,这本书就不可能在德国出版。因此我又想起您并向您建议:

1. 请您按照黑格尔著作的样式出版《轶文集》,即每页三十三行,用优质的白纸排印。

2. 每印张您付稿酬三个金路易,用普鲁士货币支付(一个金路易合五个帝国塔勒十六格罗申)。

3. 因为此书超过二十印张,所以是否把它分成两册,由您来决定,不过两册必须同时付排。如果您采纳我的建议,请立即先付十印张的稿费共三十个弗里德里希斯多尔,余额等出书后付清。请您把钱寄德勒斯顿我收,邮资免付。一切款项均寄到我的名下。

4. 立即开始付印,书已全部脱稿。

5. 第一版的印数，如您所说，可以定为两千部，请您稍微准备一下。您应寄给我赠书八部，撰稿人每人一部。

6. 价格尽量订得便宜些，可能对事业有利。

7. 第二版要重新另订合同。

阿尔诺德·卢格

我们将按照同样的条件再出续集。我估计书的篇幅为二十五至三十印张。不过我的估计不是很有把握。马克思写的两篇重要文章可能要随后寄来，① 不过我们不能再等了，书一印好，你们就把它全部脱手，先寄往边远地区，最后寄往柏林和德勒斯顿。告密者都隐藏在柏林。一旦此书广泛传播开来，他们将无法干预，只好叫喊吵闹了。[……]

请尽快给我回信。

阿尔诺德·卢格博士

根据原稿（苏黎世中央图书馆弗吕贝尔遗稿）刊印

---

① 马克思当时正在写《论宗教和艺术，特别是基督教的艺术》和《黑格尔法哲学批判》。他没有把这两篇文章寄出。这两篇手稿没保存下来。(见《马克思恩格斯全集》国际版新版第1部分第1卷第963—966页和第1277—1278页）

18. 老弗里德里希·恩格斯致卡尔·威廉·摩里茨·斯涅特拉格

柏 林

1842年10月5日寄自巴门

亲爱的卡尔：

我从恩格耳斯基尔亨回来时看到了您的来信，我曾在那里住了一些时日，我想明天再到那里去。我衷心感谢您给我写信，特别是您告诉了我有关弗里德里希的情况。这对我来说一点也不新奇，我非常了解他从小以来的爱好。尽管他到不来梅以后没再给我写信谈到他的观点，但是我深信他不会持一般的见解。我们决定像您所提议的那样对待他。我将告诉他，仅仅由于他或者说由于他在场，我无论在宗教方面还是在政治方面都既不会改变也不会隐瞒自己的观点；我们仍将完全保持我们以前的生活方式，即使他在场也念圣经，并且读基督教的其他著作。我不会同他争辩，因为这只会使他变得固执并感到愤慨。上天注定他必然要皈依基督教的，我知道得很清楚，在行坚信礼时他曾有过虔诚的激动。我深信，在内心曾经体验到圣经力量的人不会长期与这些枯燥无味的新体系和睦相处。但是，在他必然从他那骄傲的高峰跌落下来并使自己的心屈服于上帝的强有力的手下之前，他也许必须经历一个艰难的历程。但愿主能保佑，让这个日期不致太远，我们要请主开恩！到现在为止很难容忍家里有这样一个儿子，他如同一匹害群之马，对父老们的信仰怀有敌意。不过，我希望能给他适当的工作，不管他在哪里，我都将加倍小心地暗中监视他，使他不致采取危险的步骤。最令人担心的是，恩格斯所热衷的那个流派看来将成为并且几乎已经成为一个普遍占统治地位的

流派。弗里德里希本人也无法预料,这样一种时髦的流派也对他造成了怎样的威胁,我总是发现他很喜欢模仿。[……]

您的忠实的
弗里德里希

弗里德里希从法兰克福寄来的信①刚刚到达,他就在星期日即9日抵达这里。

根据原稿(私人收藏品《德意志联邦共和国》)刊印

19. 莫泽斯·赫斯致倍尔托特·奥艾尔巴赫

美因兹

1842年12月6日于科伦

亲爱的奥艾尔巴赫!

我得告诉你,我的境况有了重大的变化,这种变化会给我带来重大的结果。我准备下星期二动身到巴黎去,从那里(薪金会增加)继续为《莱茵报》校审法文稿件。② 现在《莱茵报》无论在读者还是政府心

---

① 1842年10月5日前恩格斯写给他父亲的书信都没有保存下来。1841年10月1日至1842年9月30日恩格斯作为服役期一年的志愿兵在柏林的近卫炮兵部队中服役。离开柏林以后,他于1842年10月3日在法兰克福(美因河畔)逗留,10月7日在科伦逗留。

② 《莱茵报》创办以后,莫泽斯·赫斯作为编辑负责处理来自法国的稿件。

目中都是一个稳固的阵地。最近我们同政府闹了一场小小的冲突，① 不过现在已经顺利解决，而且我们没有受到任何损失。早在政府要求解雇鲁滕堡之前，马克思就取代了鲁滕堡（此事不要告诉别人）。其次，从柏林给我们派来了一个新的书报检查官②，不过我们认为，这种变化对我们是利多弊少。最后，我们还得提出一位责任编辑报政府批准，此事正在办理。③

订户每天都在增加，最近还有人认购了相当数目的股票。［……］

你的

赫斯

根据《赫斯通信集》第100—101、102页刊印

---

① 1842年11月12日，根据负责普鲁士书报检查机关的大臣的指示，有关当局召见了《莱茵报》责任编辑雷纳德，要求《莱茵报》必须改变它的倾向，必须解除鲁滕堡的编辑职务，而且必须任命一位新的责任编辑，因为雷纳德事实上没有主持该报的工作。（可以参看《卡尔·马克思致尤斯图斯·威廉·爱德华·冯·沙倍尔（1842年11月12和17日之间）》，载于《马克思恩格斯全集》国际版新版第3部分第1卷第33—36页，《马克思恩格斯全集》第1版第40卷第317—321页）

② 与查封报纸的威胁相联系，负责普鲁士书报检查机关的大臣们命令科伦行政区长官根据几个月以前就提出的要求撤换书报检查官多里沙尔。1842年12月3日尤利乌斯·维特豪斯就任了这个职务。

③ 1842年11月21日《莱茵报》的董事们建议伯恩哈特·腊韦担任责任编辑。

20. 罗伯特·普鲁茨致达哥贝尔特·奥本海姆

科 伦

1842年12月8日寄自耶拿

尊敬的朋友，附上几篇为《莱茵报》写的稿件，从中您至少可以看出我对这家卓越的报纸的忠诚。因此，如果这些稿子马上（即在年内）能够登出来的话，我将感到高兴。①［……］

您好吗？生活如何？在政府打算对《莱茵报》采取的措施中有哪些是正确的，哪些是过分的？您本来应该辞退鲁滕堡；马克思是否真的已接替了鲁滕堡？对此我表示衷心的祝贺，因为马克思在同我一次短暂的会晤中给我留下的印象是他具有卓越的才干。请代我向他以及荣克、赫斯先生等人衷心地问候。［……］

您的友好的最忠实的
罗·埃·普鲁茨

**根据原稿（科伦市历史档案馆藏件目录
第1085号《〈莱茵报〉第37号》）刊印**

---

① 罗伯特·普鲁茨《公道》，载于1842年12月11日《莱茵报》第345号；罗伯特·普鲁茨《又一首春之歌》，载于1842年12月25日《莱茵报》第359号；罗伯特·普鲁茨《胡登》，载于1843年1月1日《莱茵报》第1号。

21. 阿尔诺德·卢格致格奥尔格·海尔维格

苏黎世

1842年12月13日寄自德勒斯顿

亲爱的朋友：

［……］马克思在29日报上发表的一篇通讯中利用了您的来信①，这篇通讯对双方都产生了很大的影响，梅因先生造成了"自由人"同报纸的正式决裂②。可是，我不相信"自由人"没有报纸能够生活下去；但愿他们能有所转变。［……］

您的

阿·卢格

---

① 《海尔维格和卢格同自由人的关系》，载于《莱茵报》1842年11月29日第333号（《马克思恩格斯全集》国际版新版第1部分第1卷第371—372页）。也可参看《格奥尔格·海尔维格致〈莱茵报〉编辑部》，载于《马克思恩格斯全集》国际版新版第3部分第1卷第379页，参看《马列著作编译资料》第14辑第155—156页。

② 参看《卡尔·马克思致阿尔诺德·卢格（1842年11月30日）》，载于《马克思恩格斯全集》第1版第27卷第434—437页；《阿尔诺德·卢格致卡尔·马克思（1842年12月4日）》，载于《马克思恩格斯全集》国际版新版第3部分第1卷第381—383页；《阿尔诺德·卢格致卡尔·马克思（1842年12月6日）》，载于《马克思恩格斯全集》国际版新版第3部分第1卷第384页；《阿尔诺德·卢格致卡尔·马克思》（1842年12月10日），载于《马克思恩格斯全集》国际版新版第3部分第1卷第385页；《布鲁诺·鲍威尔致卡尔·马克思（1842年12月13日）》，载于《马克思恩格斯全集》国际版新版第3部分第1卷第386—387页，均参看《马列著作编译资料》第17辑第81—89页。

根据原稿（苏共中央马列主义研究院中央党务档案馆编号全宗第172号卷宗第38号）刊印

22. 摩里茨·弗莱舍致达哥贝尔特·奥本海姆

科 伦

1842年12月26日寄自克列维

[……]我们在柏林的记者处境相当不妙；自从摆脱了"自由人"以后①，我们感到相当孤寂。前者是好事，而后者则很糟。现在《莱比锡报》开始受人重视了，它在柏林销路很好，而大家都希望了解一点柏林的情况。既然科本都愿意干，难道瑙尔威克就不能写通讯吗？卢格也在抱怨，说现在柏林的消息太少了。当然，书报检查机构也可能是个障碍。总的说来，对这些撰稿人进行一次大筛选是完全必要的，但是，我认为，要寻找更为干练的撰稿人是困难的。为什么马克思不再撰稿了呢？②

---

① 在第一次发表（在《关于1830—1850年政治运动史的莱茵书信和文件》第1卷1919年版第397页）时，错误地把格奥尔格·荣克当作收信人。但是在保留下来的信封上注明是"陪审官奥本海姆先生收"。

② 1842年11月初，马克思更换了在此以前使用的通讯代号，并于11月和12月间用变换不定的代号写了不少文章。（参看《马克思恩格斯全集》国际版新版第1部分第1卷第251—277页）

请向各位先生们亲切致意。然而,请您转告马克思,卢格给我来信说他的评论①来得太晚了,《轶文集》也许即将编排就绪。

致以衷心问候!

您的

摩·弗莱舍

根据原稿(科伦市历史档案馆藏件目录第1085号《莱茵报》第13号)刊印

(原载《马克思恩格斯年鉴》1978年版第1辑)

(中央编译局马哲组 译)

---

① 马克思的评论没有保存下来。他可能寄去了一篇有关自己的《评普鲁士最近的书报检查令》一文的评论或为《德国现代哲学和政论界轶文集》写的一篇短评。

马克思恩格斯早期活动文献——同时代人之间的书信（1843年2—10月）摘编（三）*

23. 阿尔诺德·卢格致路德维希·卢格

1843年2月3日①寄自弗赖贝格

亲爱的路德维希：

[……]马克思有关查封《莱茵报》的知照②已先行悉知。这样一来又有相当一批人员赋闲，而且现在很清楚，《通报》③容纳不了这批

---

* 本文选自《马列主义研究资料》1983年第6辑。

① 这封信在《卢格通信集》中注明的日期是1843年1月3日。根据马克思1月25日写的信以及卢格2月1日的复信证实，该信显然写于1843年2月3日。

② 1843年1月20日普鲁士政府负责书报检查的三位大臣命令《莱茵报》自1843年3月31日起停刊。1月24日《莱茵报》的出版负责人接到了查禁令。（见1843年1月25日马克思致阿尔诺德·卢格的信，载于《马克思恩格斯全集》第1版第27卷第438—440页）

③ 《来自瑞士的德意志通报》——1842年1月5日至10月1日在苏黎世每周出版两次，由卡尔·弗吕贝尔和尤利乌斯·弗吕贝尔负责编辑出版，该报代表激进倾向。在该报最后一期上，格奥尔格·海尔维格宣称，该报将改为月刊，由他继续编辑出版。1843年1月25日马克思主动提出愿意同海尔维格一起编辑《德意志通报》。而卢格则建议在瑞士继续办《德国年鉴》。1842年12月，普鲁士国王先期禁止在将普鲁士各邦发售《德意志通报》。1843年3月初，由于海尔维格被驱逐出苏黎世，该刊物停止出版。

人；再说，要想把握住方向就需要哲学。马克思是一个超群出众的人，此外，为了自己的将来，而且是不久的将来，他将受到磨难。因此，同他一起把《年鉴》继续办下去是不言而喻的事情。所有的人都愿意把《年鉴》继续办下去：只懂得神学的士瓦本人①、那位……比德曼，甚至还有那些美文学家们，《通报》还不计算在内，因为它确实会以某种方式使《年鉴》继续办下去。维干德本人不愿随便失去荣誉，要保持它的高度，所以请求我同马克思一起在瑞士——我们可以派他到那里去——视环境的要求把《年鉴》改变一下，继续办下去。我已向征询过我意见的马克思提出了建议②，过几个星期我们将提出一份新的计划，详述一切；因为毫无疑问，他会表示赞同的。[……]

你的

阿尔诺德

根据《卢格通信集》第 295、296 页刊印

---

① 《现代年鉴》——周刊，1843 年 7 月至 1848 年由神学家阿尔伯特·施维格勒在斯图加特和杜宾根编辑出版。1843 年 4 月 21 日，卢格写信给普鲁茨称："士瓦本人给艾希特迈耶尔寄去了他们的计划和一封亲切友好的信，信由维舍尔执笔，施特劳斯写姓名地址，施维格勒加封。据艾希特迈耶尔说，那份计划完全是我们的意见。"(《卢格通信集》第 306 页)

② 参看 1843 年 2 月 1 日阿尔诺德·卢格致马克思的信，载于《马克思恩格斯全集》国际版第 2 版第 3 部分第 1 卷第 389—391 页。——马克思的复信没有保存下来。该信的内容参看 1843 年 2 月 18 日卢格致马克思的信，载于《马克思恩格斯全集》国际版第 2 版第 3 部分第 1 卷第 393—394 页。

24. 阿尔诺德·卢格致摩里茨·弗莱舍

克列维

1843年2月17日寄自德勒斯顿

亲爱而尊敬的朋友:

[……] 然而,您一定关心目前事情将怎样继续下去。首先,《年鉴》在萨克森继续办下去,而且在反动当局书报检查机关的监视下办下去,就成为一个不完善的东西。因此,不管怎样,不管省议会为我们斡旋成败如何①,我们现在就得完全另谋出路并且一定要立即获得出版自由。这也是应该做的。我们将在国外使《年鉴》面目一新并且集中力量使《年鉴》付印。为此我和动身前往科伦的马克思已联合一致。反正马克思办《年鉴》要比办报更适合;而且我认为,我们要以周刊或者月刊的形式继续出版《年鉴》。届时,我们将在没有书报检查机关监视的情况下写作,我们愿意向那些虔诚派先生们表明:我们在拥有自由刊物的同时,会比那份被书报检查弄得维持不下去的刊物遵守严格得多的要求言行得当和讲究礼仪的法规(不过我们对重大事件的披露是不会放过的)。我希望,我们将取得重大成果,我们能够变得更加干练、更

---

① 参看阿尔诺德·卢格和奥托·维干德:《致萨克森议会第二议院。对内务部决定并于1843年1月3日查封〈德国科学和艺术年鉴〉一事的申诉书》,1843年不伦瑞克版。卢格和维干德在1843年2月2日递交第二议院的申诉书中反对查禁《德国年鉴》并请求取消这一禁令。第二议院常务委员会早在2月就向全体大会提出动议,请萨克森邦政府准许《德国年鉴》在书报检查机关的严密监视下继续存在。1843年5月9日第二议院否决了该委员会的动议。

孚众望。[……]

您的朋友
阿·卢格

根据《卢格通信集》第 297—298 页刊印

25. 威廉·冯·圣保罗致毕特尔

柏　林

1843 年 3 月 2 日寄自科伦

附上的这份《曼海姆晚报》提供了有关《莱茵报》现任工作人员的情报①。马克思博士当然是这里的学理方面的中心,是该报各种理论的

---

① 《曼海姆晚报》——日报,1842—1849 年出版,由卡尔·格律恩创办,在卡尔·格律恩和卡尔·路德维希·贝尔奈斯的领导下奉行民主主义的观点。科伦 2 月 25 日消息。读者……载于 1843 年 2 月 28 日《曼海姆晚报》第 49 号:"《莱茵报》的现任工作人员如下:1)一位责任编辑,2)两位发行负责人,3)董事会,4)编辑部。[……]5)编辑部由马克思、腊韦和赫斯等三位博士负责;马克思博士是真正的编辑,腊韦博士负责译述;赫斯博士则从巴黎的角度编辑法文稿件,大家都知道,他是《三头政治》的作者。马克思博士也许是对该报起决定作用的编辑,他是布鲁诺·鲍威尔的朋友,马克思先前在波恩的时候曾打算同鲍威尔一起编辑出版一种哲学神学刊物,据说刊物站在鲍威尔的福音书批判的立场上,刊物名称为《无神论文库》。马克思还在就任编辑职务之前,就提供了稿源:关于第六届莱茵省议会的若干文章,一篇论'出版自由'的文章,另一篇是关于'林木盗窃法'的文章。读过这些长篇文章的读者还记得那敏锐透彻的理解力,那确实令人赞叹的辩

（续前注）证法，可以说作者就借助于这些钻进了议员们的空论中，然后从内里摧毁这些空论，通过这种以破坏为乐事的高超技能表现出来的批判的理智是不多见的，它从不明显地流露出自己对所谓肯定的东西的仇恨，它把肯定的东西紧束在自己的罗网中加以消灭。而国民经济学家，特别是森林问题专家们却（即使是持极端自由主义的观点）坚持说，那篇关于林木盗窃的文章对有关情况和法律缺乏足够的知识与尊重，而且不可能单纯按照抽象的理性把一切突然重新编造出来，等等。反对《奥格斯堡报》和《科伦日报》的论战无论如何是由马克思领导的，他的全部辩证方式，他的结论，他对任意行事的鄙夷，都极其明显地表现在论战中。可以肯定地说，马克思是《莱茵报》的真正的论战家，如果有人把报刊的论战，特别是把绝大部分论战文章都算在他的名下，那也并不冤枉他。据传，《摩塞尔记者的辩护》这篇著名的文章——文章是冯·沙培尔先生挑起来的，而且正值报纸将遭到查禁之际，中途就被禁止发表——是出自他的手笔。当然，在需要谨慎行事的时候我们是不敢坚持这样说的，免得又被迫收回这些话；然而，情况表明，来自摩塞尔河畔的马克思就出生于特利尔，因而他能够研究这个题目并且掌握了他的论断所必需的证明材料。无论如何，上述《辩护》已同读者见面，它显示出超群的智慧，而且充分显示出一定的讲究策略的才能；它善于先撇开事实，把讨论引导到一般的基本思想上来，然后再进一步突出那些引人注目的很少的几件事实，特别是突出向前王储请愿和请愿结果这件事。在反驳《奥格斯堡报》上一篇似乎是半官方性质的关于等级委员会的文章中，这种策略艺术也十分明显地表现出来，因为作者反驳时采取了极其机敏的——我甚至要说是诡诈的外文手法，而且在讨论国家机构的时候向对方示意首先不是反对国家机构本身，而是向对方有关这些机构的意见进攻。选用这种半外交或全外交的形式的作者也就是采用另一些大胆的、尖刻而辛辣的形式的作者，这当然便显示出特殊的天赋和罕见的多方面的才能。在真正的老报纸，特别是《奥格斯堡报》上滔滔不绝地谈起青年人的火气，办报中的无所顾忌，才华过人的论战，也许指的就是编辑马克思。最后，还传说，马克思博士将同卢格博士用另一个名称把《德国年鉴》继续办下去。至少，卢格在这里找到了一个同志全心全意地协助他把他最近竖立的旗帜举起来。如何同联邦各邦打交道，这些先生自己应当最清楚。"

活的源泉。我认识他,他对于已成为自己信念的观点是至死不渝的;他已决定离开普鲁士,而且在目前情况下,决定同《莱茵报》断绝任何联系;眼下他正前往特利尔迎娶新娘①,据我了解,她是冯·威斯特华伦小姐,当地枢密顾问的女儿。腊韦博士观点温和,他指摘报纸的激进主义,但可惜他秉性软弱,因此,要主管编辑部是完全不能胜任的。奥本海姆,根据我最近听到的有关他的情况来看,说不定有可能继续担任出版负责人。此人无足轻重,并不直接参与报纸的政论工作,对他的影响和他的参与,我的估计过高了。莱纳德纯粹是个生意人。

由于马克思的离去,不言而喻,物色一位新编辑就势在必行了。[……]

根据《莱茵书信和 1830—1850 年政治
运动史案卷》第 472—473 页刊印

26. 阿尔诺德·卢格致尤利乌斯·弗吕贝尔

苏黎世

1843 年 3 月 8 日寄自德勒斯顿

尊敬的朋友:

[……]我们继续出版《年鉴》的计划还要推迟。大臣做了让步,这也许使《年鉴》有可能以二十印张的篇幅作为季刊在莱比锡继续出版②。因此,

---

① 参看 1843 年 3 月初燕妮·冯·威斯特华伦致马克思的信,见《马克思恩格斯全集》第 1 版第 40 卷第 903—906 页。
② 萨克森邦政府内务和警察大臣爱德华·哥特洛布·冯·诺斯提茨-延肯多夫向第二议院提交了一项法律草案,按照这个草案,超过二十印张的印刷品可免于书报检查。1843 年 4 月初,第二议院批准了这项法律草案。

在这种情况下,我们必须耐心等待,尽管我认为,很快会重新施展没收刊物的卑劣惯技。目前正在科伦的马克思有过参与原计划的打算。但愿改变地点不至于成为障碍。

我们什么时候会看到《通报》?海尔维格的编辑工作进行得怎么样了?反正我还要亲自给他和巴枯宁写几句话。前一封信的复信大概又要和这封信错过了。

完全属于您的
阿·卢格

根据原稿(苏黎世中央图书馆弗吕贝尔遗稿)刊印

27. 威廉·冯·圣保罗致毕特尔

柏 林

1843年3月9—10日寄自科伦

[……]就在最近,我以私人身份结识了这里报纸的主要工作人员,特别是其中影响最大的马克思博士。我对了解他的哲学和政治观点抱有极大的兴趣。我们曾多次详谈,谈话的结果容后详细呈报,因为这些谈话可以使人了解当今思想运动中的各种人士和流派。马克思博士的观点确实是建立在一个深邃的思辨谬误基础上的,而我也确实力图就他自己那个领域向他指出这一点;马克思确实坚信自己意见的真理性,而对《莱茵报》的撰稿人(就我所认识的来说),你可以把其他一切归咎于他们,唯独不能把无主见归咎于他们。假如报纸继续出版,当然这只不过又多了一层理由来把他们排除于发挥直接的和指导性的影响之外。

[……]

根据《马克思恩格斯全集》国际版
第1版第1部分第1卷下册第151
页刊印

28. 威廉·冯·圣保罗致毕特尔

柏　林

1843年3月18日寄自科伦

附上的五篇文章是昨天同时向我呈交的用于副刊的文章。——今天形势完全变了。整个报纸的精神领导者马克思博士昨天终于退出了编辑部。接任编辑职务的是奥本海姆，一个极其温和而又无足轻重的人物。他就任时热切希望能把该报办下去（因为他一向希望该报不要停刊①），希望能主持该报。我对这种情况感到十分高兴，今天我用于书报检查工作的时间几乎不到先前所用时间的四分之一。——我还是愿意利用邮寄的办法。

圣保罗

---

① 达哥贝尔特·奥本海姆和卡尔·弗里德里希·施土克在普鲁士国王不予接见以后，拟就《莱茵报社股东要求〈莱茵报〉继续出版的请愿书及备忘录》（《马克思恩格斯全集》国际版第2版第1部分第1卷第423—433页）并于1843年3月2日递交王国的民政厅。1843年2月26日，内务大臣和宗教事务大臣答应他们，要仔细审查备忘录提出的异议。1843年3月14日奥本海姆回到了科伦，幻想通过调查能够导致取消禁令。

根据原稿（梅泽堡中央国家档案馆，内务部，索引77，书名11，特别文献，注册第33号第3卷第22页）刊印

29. 毕特尔致阿道夫·亨利希·冯·阿尔宁－博伊岑堡

柏　林

1843年3月20日寄自柏林

谨此禀报：

按照马克思博士在昨天《莱茵报》上发表的声明，他是"因现行书报检查制度的关系"而退出该报编辑部的①。从圣保罗附来的短简②来看，这对减轻书报检查工作立即产生了很大的影响。但愿在科伦可能出现某种完全脱离激进倾向的新报纸。马克思博士的极端民主的观点同普鲁士国家的原则是完全矛盾的。据说他有意移居国外，这倒不会有什么损失。

毕特尔

根据原稿（梅泽堡中央国家档案馆，内务部，索引77，书名11，特别文

---

① 卡尔·马克思《声明》，载于1843年3月18日《莱茵报》第77号。（《马克思恩格斯全集》第1版第1卷第244页）

② 参看第28封信。

献，注册第 33 号第 3 卷第 8 页）
刊印

30. 威廉·冯·圣保罗致毕特尔

柏 林

1843 年 3 月 21 日寄自科伦

[……] 马克思博士昨天顺便告诉我，他就是为答复冯·沙培尔总督的要求而发表的摩塞尔记者的辩护①一文的作者。在他去职以后，科伦这里事实上已经再也没有一个人物能够维持报纸先前那种令人憎恶的尊严并且强有力地代表报纸的政治倾向了。海因岑、荣克、律师迈尔、梅维森等人虽说文笔异常锋利，但是他们的意见缺乏科学的核心，他们只是在某些方面占有了卢格——鲍威尔——马克思的学理的实际结论，他们不过是本能的激进派。[……]

根据原稿（梅泽堡中央国家档案馆，内务部，索引 77，书名 11，特别文献，注册第 33 号第 3 卷第 126—127 页）刊印

---

① [卡尔·马克思]：1《摩塞尔记者的辩护》，载于《莱茵报》1843 年 1 月 15 日和 17—20 日第 15 和 17—20 号。(《马克思恩格斯全集》第 1 版第 1 卷第 210—243 页）

31. 欧根·胡恩致达哥贝尔特·奥本海姆

科 伦

1843 年 4 月 20 日寄自曼海姆

很久以来我就希望在国外使《莱茵报》从横死中复活，现在对我来说，这种期望显得越来越渺茫了。因此，我决定给《莱茵报》提供一个同它相称的后继者。就是说，我将在海得尔堡——我觉得那里的条件似乎有利于办报——自 7 月 1 日起出版对开报纸《莱茵总汇报》①的，报纸改用这样一个虽有变化却又似曾相识的名称，在普鲁士境内肯定是通得过的。[……]

《莱茵总汇报》在细节上要和《莱茵报》有所区别，这是不可避免的。然而区别首先在于，《莱茵总汇报》应当表现得更严肃认真、保持尽可能有的尊严和采用英国人特有的细腻机敏的策略，而绝不应当使事情发展到十分尖锐的地步，当然同时也必须严格避免个人因素。我将请求在海得尔堡另派一名书报检查官，这件事肯定会得到同意，而且只要用语温和适度，对这里出的报纸是不会设置重重障碍的。我已经得到了许可。应该特别详尽地评述普鲁士的现状，不用说，前《莱茵报》的通讯员可能愿意助我一臂之力，只要我能争取到他们为我的报纸撰稿。

写这封信的目的就是要办这件事。就是说，我想恳请您一件事：您是否愿意同最主要的撰稿人商谈一下为我的报纸撰稿？可能这太麻烦您了，那么如果能尽快告诉我为此还应同什么人取得联系，我也会感到不

---

① 该报没有出版。

胜欣慰的。我情愿支付和《莱茵报》同样多的稿酬,并且向您保证严守秘密。您要是能把这些人的条件告诉我,我将十分感激您。然而请您即速复信,因为至迟须在五周之内将一切准备就绪,而且报纸应该在创刊之初便开宗明义。根据爪子可以辨认狮子!

马克思博士先生那方面如果也能寄来通讯稿,我是很欢迎的,通讯稿件一般来自科伦、柏林、波兹南、布勒斯劳、科尼斯堡、维也纳等地。[……]

根据原稿(科伦市历史档案馆藏件目录
第1085号《〈莱茵报〉》第23号)刊印

32. 阿尔诺德·卢格致路德维希·费尔巴哈

布鲁克贝尔格

1843年5月16日寄自德勒斯顿

亲爱的朋友:

这次只有两句话。马克思已从科伦来到这里①。您知道,他曾主编过《莱茵报》。我们打算同来拜访您几天,大约在25—26日或者在27日到您府上。我们在这里只是等待那位书商,准备同他商定在自由出版

---

① 马克思1843年5月10—24日在德勒斯顿阿尔诺德·卢格家小住。1843年5月3日卢格给他兄弟路德维希写信说:"弗吕贝尔和马克思博士将于日内前来。我想同马克思共同出版激进的评论性刊物。我们打算考虑如何办报。"(《卢格通信集》第307页)

的情况下使《年鉴》复刊。① 详情面谈。[……]

能与您相会,我们深感快慰!

完全属于您的
阿·卢格

根据原稿(慕尼黑大学图书馆编号藏件4手稿935b/65.27.)刊印

33. 阿尔诺德·卢格致路德维希·费尔巴哈

布鲁克贝尔格

1843年5月24日寄自德勒斯顿

亲爱的朋友,我到您那里去的行期,还得延缓几个星期。马克思由于将于3日②结婚③,因此,他必须选择最短和最快的路程回家(克罗茨纳赫),以免耽误。我们打算早些动身,乍看起来我们取道安斯巴赫

---

① 1843年3月3日,马克思建议出版《德法年鉴》;当马克思5月10—24日在德勒斯顿逗留期间,他和卢格就杂志的宗旨和任务最终取得一致意见。编者是阿尔诺德·卢格和卡尔·马克思,出版者是尤利乌斯·弗吕贝尔。但1844年2月在巴黎只出版了一期合刊号。在这期杂志出刊的同时,弗吕贝尔却拒绝继续出版该杂志。卢格、马克思和海涅为寻找新的出版商和资助者而付出的努力也遭到失败。卢格本人已经不愿意单独资助杂志的出版。马克思与卢格之间的原则性意见分歧导致《德法年鉴》最终停刊。

② 可能《费尔巴哈书信集》的注释有误(参看书信第34号)。

③ 1843年6月19日马克思和燕妮·冯·威斯特华伦在克罗茨纳赫结婚。

343

或者法兰克福，远近都一样。这倒是不错的，可是接下去的旅程就大不相同了：一条路线需时五天，而另一条只需三天。但是弗吕贝尔误了我们及早启程。为了刊物的事，我们必须同他谈判，而他尚未抵达。由于还要同弗吕贝尔会见，马克思眼下除了留下来等候到最后的期限，然后取道最近的路程回家而外，别无他法。①但是我无论如何也要前去拜访您，而且由于刊物的计划问题，我得去一趟巴黎②。我同弗吕贝尔约定的时间是七月份。我们打算在莱茵河畔相会，而且我有兴致劝他沿莱茵河而下，先到克罗茨纳赫会见马克思，然后经由布鲁塞尔赴巴黎。也许那时我们可以用某种方式同行一段路程。如果届时您还在布鲁克贝尔格，那我无论如何也要取道那里的。就是说，即便我不能陪同马克思去见您，出于节约的考虑，我会把两次旅行——去您那里和去巴黎——合而为一。如果由于您的旅行计划而无法实现，我就遵照您的意思进行安排。我们想在七月初外出旅行。宜人的气候最长总在六周左右，而现在是黄金季节，我不愿打扰您的任何一项计划。因此［假如？］您有什么打算，请告我。我们想在国外完全自由地印行刊物并一扫旧《年鉴》具有的那些平庸、繁琐、审慎等不适用的东西，为此，［我们］将同几位最著名的法国人——勒鲁、蒲鲁东、路·勃朗，或许还有拉马丁（也

---

① 马克思于1843年5月24日离开德勒斯顿。弗吕贝尔于5月31日到达德勒斯顿（参看1843年6月4日阿尔诺德·卢格致马克思的信，载于《马克思恩格斯全集》国际版第1版第3部分第1卷第406页）。

② 1843年7月19日，卢格启程赴巴黎。7月22日在费尔巴哈家中逗留，7月25日在克罗茨纳赫马克思那里停留。然后前往科伦，在那里遇见了弗吕贝尔和赫斯，并同后者一起取道布鲁塞尔去巴黎。1843年8月9日至10月初他在巴黎逗留并同维克多·孔西得朗、卡贝、泰奥多尔·德萨米、阿尔丰斯·德·拉马丁、费里希德·罗伯特·拉梅耐、路易·勃朗、比埃尔·勒鲁、乔治·桑和弗洛拉·特莉斯坦等人面谈。普鲁东在那几个星期不在巴黎。同法国作家的直接合作没有实现。

许不包括或不需要拉梅耐和科默南）——合办这个刊物，从而他们可以立即同我们（每个人都懂法语）一起撰稿并且携手组织某种形式的编辑部。那时，我们将同他们一起公布刊物的名称和计划。这样通过这个行动便突然展现出两个民族的精神联盟。如果您也同时在创刊号上发表一点东西，那就是您对这一计划的大力支持。正如施特劳斯曾为旧《年鉴》的创刊写过文章一样，您也该为新《年鉴》的创刊撰写文章①。您久负盛名、深孚众望，再说，您早就提出过法德联盟的主张②。请您考虑写一篇适宜的文章。写什么都可以；当然，最好由您写一篇宣言，一方面反对德国人（自宗教改革以来或当前他们整个生活中）的思辨推理和神学态度，另一方面赞许自从这种抽象思维变成他们的精神负担以来，他们同法国的接近。——然而，我不想对您提出任何建议；只是在一般情况下，您必定会同意这个计划，而这一点我是深信不疑的③；那时，会激励您去从事任何工作。我们打算10月1日就着手干起来。我

---

① 大卫·施特劳斯：《茹斯坦·凯尔纳》，载于《德国科学和艺术哈雷年鉴》1838年1月1—5日和8日第1—5、7号。

② 费尔巴哈在《关于哲学改革的临时纲要》中，论证了法德科学联盟的必要性，《纲要》写于1842年1月并在1843年2月发表于《德国现代哲学和政论界轶文集》。——见1843年10月3日马克思致路德维希·费尔巴哈的信，载于《马克思恩格斯全集》第1版第27卷第443—446页。

③ 1843年6月2日，路德维希·费尔巴哈对出版《德法年鉴》的计划表示赞成，然而他在6月20日又改变了自己的看法。他不是反对这个打算本身，但他认为，从实践的观点出发，"尤其是现在，它是站不住脚的"。对他来说，同法国人的联合过分惹人注目，因此达不到联合的目的。通过同法国人的联盟，既得不到理性的根据，也得不到信念的根据。（参看1843年6月2日费尔巴哈致卢格的信，载于《卢格通信集》第309页。——1843年6月20日费尔巴哈致卢格的信，载于《费尔巴哈通信集》第175—176页）

希望您能同去巴黎。弗吕贝尔将携带夫人一同前往。因此，我们这两个暂时过独身生活的人也许日子会过得既比较省钱又比较惬意。

我们对刊物计划是保密的。要是人们事先把事情公布出去，那就不可能出现因刊物突然问世而引起的轰动，这未免可惜了。对您怀着极为友好情谊的马克思，因我们的计划屡经挫折而深感遗憾，所以他非常希望在克罗茨纳赫见到您。对您在厄兰根的兄弟①的去世，马克思及其未婚妻的心情同我和我夫人的心情几乎是一样的。

致衷心的问候！

您的朋友
阿·卢格

根据《费尔巴哈通信集》第172—174页刊印

34. 阿尔诺德·卢格致尤利乌斯·弗吕贝尔

柏　林

1843年5月28日寄自德勒斯顿

亲爱的朋友，得悉您在柏林的音信，很高兴，并已决定与普鲁茨一同前往；但是我由于患感冒发烧，体力不支，不知能否成行。

同时，使我感到不安的是，我们目前并未取得重大进展，还要让您赶到这里来。就我对您的了解，如果您不便前来，有关稿酬等项的详细合同也不是什么急事，留待我们去巴黎的旅途中商议也无不可。

如果这件事使您很为难，那就这样办好了：我们在七月同去巴黎旅

---

① 爱德华·奥古斯特·费尔巴哈，死于1843年4月25日。

行并且在您所确定的日期于斯特拉斯堡或美因兹会面。如果我们途经科伦和布鲁塞尔,据说那是最舒适的旅游,我们可以到克罗茨纳赫去拜访马克思。他和他的夫人(他将于30日结婚)很希望我们去。克罗茨纳赫毗邻宾根,由于从莱茵河水路前往很便利,我无论如何会绕道一游的。但是,对您而且也是对最后确定我们的计划来说,要是我们在回程中先一起去拜访马克思,也许是最合适的。他已于24日离开这里。我们急切地等候您前来,因为我们想一起去拜访费尔巴哈,而现在,由于马克思婚期已定,时间太短促了。

此外,马克思已同意我们的协议,但是他只能住在斯特拉斯堡,因为巴黎的用度对他来说过于昂贵,而且他也担心,住在巴黎会大大减少同德国人的联系①。[……]

完全属于您的

阿·卢格

---

① 尤利乌斯·弗吕贝尔在1843年4月间已经声明要出版《德法年鉴》。5月底,他期望筹措一笔较大的经营资金在法国开设一家书店,按照卢格的建议,这笔钱要用发行每股50帝国塔勒的股票1000股的办法来筹措(参看1843年6月4日阿尔诺德·卢格致马克思的信,载于《马克思恩格斯全集》国际版第2版第3部分第1卷第406—407页)。1843年8月11日和18日期间,弗吕贝尔建议,在斯特拉斯堡开设一家书店,所有者为弗吕贝尔、卢格和马克思。马克思的份额通过认购股份来解决,这件事首先要争取前莱茵报社的股东的赞助。1843年9月20日左右,弗吕贝尔到达巴黎,并和卢格共同决定在巴黎开设书店。马克思接着也表示同意,并于1843年10月3日以后不久启程赴巴黎。他于10月11日或12日抵达巴黎。(参看1843年9月22日阿尔诺德·卢格致马克思的信,载于《马克思恩格斯全集》国际版第2版第3部分第1卷第412页。——1843年10月3日马克思致路德维希·费尔巴哈的信,载于《马克思恩格斯全集》第1版第27卷第443—446页)

根据原稿（苏黎世中央图书馆
弗吕贝尔遗稿）刊印

35. 阿尔诺德·卢格致摩里茨·弗莱舍

克列维

1843年6月18日寄自德勒斯顿

亲爱的挚友：

［……］如果马克思写信①给您，说我大概已被表决和辩论"征服了"，那么对这句话切不可理解为：好像我是站在遥远的地方期待完全通过申诉的办法来获得一种有利的和积极的结果。我并不打算恢复《年鉴》，所以，如果撤销查禁令，只会使我不知如何是好。但是我可以向您保证，如果有大臣和议员们参加的大会异口同声当面宣布某个人是疯子，那就会造成一种奇怪的印象而且使这个人感到诧异，而他们就是这样干的。［……］

关于杂志的思想和同马克思的联盟，无须赘述，您本人一定会承认法国和德国之间从思想上进行明显联合的重要性，而且会很容易制定促成这种联合的方式方法。［……］

作家的愤怒，如果一个劲地发泄，那是武断的，只有当它经历了发展的过程而被迫迸发出来时才是虎虎有生气的。那些摆脱不了尖刻的抨击腔调的书籍，人们读的时间越久，对它们就越有成见。《论普鲁士和

---

① 马克思的信没有保存下来。

它的统治》① 这部巨著——您一定知道这本书,它在我这里已经压了很长时间,我是从马克思的倡议书中方才看到的——就是由于这种不停地炫示愤懑而写得很糟糕。[……]

致衷心的问候!

您的朋友
阿·卢格

根据《卢格通信集》第310、311—312、313页刊印

36. 阿尔诺德·卢格致尤利乌斯·弗吕贝尔

苏黎世

1843年8月18日寄自巴黎

亲爱的朋友,我同意您的建议的基本思想。这样一来,我就可以敦促马克思同意,并且"文学社"现在就开设斯特拉斯堡书店;编辑的报酬也完全够了。相反,我们既不需要施加我和马克思的影响,也不用再谈论原先通过赞助募集的其他款项,因为不言而喻,这笔钱将交由书店,特别是设在这里的"文学社"支配,"文学社"是按照您的计划行事的。

---

① 古斯塔夫·德·法伊:《论普鲁士和它在新行省中政治和宗教方面的统治》。匿名发表。1842年巴黎和莱比锡版。

这是最简单也是最好的办法。一俟我们再为马克思筹集到 11000 弗罗伦，我们就立即动手。[……]

我写信给马克思，并把主要事项通知他①。也许马克思在十月份同赴科伦。[……]

致最衷心的问候！

您的

阿·卢格

根据原稿（苏黎世中央图书馆弗吕贝尔遗稿）刊印

37. 阿尔诺德·卢格致路德维希·费尔巴哈

布鲁克贝尔格

1843 年 8 月 19 日寄自巴黎

亲爱的朋友，早在布鲁塞尔我就想给您写信了，旅途中种种偶然事件使我未能如愿。从您那里走后，直到维尔茨堡以前，旅途交通还是很糟糕的；随后改乘了轮船，那就很舒适，而且也便宜。一天之内便抵达美因兹。在克罗茨纳赫，我见到了马克思，并且转达了您的问候。他结婚已有几个星期了。他的夫人是很了解新哲学的。在年轻的女士们中间，人们经常会发现这种关心哲学的情况。这对伉俪热情地询问有关您的情况，假如您前来看望他们，肯定会使您感到莫大的愉快。马克思在克罗茨纳赫要呆到九月底。然后他将赴斯特拉斯堡。[……]

---

① 卢格的信没有保存下来。

同时，我还要谈谈由维干德出版您的《全集》的计划①。马克思也很赞成这样做。他本来想写信给您并催促您办这件事。您就这样干吧！切莫被那帮书商骗了，但也不要对他们提出太苛刻的条件。[……]

根据原稿（慕尼黑天学图书馆编号藏件 4o 手稿935b/65.29.）刊印

38. 阿尔诺德·卢格致母亲

1843年9月4日寄自巴黎

亲爱的母亲：

[……]马克思没有答复我的信，我就像在德勒斯顿那样，再次同他失去了一切联系。我在前一封信中，还是向他提出了一个建议，对此，他要么痛快接受，要么断然拒绝，就是说，建议他做书店的股东，而这件事没有他的同意是不行的。[……]

再见，亲爱的母亲，您的全心全意的忠实的儿子

阿尔诺德·卢格

根据《卢格通信集》第332、333页刊印

---

① 《费尔巴哈全集》，1846年起由维干德在莱比锡出版。

39. 尤利乌斯·弗吕贝尔致达哥贝尔特·奥本海姆

科 伦

1843年10月11日寄自巴黎

尊敬的先生！

[……] 您也许听法依先生说过，我们决定在这里创办自己的新的企业。这对取得成果来说是绝对必要的。为此已经采取了一切步骤，几乎可以说，德法书店已经在巴黎办起来了。不久将把详情通知您和德国的一切从事政治活动的朋友们。卢格回家去亲自把家眷接来。我们期待着马克思能于一两天内到达。海尔维格目前也呆在这里。由于业务关系，我必须赶快返回瑞士，不过可能很快又得回到这里来。

我们从法国激进派那里得到最坚决的支持，而一项由德国人提出的计划能像我们的计划一样在这里被人大加赞赏甚至被热情采纳，恐怕是很困难的。现在我们可以坚定地相信，这项计划甚至将对法国的政治进程发生重大的影响。

请接受我的敬意和我的友好问候！

1843年10月11日于巴黎

尤利乌斯·弗吕贝尔博士

[……]

根据原稿（科伦市历史档案馆藏件目录
第1085号《莱茵报》第15号）刊印

（原载《马克思恩格斯年鉴》1978年第1辑）

（马哲组 译）

燕妮·马克思给贝尔塔·马克海姆的信[*]

1. 燕妮·马克思致贝尔塔·马克海姆

梅特兰公园路格拉弗顿坊9号①

我亲爱的马克海姆夫人：

刚刚收到您友好的来信，我便马上动笔对您寄来的期票表示谢意；今天上午我立即去西蒂区取款，您对我们的遭遇所寄予的同情和关怀使我感到多么幸福呵！我匆匆写这封短信给您，请您不要再麻烦您在利物

---

[*] 本文选自《马列著作编译资料》1980年第8辑。

原题注：燕妮·马克思给贝尔塔·马克海姆的五封信原保存在德国社会民主党档案里，后来落到私人手中。五十年代意大利米兰费尔特里尼里研究所购买了这些信件，1955年米兰出版的《工人运动》杂志（第2期）第一次用意大利文发表了这些信件，1962年西德《社会史文库》(*Archiv für Socialgeschichte*) 发表了这些信件的德文原文。中文是根据德文翻译的，个别注释作了删节。贝尔塔·马克海姆是共产主义者同盟的拥护者，从1854到1865年同马克思一家有友好往来。

① 从下一封信中谈到马克海姆夫人在利物浦的亲属那一段里可以看出，这封信应当是在1862年年底写的。

浦的亲属。那样可能引起恩格斯不愉快，而且您不知道，我的丈夫在这类事情上也是极其认真的。恩格斯目前仍然被一项十分不利的契约捆住了手脚而无能为力，不得不在钱的问题上十分谨慎①。我十分感谢您想要为我们做的一切，就像这些意愿已经成为事实一样；我知道，您也是力不从心。眼下，而且只要可怕的美国危机②还沉重地压在我们头上，任何馈赠，即使是最微小的，我也非常欢迎，特别是这种馈赠来自您这样真诚而热情的双手。

我衷心希望您的小燕妮能很快恢复健康，并长成像我们可爱的小燕妮那样的大姑娘。我相信，如果您看到我们确实令人喜爱的女孩子们，

---

① 恩格斯自 1850 年 11 月担任曼彻斯特的欧门－恩格斯毛纺公司（他的父亲是该公司的股东之一）的办事员后，经常从经济上帮助马克思的家庭，这种帮助在 1862 年下半年特别急需，然而在这年年底，恩格斯也"已经完全挤干了"（《马克思恩格斯全集》第 1 版第 30 卷第 315 页）。但是马克思的处境仍然异常困难，以致他决定向他的许多债权人宣告破产来代替支付；为了阻止这种做法，恩格斯在 1863 年 1 月初采取了"铤而走险"的办法（《马克思恩格斯全集》第 1 版第 30 卷第 315 页），给马克思寄去他的公司的一张一百英镑的期票，这个数字大约是他当时月薪的两倍。恩格斯到 1864 年才成为公司的股东。

② 这句话是指由于美国内战的爆发而造成的马克思的财政危机；马克思曾多次用过这种说法（《马克思恩格斯全集》第 1 版第 30 卷第 259、265 页）。马克思从 1851 年起，在恩格斯的协助下经常为《纽约每日论坛报》（1855 年底该报自称发行量达二十二万多份，为全世界之冠）撰稿，由此得到的稿费是他唯一的收入；每一篇文章的稿酬为一英镑，年景好时，每月大约可刊登八篇文章，"由于美国内战，我有整整一年失去了主要收入来源。后来（几个月以前）这个'企业'又开张了，但是规模已经'缩小'很多"（《马克思恩格斯全集》第 1 版第 30 卷第 614、636 页）。由于"企业"的规模缩小，马克思的收入减半，使他的经济状况完全处于崩溃的境地；马克思这时曾试图到铁路上找一个营业员的差事，但因他的字写得不好而失败了。

您会感到快乐，而且会分担现在使我心情郁闷的痛苦：她们正是在青春年华时遇到巨大的不幸，她们心中微弱的憧憬和希望在萌芽状态中就要被窒息。

请速告您的近况，您可以相信我始终衷心地想念着您。

您的燕妮·马克思

2. 燕妮·马克思1863年1月28日致贝尔塔·马克海姆

1863年1月28日于汉普斯泰特

我亲爱的马克海姆夫人，我是多么衷心地感谢您的好意和友谊呵！您想象不出，您的及时的捐助给了我多大的帮助，您的真诚和好意使我感到多么欣慰，我所遇到的一切困难和痛苦都因此而在您的面前消除了。您没有给利物浦方面写信，这实在是太好了；否则我认为会造成许多不愉快。但是，您信任库格曼医生是非常正当的，而我觉得在这样一个人面前并不感到屈辱，他非常敬重我的丈夫，他了解我们的境遇是多么困难，了解要在种种斗争、忧虑和匮乏中完成我希望不久将问世的这样一本理论著作[①]需要付出多大的精力……

我今天愉快地到西蒂区去，在布莱特街上一眼就看到了我要找的房子，我立即用汇票取出了六英镑，塞满了我的小口袋。如果什么时候您想起我，不要为我曾到西蒂区奔波而不安。无论如何我走路还很行，而

[①] 指《资本论》第1卷。马克思认为在1862年能完成这一卷，当1863年1月他开始誊清本来估计有三十个印张的手稿时，改变了自己的计划。

且我始终是一名准备为党四处奔走的老战士。

请让我揭穿孚赫的海外奇谈①。我们既没有得到荷兰的遗产,也没有购买房屋,也没有去柏林,而且也没有在那儿享乐。完全没有那回事,但是我要把我们的一些生活情况告诉您,也许这就是孚赫的海外奇谈的根据。如果我追述往事稍为远了一些,向您谈十年前我们在原来的第恩街②住的那两间小房子,请您不要厌烦。我曾经对您谈起,我们的小爱琳娜③在我们亲爱的独子埃德加尔④离开人世之前不久出世的情景。

---

① 尤利乌斯·孚赫(1820—1878)是早年的左派黑格尔分子,埃德加尔·鲍威尔的亲密朋友,新闻工作者,曾为德国和英国的各种民主派报纸撰稿;1861年他回到德国,从1863年起他出版了自由贸易派的机关报《国民经济和文化史季刊》。1868年他在该刊上发表了一篇评论《资本论》的文章,这是在德国的第一篇敌视《资本论》的评论。(《马克思恩格斯全集》第1版第32卷第113页)。在1861年前马克思曾偶尔同孚赫有过接触,如1860年孚赫曾站在马克思一边反对卡·福格特。这里说的孚赫的报导可能讲的是1861年3、4月间马克思的荷兰和柏林之行;马克思在这次旅行中的护照用的是"毕林"这个名字(《马克思恩格斯全集》第1版第30卷第158页);卡尔·约翰·毕林生于1820年,早年是共产主义者同盟盟员,也是孚赫的朋友。事实上,马克思"个人很厌恶"柏林,而且他还从他的荷兰表舅处带回一百六十英镑,算是他的母亲的遗产的预支。(《马克思恩格斯全集》第1版第30卷第161、163页)

② 马克思一家从1850年底到1856年9月28日一直住在伦敦索荷贫民区第恩街28号一所有两个房间的小住宅里。

③ 爱琳娜·马克思1855年1月16日生于伦敦,1898年3月31日自杀身亡。(参看爱德华·伯恩施坦的《爱琳娜·马克思》和《什么是爱琳娜·马克思的死因》,载于1898年《新时代》第16年卷第1卷第118—123、481—491页)她还叫作爱莉,但主要是叫作杜西;六十年代在马克思家里搞过一种假想的家庭等级制,爱琳娜在其中是中国皇帝的公主古古,她的大姐燕妮是奎奎。

④ 埃德加尔·马克思1846年12月生于布鲁塞尔,1855年4月6日病死。

那时棺材和摇篮紧挨在一起。您可以想象,在爱琳娜的出生地和埃德加尔的最后安息地洒下了我们多少泪水,我们多想离开这个埋藏着我们全部幸福和痛苦的凄凉而可怕的地方呵!然而我们连这种幸运也得不到,我们不得不在那里又住了整整一年。后来我的一位在苏格兰的年老的亲戚去世,我们得到了一小笔遗产,大约一百五十至二百英镑(我的祖母,我的已故的尊贵的父亲的母亲,是苏格兰人,出生于苏格兰最古老的家族之一,即坎伯尔·阿盖尔家族①)。阿盖尔公爵是我的祖先的一位近亲,当我结婚时,我的慈爱的母亲给了我许多精致华丽的银器,这些银器是苏格兰制造的,并印有阿盖尔的徽章。长年颠沛流离,不停地"从蓝色的床转到棕色的床"②,这些银器自然早已没有了,而我从沉船之灾中打捞出的一点点也总是保不住,并且大部分押在当铺"大叔"手里③。啰唆了好久银器和祖先的事,还是回来谈遗产吧。总之,这笔

---

① 阿盖尔是苏格兰坎伯尔家族的一个家庭的贵族称号。它 1457 年起称伯爵,1701 年起称公爵。燕妮·马克思·威斯特华伦(1814 年 2 月 12 日—1881 年 12 月 2 日)的祖母是彼得罗的珍妮·威沙特;珍妮(或燕妮)·威沙特的母亲是奥切德的安妮·坎伯尔。马克思在《福格特先生》中提到他的妻子的一位祖先阿契波德·阿盖尔伯爵被詹姆斯二世当作叛乱者处决。(《马克思恩格斯全集》第 1 版第 14 卷第 458 页)

② 这句话引自奥列弗·哥德斯密的《威克菲牧师传》(见人民文学出版社 1958 年版第 2 页)。这本书描写一个富裕家庭在命运的打击下颠沛流离,始终陷入极大不幸并最终破产的典型故事。

③ 爱琳娜·马克思说,当马克思又一次把银器拿给当铺老板时,老板认出了家族的徽章"我的裁决就是真理",想让人把马克思这个衣冠不整的外国人当作小偷抓起来。

钱使我们离开了第恩街①，高兴地搬进带有浪漫色彩的汉普斯泰特荒阜边上的一所小房子里，那儿离可爱的樱草丘不远。当我们第一次躺在自己的床上，第一次坐在自己的椅子上，甚至坐在一个有洛可可式旧家具的，或者不如说，有一堆破烂的客厅里时，我们确实认为自己住进了一座迷人的宫殿，并且鼓号齐鸣地庆祝我们新的欢乐。我们当时租下的、而现在仍然住着的这个小宅子，看着我们可爱的女孩子们长大。如果"美丽"这个词对她们不适用的话，那么，即使可能被人嘲笑，说我有母亲的虚荣心，我也要说她们三人都很温柔可爱。小燕妮②，不论头发、眼睛还是皮肤都黑得惹人注目，她有一张天真无邪的玫瑰色圆脸，一双深沉而甜蜜的眼睛，非常令人喜爱。劳拉③总的说来要欢快一些，

---

① 迁居和遗产的关系还有另一种说法。马克思夫人在1861年3月11日给路易莎·魏德迈的信中谈到了她母亲去世（1856年7月23日）的情况，接着写道"……妈妈遗留下了几百塔勒才使我们可以在美丽的汉普斯泰特荒阜附近租了一所小房子，一直住到现在"（见《回忆马克思恩格斯》第277页）。此外，马克思在请求恩格斯给他预支一部分搬家费用和第一次的房租费时写道："因为我的妻子由于特利尔的遗产……还可以期待得到一笔较大的钱款"。1856年9月29日马克思一家搬到梅特兰公园路格拉弗顿坊9号。在3月11日的信中还有对几个女儿的描述，内容同本信下面谈到的极为相似。

② 燕妮·马克思1844年5月1日生于巴黎，1883年1月11日死于巴黎附近的阿尔让台；她是马克思的爱女，她的死加速了马克思的逝世（1883年3月14日）。

③ 劳拉·马克思1845年9月26日生于布鲁塞尔，1911年11月26日同她的丈夫保尔·拉法格一起逝世（参见梅林：《保尔和劳拉》，载《新时代》第30年卷第1卷第337页等）。她的快乐的性格从鲁道夫·迈耶尔那里也得到了证实，他经常说："当她走进房间的时候，就像升起了太阳。"（《马克思恩格斯全集》第1版第36卷第518页）

开朗一些和活泼一些，说实在的，她比姐姐美，因为她容貌更加端庄，还有一双经常变换的绿色眼睛，眉毛浓黑，睫毛很长，永远流露出欢快而热情的眼神。两个姑娘的个儿比一般人稍高一点，身材十分匀称、优美。唯一使小燕妮可以多少感到骄傲的是，她的手和脚都很纤细。此外，两个姑娘都具有确实叫人亲近的谦逊和少女的腼腆，而且人们看不出她们因天才和勤奋而学到了一些知识。我们曾尽一切可能使她们受教育，可惜在音乐方面我们力不从心，而她们的成绩也不显著，但她们的嗓子特别好，唱歌时很有表情①。然而小燕妮的真正才干是朗诵，她的声音低沉柔和、婉转动听，她从小就入迷地阅读莎士比亚，所以酷爱戏剧表演，如果不是考虑到家庭等等情况而至今仍不愿沾边，实际上她早就登上舞台了。许多听过她朗诵的人，都认为她有雷切尔和里斯托丽②一样的才华，她放弃这种理想是不公平的。如果她的身体结实些，我们也不会阻止她，可惜她的体质很弱，去年又为我们的困境过分忧伤。亲爱的马克海姆夫人，请您回信时不要提起这些，不要提我对您谈的关于女孩子的情况。她们两人都很认真，如果知道了我对您谈了那么多，她们会不高兴的。这些事我们两人知道就算了。最小的老三确实是非凡的俊俏、雅致和天真烂漫。她是我们家庭的阳光和生命！三个孩子都把整

---

① 马克思曾租了一架钢琴、"一堆真正的废钢烂铁"（见《回忆马克思恩格斯》第278—279页），女孩子们曾在班纳尔那里上声乐课（《马克思恩格斯全集》第1版第31卷第217页），班纳尔一家同马克思一家十分友好。她的一个儿子罗伯特是爱琳娜的后期的朋友之一，重新发现恩格斯1881年为《劳动旗帜报》写的一篇文章应当归功于他的考证。

② 爱丽莎·雷切尔（1822—1858）是当时法国古典戏剧的杰出表演家。阿黛拉伊德·里斯托丽（1822—1906）是意大利著名的悲剧演员，特别在巴黎和美国享有盛名。

个身心倾注于伦敦了,她们在举止、风度、爱好、要求和生活习惯方面都已经是地道的英国人了,她们最害怕的莫过于想到有朝一日一定要离开英国去德国。坦白说来我自己也怕这一点。只有在非常特殊的情况下,我才愿意再回去看看我那古老的祖国——诗人的忧伤的母亲。现在迁回德国不会给我们带来任何好处。尽管伦敦的费用也很贵,但我认为我们现在在这里的生活还是比在德国便宜。而且我们在这里还可以得到一些贷款,租一所很便宜的小住宅。主要是,伦敦大得很,任何人到这里都消失得无影无踪。个人在这里是微不足道的。正因为这样,人们也就不再看重自己和别人。你可以与世隔绝,关在自己的小房子里,谁也不关心谁。而在德国,第二天早上就会知道你昨天桌上有什么菜,"你的丈夫的收入"是多少。我的上帝,我唠叨了些什么呀!好了,我得马上停笔。不然又要信笔写第三页了。现在还要再写几行。我为您的小燕妮恢复健康向您表示我的喜悦,并再一次向您保证您将永远得到我的感谢和友谊。

您的燕妮·马克思

3. 燕妮·马克思1863年2月12日致贝尔塔·马克海姆

1863年2月12日于汉普斯泰特

我亲爱的马克海姆夫人:

您又在惦记着我,而且同您亲爱的丈夫一起,您真是太热情太好了!这样,我们的两位当家人也连在一起了。虽然我背着丈夫写了我的第一封信,但是,我亲爱的马克海姆夫人,您会理解,我不能再对他隐瞒我们的通信和您的及时而又热情的帮助。我不能长期向他隐瞒什么事情,不然他必定会对我的秘密收入的来源产生怀疑。我真是难以向您说清,您给我减轻了多少负担,为我解决了多少急难,在您的帮助下我给我一家人带来多少次小小的欢乐。我很容易地找到了拉顿堡大厦,虽然按规定期票在六天之后才能支付,但我立刻如数提取了汇款,没有扣除一文钱。这笔钱正好是在我的生日那天拿到的,这是您给我送来的珍贵的生日礼品。您想要洗印我丈夫的照片,这使他和孩子们都感到十分高兴;不过他们都觉得那张照片拍得不理想,姑娘们坚决主张另拍一张。而眼下却不宜拍照,因为卡尔多日来一直眼睛发炎,面部完全变了样①。最近一个时期的许多忧虑和烦恼,再加上紧张的夜间工作和编制统计表②可能都是致病的直接原因。我希望这一切很快成为过去。

这几天我要去施勒德尔先生那里。让我丈夫去干这种事是太困难了,不过我还是希望能劝说他去。今天写得这样简短和匆忙,请您原谅。我今天实在忙得不可开交;春天即将来临,有许多东西要缝补,而且我们还得自己酿酒、做饭、窖酒、缝纫、洗衣和做鞋,所以两只手总是不得空。

我们全家向您和您亲爱的丈夫致以最衷心的问候,我希望经常得到您的同情和友谊,并衷心热爱您。

您的燕妮·马克思

---

① 马克思从2月初眼睛发炎,疼痛难忍,"加之还有头部神经极其令人讨厌的疼痛",使他无法阅读和写作,而且在生病期间,他"完全陷入了各种各样的心理幻想,就像快变成瞎子或疯子的人可能常有的那样"。(《马克思恩格斯全集》第1版第30卷第322页)

② 马克思忙于写他感到困难的《资本论》的《机器和大工业》一章。(《马克思恩格斯全集》第1版第30卷第316—321页)

4. 燕妮·马克思1863年7月6日致贝尔塔·马克海姆

[1863年]① 7月6日于伦敦

我亲爱的马克海姆夫人：

星期六，当我们正要吃饭的时候，我接到一封字迹陌生的信。因为我总是接到令人扫兴的信多而令人愉快的信少，所以我没有理睬这位不速之客。但是孩子们说："拆开看一看，也许有好消息"，当我看到它间接地表明了您的安康和友爱，以及您没有得到我的音信而仍然深情、真挚而又同情地想念着我时，我是多么惊喜和感激啊！

我相信，当您听说您的令人意外的汇款能使我们顺利地把小燕妮送到海滨浴场去，您一定会感到高兴。令人遗憾和不幸的是，医生认为她又需要海水浴了。这个可怜的孩子又患了一种非常难治的咳嗽病，药物和炎热的夏季都治不了，但愿海滨的空气和海水浴将会奏效。

其余两个孩子都很活泼和健康。现在劳拉常常陪她爸爸去英国博物馆，为此她得到一张出入证。最小的孩子才从学"字母"转到"勉强阅读"阶段，当然还不是飞跃。阅读《格林童话》已经成为她的最大享受，而且白雪公主、玫瑰小姐、鹟嘴王和快乐兄弟现在都是她那儿童幻想中的英雄。

---

① 年份是别人用蓝铅笔写上的。马克思在1863年上半年给恩格斯的信中提到他的肝病发作和燕妮健康不佳（《马克思恩格斯全集》第1版第30卷第346、354、356页），而且在7月6日这封信中讲了改变《资本论》写作计划一事，这些都可以证明写上的这个年份是正确的。

今年春天，我亲爱的卡尔深受肝病之苦；尽管障碍重重，但是他的书进展很快，已接近完成。如果按照原计划限制在二十至三十印张，那么早已完成了。可是，因为德国人偏偏只相信"大部头"著作①，而一部精练的和删掉一切多余的东西的著作在那些绅士看来，是一文不值的，所以卡尔又补充了大量历史材料，现在它会是一部五十印张的巨著②，将像一枚炮弹落到德国土地上③。啊，我们德国的土地！在国外，人们几乎不得不以自己是德国人为耻，更谈不上做一个"普鲁士人"

---

① 这个想法是转述马克思的。马克思曾经向恩格斯明确地说过这种想法："我正在把这一卷大加扩充，因为德国的狗东西是按篇幅来估量一本书的价值的"（《马克思恩格斯全集》第1版第30卷第251页）。

② 1862年底，马克思认为《资本论》第一卷"已经脱稿，只剩下誊清和付排前的最后润色了。这部分大约有三十印张"（《马克思恩格斯全集》第1版第30卷第636页）。的确，他在当时致恩格斯的信中表示过，大约在1862年夏天他曾打算扩充一下篇幅（例如1862年6月18日和8月20日的信）。但是由于生病，马克思到1863年7月初才重新开始这项工作（《马克思恩格斯全集》第1版第30卷第346页）。到目前为止，人们以为，马克思在誊抄和润色的过程中在一定程度上放弃了原计划而对手稿进行了扩充和补充（参见前面引证的《卡尔·马克思年表》第226页）。这封信完全证明，马克思在他重新开始写这部著作之前，1863年上半年就有意识地改变了他原来的计划（即所谓的1857年计划，在这个计划中1859年发表的《政治经济学批判》是本来估计为六卷本的整个著作的第一卷）。从这以后，他迫不得已开始扩充手稿，1864年底，马克思估计这一卷已有六十印张。（《马克思恩格斯全集》第1版第31卷第437页）

③ 这种说法也可以从马克思那里找到；1867年4月17日，马克思在给约·菲·贝克尔的信中谈到这本书，他说："这无疑是向资产者……脑袋发射的最厉害的炮弹"。（《马克思恩格斯全集》第1版第31卷第542—543页）

的光荣了！世上还有比普鲁士的现状更悲惨的吗？① 人们不知道，君王、大臣、宫廷权奸或卑躬屈膝的人，而首先是卑鄙无耻、阿谀奉承和不敢直言的报刊，哪一个更可悲！人们往往会厌恶一切政治，而我倒希望我们不妨作为纯粹的"业余爱好者"去考察这个领域，但遗憾的是，对我们来说这却总是生死存亡的问题。

卡尔希望9月到德国去。他也许还要拜访一下库格曼医生并到您住地的附近去②。

请您早日来信直接告知近况，请接受我们全家，特别是我，对您的最热烈的问候和最衷心的感谢。

您的燕妮·马克思

---

① 在威廉一世上台（1861年）之后，由于他要求成立军事组织，围绕普鲁士众议院的预算权同1861年建立的进步党发生了所谓宪制冲突。1862年10月2日被任命为内阁首相的俾斯麦实行根本没有预算的统治，并在1863年5月干脆解散了他讨厌的议会；1863年6月1日，俾斯麦针对进步党在报刊上的有气无力的抗议，宣布一项处置违反宪法的报刊法令，规定每家报纸在两次警告之后即可以行政手段予以查封。恩格斯曾向马克思评论了这一事件（1863年5月20日）："你对我们在柏林的那些好汉们怎么看，他们得出这样的结论，即如果一个大臣宣称整个议院对他的情况了如指掌云云，那么议长是否有权要求他遵守秩序，是一个问题"。（《马克思恩格斯全集》第1版第30卷第342页）

② 马克思本打算九月份把《资本论》脱稿，带到德国交给出版者。但直到十二月他才动身去德国处理他的母亲1863年11月30日在特利尔逝世后的遗产。他从特利尔经过法兰克福和吉森到达荷兰，到了贝尔塔·马克海姆居住地富耳达附近。不能排除，她或她的丈夫就是马克思对恩格斯提到的那个"熟人"。马克思在法兰克福同这个人谈过话，还委托他同书商打交道。（《马克思恩格斯全集》第1版第31卷第371—375页）

5. 燕妮·马克思1863年10月12日致贝尔塔·马克海姆

1863年10月12日于汉普斯泰特

我亲爱的马克海姆夫人：

  我在写这封信的日期时才发现，对于您上一封亲切的来信，已经拖了一个多月没有作复，真感到惶恐不安。我接到您的信，正好是我们从哈斯廷斯①回来的时候，由于许多日常琐事使我未能立即写信，一拖再拖，没有趁最初的内心激情，挥笔疾书，一气呵成，而您知道，书信往来是最怕拖延的。今天我不仅要为我自己辩护，而且也要为我的丈夫说两句，他在这一点上有许多严重的过失。深感内疚。

  他的确收到了库格曼医生的信，要对他迟迟写信②这一点给予原

---

  ① 哈斯廷斯海水浴场在英国南海岸萨塞克斯伯爵领地；马克思夫人同她的女儿们从8月14日至9月4日在那里呆了三个星期，其中有十二天同音乐教师亨利·班纳尔在一起。(《马克思恩格斯全集》第1版第30卷363、367页；参见燕妮·马克思：《动荡的生活简记》，见《回忆马克思恩格斯》第263页)

  ② 马克思在1862年12月28日给库格曼的信中，详细地谈到他的《资本论》的写作情况，并要求库格曼告诉他"一些祖国的现状"。库格曼于1863年3月18日写了回信（参见《卡尔·马克思年表》第224页）；马克思把他的信寄给恩格斯，并抱怨库格曼说，他们说"我的经济学著作'不及时'，然而我还是应当在第一卷出版以后继续做整个这项工作，以便在理论上安慰某些好人，"(《卡尔·马克思年表》第330页)。恩格斯同样有点生气："好样的库格曼，看来对你有非常高尚的意图。天才人物也必须饮食起居，以至为此付钱，这对我们老实的德意志人说来是一种毫无诗意的想法。"(《卡尔·马克思年表》第334页)。看来下面的推测是有道理的：马克思如果对库格曼作直接而冷淡的或指责性的答复，那就会损害马克思同德国党的朋友本来就很少的联系，而这种联系在拉萨尔开始鼓动的这个时期对他来说是很重要的。为了摆脱这种困境，让他的夫人间接地作了上述富有外交辞令的答复。

谅，我真感到无话可说，只能说他确实是世界上最坏的通信者之一，常常让他的多年好友等待数月乃至数年。既然他把库格曼医生看作他多年好友，那么库格曼医生一定会十分友好地谅解他的拖拉，而我希望您，我亲爱的马克海姆夫人，能替他说几句好话。要是他还不马上给库格曼写信，那是因为他希望不久将亲自去看望库格曼；而且他还打算到法兰克福并去拜访您。最近我们听说，卡尔的年迈姑母，他已故父亲的唯一的一个姐姐，现住在法兰克福，相隔那么多年又见到他，她一定会非常高兴①。

我们全家在环境幽雅、景色宜人的哈斯廷斯时，不是在海边，就是在海里，身体得到了很好的休养，特别是我们病中的小燕妮，面颊又重新丰满红润起来了。咳嗽尚未完全治愈，不过好多了，咳的次数也少多了，食欲也恢复了。"上帝保佑，上帝保佑"，我只希望我们今年冬天能够过得不像往年冬天那样忧愁。

我们以极大的关心密切注视着我们祖国的现状，我不能怀着最美好的愿望来同意您的见解，我不抱乐观的希望②。大概是长期的忧虑和最

---

① 马克思大约在1863年12月19日拜访了他的姑母艾丝苔·科泽耳（死于1865年）和巴贝塔·布吕姆（父姓马克思）。（参见《卡尔·马克思年表》，第227、247和251页）

② 在普鲁士宪制冲突中，俾斯麦于9月2日解散了众议院，但是进步党在新的选举中尽管遇到异乎寻常的障碍，还是取得压倒的多数并使它的全部主要候选人（雅科比、舒耳泽－德里特希、瓦尔德克等人）都重新当选。因为拉萨尔派为全德工人联合会（1863年5月23日成立于莱比锡）进行的鼓动正处于低潮，俾斯麦的对手就把希望寄托在进步党人身上。1863年11月发生的丹麦危机帮助俾斯麦摆脱了困难，因为这次危机使他能够又玩弄国家主义的把戏。上述悲观主义的预测，同马克思在两个月前写信给恩格斯时所表达的见解是一致的，当时马克思写道："我们的祖国显得十分可怜"。（《马克思恩格斯全集》第1版第30卷第365页）

近一个时期的艰苦经历使我的心灵和眼睛蒙上了阴影,因而我把一切都看得更暗淡,看得一片漆黑。

我希望不久又能听到您的消息,我和全家向您致以最亲切的问候。再见。

您的忠实的燕妮·马克思

(原载1962年《社会史文库》)

(孙无阳 译)

燕妮·马克思(女儿)致路·库格曼[*]

1. 燕妮·马克思1870年11月19日致路·库格曼

1870年11月19日

亲爱的朋友们:

自从接到你们亲切的来信以来,我曾很多次要给你们回信,但每次都被这个人或那个人的到来所打断。我们家简直像个蜂窝,供法国流亡者使用,有个青年在我家住了六天,尽管他一直都在法国生活,而且他连一句德国话都不会说,可他却接到了在48小时内离开法国的命令,就因为他的父亲是普鲁士人,可他父亲死时他还是个婴儿呢。国王和大臣们此兴高采烈。

我从你们的来信中得知你们对我们的挂念,甚感抱歉,我对因我未

---

[*] 本文选自《马列主义研究资料》1987年第2辑。

原题注:法国《思想》杂志1957年9、10月号总第75期发表了燕妮·马克思(女儿)致路·库格曼的14封信。本刊选译的7封信反映了燕妮·马克思对当时的国际工人运动和英、法、德等国发生的政治事件的关注和态度。——译者注

能复信而引起的这种挂念，深感不安。如果我告诉你们，从海外①回来后的两个月内我生了一场大病，我一生中从未这样病过，那么，我亲爱的"医生"和您，特鲁特亨，或许你们对我的抱怨会比我的自我抱怨要少些。一场肋膜炎发作，使我的身体衰弱得至今才勉强得以写信。几个星期来，我的体力在缓慢地、正常地恢复，但愿不久可以完全康复。然而，照我目前的健康状况，我不可能到汉诺威旅行（即使没有早晨的那些杂务缠身也是一样），因而也就不能接受你们的热情的邀请。不过我还是为此而衷心地感谢你们，虽然我不能同你们在一起，但是我的心同你们在一起，这就像我往返于伦敦与汉诺威之间一样。

至于摩尔明显的懒惰，我不想为他辩护。他应当对自己的现状负责，隔一二天他会给你们去信。同时，我能有幸地告诉你们，他的沉默并非原于疾病。现在他的健康状况比每年这个时期都要好，毫无疑问，这要归功于我们能干的恩格斯博士所采取的有力措施。恩格斯（或者像我们现在称他为"总参谋"：总参谋的头衔来自他在《派尔－麦尔新闻》专栏上发表的伟大军事论述②；参谋的头衔得自《费加罗报》的喜剧性的失误，该报在谈到"总参谋"时暴露出它的愚昧无知，因为它还以为确有其人呢。）如今住得离我家很近③，他偕同摩尔进行长距离散步，这比任何药物治疗都见效。我们天天见到"将军"，并且和他一起度过很愉快的晚上。几天前的一个晚上，我们在家里举行了庄重的爱国主义演出。其间摩尔和"参谋"伴着"酒歌"的曲调演出了莱茵河

---

① 马克思一家在兰兹格特作短暂逗留后于8月31日返回伦敦。
② 恩格斯在《派尔－麦尔新闻》上发表了关于战争的文章，在论文里他预见到色当投降的日子。
③ 9月间，恩格斯离开曼彻斯特，然后定居伦敦，与马克思家相距一刻钟的路程。

上的守卫。

  亲爱的特鲁特亨，对你们最近的来信，我唯有再次向你们致谢和告诉你们已经安收无误。你们在信中殷切地向我打听劳拉和拉法格的消息。他们在色当会战之前离开了巴黎，这次会战是"帝国丑剧"的转折点。打那时起，他们居住在波尔多①。保尔力图使波尔多人从麻木的状态中振作起来，费了很大气力，他为此办了一种名为《国防报》的报纸。然而他枉费心血，报纸也寿终正寝了。波尔多人，这些个典型的资产者，把他们的全部热情用于挣钱和吃喝，对于他们来说，究竟用普鲁士人的后镗枪还是用法国人的狙击炮来维持社会秩序无关紧要。他们所怕的只是日夜出现的幽灵，即赤色幽灵。总而言之，在全法国，统治阶级对消灭"赤色分子"比对消灭"普鲁士人"似乎更加关心，"国际"的一位成员写信披露，甘必大这个"花言巧语的骗子手"，千方百计地阻挠无产阶级武装起来。但是他再也办不到了：他被迫批准全民入伍。关于这一措施，拉法格在给我们的来信中这样写道："全民入伍正好将整个工人阶级组织和武装起来，于是，在没有任何有组织的对立的军队的情况下，工人们至少可以在制订新宪法时大声疾呼，甚至迫使政府接受他们的条件。我认为这次给予资产阶级国家机构的打击如此沉重，以致从这一天起它将更快地在法国崩溃。"我同意。但是，唉！法国农民的形象使这光辉的场面黯然失色。

  对俄国人的所作所为你们意见如何，莫斯科人十分狡猾，对俾斯麦来说亦如此。可谓"道高一尺，魔高一丈！"对俄宣战的可能性在伦敦引起了极大的不安。——致以全家的崇高敬意，热烈地吻弗兰契斯卡，我亲爱的朋友们，请相信我永远忠实于你们。

燕妮·马克思

---

① 拉法格一家在色当投降前夕离开巴黎，9月2日抵达波尔多。

请代我向 F. 克劳泽问好。

得悉你们对在卡尔斯巴德度过的日子感到满意，而且你们每个人都有很大收益，这使我很高兴。

附言：爸爸收到了豪斯曼先生的漂亮的礼品，为此爸爸将给他写信表示感谢。

几个星期前，我收到了狄慈根老师的一封亲切娱人的信。

2. 燕妮·马克思1871年1月27日致路·库格曼

1871年1月27日

亲爱的"医生"：

内附的《旁观者》①（伦敦一家最受尊敬和最有"威望"的报纸）的奇妙的供认，使我快活无比，我不多说了；我敢肯定这也同样会使您高兴，如同亲爱的特鲁特亨看到《旁观者》的七君子站在被告席上认罪一样。几个月前，正是这家报纸俨然以一家有地位的大报的身份对《马赛曲报》不断地进行抨击，因为《马赛曲报》竟敢认为"对罗萨的判决超过了通常的惩处"。而现在它又声称，"这个判决，使人遭受到不亚于野蛮的夹足刑具的痛苦，而这种痛苦在赤道这一边是空前的。"《旁观者》至少还敢登委员会所披露的事实，而卑鄙无耻的《每日电

---

① 《旁观者》，英国周报，刊登了格莱斯顿组织的调查委员会撰写的关于政治犯待遇的报告。委员会不得不承认燕妮在《马赛曲报》上发表的文章中所揭露的事实确凿无疑。

讯》和伪善的《每日新闻》，过去津津乐道对名噪一时的作家们的"无耻虚构"及对"荒诞小说"的指控；现在，却一言不发，以期掩饰它们自己的谎言，掩饰伪君子格莱斯顿及其走狗布鲁斯，官僚、狱卒和狱医们的谎言。——但是目前这些受贿的、投机的报纸表态与否无关大局。它改变不了罗萨及其大多数朋友已经结案和已经登程的这一基本事实，他们被流放到美国。乌拉！英国政府害怕火一般的爱尔兰人举行轰轰烈烈的示威游行，欢迎释放归来的同胞。因而尽可能审慎地将芬尼亚社社员打发走，简直不许他们踏上爱尔兰的土地。但是虽然如此谨慎，高尚的"苦役犯们"仍然受到了——用这位爱尔兰人的话说——他难以形容的热烈欢迎。各种大小轮船、小艇和小船整日停泊于科克港附近。当"古巴"号驶近时，人们看到囚犯们站在甲板上，欢呼声洋溢着激情直冲霄汉。由于"古巴"号停泊得比其他船稍远一些，罗萨嫌系缆和放梯迟缓，于是他就从自己的船上跳到一只小船上，和他的朋友们紧紧地拥抱在一起。他们在分手时罗萨说："乌拉，为了事业！"由此您可以看出英国政府的野蛮行径并未把这些人的热情压抑下去，在美国他们将以更顽强的毅力去工作。几天前，第二批九名结案的芬尼亚社社员启程赴美国。爱尔兰人民给他们每人一件外套、一条毯子和十本书。在纽约，仅仅在一次群众大会上，爱尔兰人就为囚犯们捐赠了五千本书。如果说爱尔兰人民是最贫穷的人民，那么他们又是最慷慨的人民。德国人民假如能为他们的政治犯提供上面数字的四分之一也好啊！想到德国人为因不伦瑞克宣言①而下狱的起草者的家属，以及倍倍尔和

---

① 1870年9月5日，德国社会民主工党不伦瑞克委员会发表了一篇抗议兼并亚尔萨斯-洛林的宣言，要求同法兰西共和国实现光荣和平。9月9日该委员会成员被监禁。

李卜克内西①的妻子几乎没有做什么事情，真感到羞耻。

亲爱的朋友，获悉您患重病，使我深感痛苦，我希望不久能获悉您的近况，您未提及特鲁特亨和弗兰契斯卡，想必他们都很健康吧。在这悲伤的日子里，我们全家也还健康。来自法国的最新消息，给我们全家带来了深重的打击。巴黎城里的布列塔尼暴徒和城外的普鲁士匪帮竟联合起来镇压蒙马尔特、伯利维尔和维耶特的革命者②。据可靠的消息获悉，特罗胥这个奥尔良派的伪君子，不愿坚决地采取攻势，因为他害怕他不在时巴黎会落到"赤色分子"的手中。他喜欢俾斯麦甚于白党。特罗胥是个禽兽不如的小人：五十万人竟向二十二万人投降，这将是他的罪孽。

向您全家致以竭诚问候，永远忠实于您的

燕妮

摩尔明天写信给您。他寄给您的《每日新闻》，一直也没有到您手里。

这里的人们非常欣赏特鲁特亨的美丽的刺绣。

---

① 1870年11月26日，倍倍尔和李卜克内西在北德意志联邦国会上抗议继续战争，拒绝军费拨款的投票。1870年12月7日他们与赫普纳一同被捕。

② 1871年1月2日，国民自卫军在利伏利大街举行反对策划战争的示威游行，遭到由特罗胥继承者维努亚将军领导的镇压。

3. 燕妮·马克思1871年4月3日致路·库格曼

1871年4月3日

亲爱的库格曼医生：

我承认您的来信使我感到有点意外，要不是我知道这信完全出自您对摩尔的真挚友谊，我会生气的。我真不明白为什么我应得到您对我的唠唠叨叨的教训。如果说我曾经拿神圣的医学开过玩笑，甚至亲手触犯过这个自称神圣的职业，那么我可以肯定地对您说（难以理解的是，您需要这种肯定），当事情关系到我父亲的健康时，这就不再是"玩笑"的问题了。您批评我一定要看着摩尔完成他的巨著和使命。请放心，我亲爱的朋友，我不需要这样的督促：我父亲的一个小指头在我看来比他正在写的或将要写的全部著作还要宝贵。说实在的，就是这部著作妨碍了全面彻底的治疗。考虑到摩尔服用的所有药物对他毫无益处，我常常要求他带杜西和我到比利牛斯山去，但他总是不愿中断他的工作！我们的亡命，长年的孤居，等等，等等，无不是为无产阶级的崇高事业而作出的牺牲，我对此并不反悔。虽然如此，不过我还是承认我仍然具有人的某些弱点，我认为我父亲的健康对我说来比《资本论》第二卷的完成更加珍贵。顺便说说，"伟大的"德国民族向来不屑去读第一卷。

请向亲爱的特鲁特亨转达我的问候。我感谢她的来信，但要今天给她复信，我觉得精神欠佳。还请向弗兰契斯卡转达我的问候，请相信我对您的真诚。

燕妮·马克思

4. 燕妮·马克思1871年4月18日致路·库格曼

[18]71年4月18日

亲爱的朋友们：

请原谅我未能及时复信。我早该答复你们亲切的来信，特别是答复我亲爱的医生您的已经很久的来信！但是我承认我没有足以写一封信的力量；我缺乏勇气。当最勇敢的和最优秀的人根据梯也尔这个凶残的小丑的命令遭到屠杀时，我不能处之泰然。梯也尔仅靠他的训练有素的雇佣兵是绝对镇压不了巴黎起义公民的。他离不开他的普鲁士盟友的援助，而后者似乎以扮演警察角色而感到自豪。过去曾巧妙地执行过诽谤巴黎无产阶级的光荣任务的一家伦敦报纸，现在也被迫承认从未有人为捍卫一项原则进行过更勇敢的或更大胆的斗争。

我亲爱的特鲁特亨，昨天我接到了我妹妹的一封来信，它引起我们极度不安。您也许知道，① 保尔到巴黎去计划从公社得到"全权"，以便在波尔多组织革命军队。大约一个星期前，他给我们的来信说，他呆在家里，我们以为他已安然回到波尔多。结果我们昨天从劳拉信里获悉，自从她丈夫动身以后她就不知道他的情况了。如果保尔给他写过信，那么他的信显然都被凡尔赛政府截获了，其目的在于封锁公社对"农民"或者按目前我们对他们的称呼"庄稼汉"所采取的措施，不让一切报纸和书信从巴黎发出。另外还有一个忧虑，就是劳拉的婴儿正患

---

① 参看1871年4月12日马克思致库格曼的信。

重病①。一接到她的信，我的第一个行动就是当即动身去波尔多，我不耻于向您承认在我父母反对的情况下，我毅然决定偷偷地动身，这话只在我们之间说说。后来我知道奥尔良的铁路线被切断，皮卡尔实行戒严，没有护照不得通行，等等。根据摩尔和参谋②的计划，我只好等着改乘汽船进行这缓慢但更可靠的旅行。参谋于9月在伦敦安置了寓所。我相信已经告诉您很久了吧。只要健康状况允许，摩尔就和他一起长时间地散步。他的咳嗽略有好转，但他过于暴躁，他总的情况远非令人满意。我们的医生按时来看他。时局使我们亲爱的摩尔极度悲伤，毫无疑义，这是他的病根。

我们的许多朋友都参加了公社，其中有一些已遭凡尔赛刽子手屠杀。古斯达夫·弗路朗斯实际上是被谋杀的。如一家报纸所说，他不是倒在战场上，而是由于侦探向宪兵队告发，他的司令部所在的那所房子被包围，他惨遭杀害。想想一年前我们还和他一起在汉普斯泰特散步讨论如何帮助爱尔兰囚犯！我没有翻译奥顿诺凡－罗萨的信，是弗路朗斯译的。我似乎又听到他的声音，他说："我向你们保证，我为奥顿诺凡－罗萨将贡献一切"。那时他已准备为了芬尼社社员的释放，牺牲他的生命。

亲爱的医生，您的来信证明，您以为我在同您进行斗争，我为此感到难过。请相信我，我亲爱的朋友，"我不怀恨在心"③。我很遗憾我的上一封信给您留下这样的印象。我写那封信时，刚刚得到很多令人难过的消息，我觉得自己正处在同全世界作战之中。我热烈地亲吻弗兰契斯卡。

---

① 劳拉于1870年9月到达波尔多后不久就生了第二个儿子。
② 弗里德里希·恩格斯。
③ 暗示海涅名诗《诗之书》。

亲爱的朋友们，请相信我永远忠实于你们。

燕妮·马克思

5. 燕妮·马克思1871年10月16日致路·库格曼

[18]71年10月16日星期一

亲爱的朋友：

我们刚接到第三组照片。为了使我们能如此迅速地收到照片，您一定费了很大劲，对此我们向您深表谢意。有一些是出色的。我特别喜欢有椭圆外边装饰的那几张。法国版和英国版的照片一发行，我就给您寄去。我刚把一份关于摩尔社会生活（他的著作，他的政治活动）的简介寄给度申老头，即最近要写传记的韦梅希。

上一封信几乎错寄到俄国使我大为惊讶。德国的"文化"程度令人忧虑。且不说在信封正中写有普鲁士几个字，令人费解的是，邮政人员竟然会不知道汉诺威位于世界的什么地方。

至于《人民国家报》的启事，我想一定是李卜克内西的丰富想象力的产物：其他任何人都不会想到把利沙加勒、贝热瑞和泰斯的名字联在一起。我们猜想贝热瑞出版了一种周报①。一旦在伦敦找到它，我就把它寄给您。

---

① 《3月18日》，巴黎公社中央委员会前委员茹尔·贝热瑞所办的周报，伦敦和布鲁塞尔出版。1871年8月21日第1期—1871年9月6日第3期。

有名的杜朗①在旅游巴黎之后返回英国。幸亏摩尔已获得通知，保持了警惕，并为阻止杜朗参加"会议"作了安排。

如果欧洲诸政府有国际警察机构，那么"国际"同样有它的反警察机构！

请原谅此信既简短又仓促。我心急如火，因为我得赶火车返回伦敦郊区。

向亲爱的特鲁特亨致以真挚的问候，摩尔、妈妈和杜西一并向您全家致以亲切的问候。

我永远忠实于您

燕妮·马克思

6. 燕妮·龙格1872年12月23日致路·库格曼

1872年12月23日于
伦敦梅特兰公园路1号

亲爱的朋友们：

祝圣诞和新年快乐！家中人人，包括我在内无不怀着这个衷心的祝愿。我所以说家中人人，那是因为犹如上面地址已经向你们所表明了的一样，我又重新同我双亲一起居住在我那可爱而古老的家里了。我的丈夫和我在牛津白白住了六个星期，在此期间，没有一个学生上门。国际代表大会代表名单中的龙格先生的名字，竟使曾在夏季听过课的狡猾的

---

① 古斯达夫·杜朗，巴黎首饰匠，国际成员，他指挥过国民自卫军的一个营，据揭发是警察。1871年10月6日，国际总委员会通过了一项与他有关的决议。

纨绔子弟如此不堪入目，以致决心再也不同他们从前的老师打交道了。这当然一开始就使我大失所望，因为我深知要在如此充满竞争的领域里寻找工作是何等的困难：这个国家挤满了各种法语教师，所有法国流亡者——新闻记者、医生、律师、锅匠或裁缝，都拥进了这个领域。但是我渐渐地容忍了我们在牛津的不幸。我觉得住在伦敦比住在拘泥正统的和冒充高雅的牛津更幸福。伦敦有莫丹那住宅，在莫丹那住宅二楼的正房里，我永远能见到我亲爱的摩尔。我无法向您表述离开摩尔使我感到的孤独；他对我说，他也十分想念我，我不在时他总是深居简出。如果我的丈夫和我一旦得以在伦敦找到某种工作，那么我将为把我们从以伪科学闻名的中心赶出来的厄运祝福。

拉法格一家正巧也在汉普斯泰特；他们计划在那里住几年。① 妈妈让我告诉你们劳拉气色比她在海牙时好多了：她现在高兴得多了，我们希望她逐渐从因她亲爱的小儿子之死②而遭到的可怕的打击下完全康复。我们家其他人都很健康。亲爱的朋友们，我盼望你们也能告诉我关于你们自己的好消息。请尽快给我复信。你们要知道我对有关你们的一切都很感兴趣，亲爱的特鲁特亨，如果您肯给您的朋友田格夫人写六封信，而给我只写一封信，那么我就心满意足了。您瞧，我不是非常苛刻，而且一点也不嫉妒吧！

《资本论》法译本进展缓慢。下一分册将是出色的。爸爸把它全部重写过。译者并不高明，译得太糟糕。不幸的是，这样的校对工作对于

---

① 在海牙代表大会后，拉法格一家定居伦敦，直至1882年，在此期间保尔从事照相制版业。

② 年轻的施纳普斯大概于1872年3月到9月之间死于西班牙，因前一年感染霍乱症。

摩尔来说，甚至比他自己全部写作的工作还要繁重。他彻夜工作，直至凌晨二、三点钟。你们读过刚发表在布鲁塞尔《自由报》① 上的评论第一分册的一些文章吗？这些文章表明，这些（……）② 比利时人发现马克思和蒲鲁东同时解决了"价值构成"的问题。这就是比利时精神，纯而又纯的布鲁塞尔啤酒，没有任何杂质。如果说这些比利时人是笨伯，那么这并不妨碍他们继续对国际施展卑鄙的阴谋诡计。他们比任何时候都更密切地同他们的汝拉兄弟携手合作，而最近则同黑尔斯③这个模范英国工人和莫特斯赫德④这个酒徒勾结在一起。他们的党由于相格⑤的入伙而得到加强，而后者的可耻背叛乃是可笑的虚荣心的结果。这个无耻之徒不肯接受把总委员会迁到纽约的意见，因为这对他说来将失去他的全部重要性。几个星期来，他强压怒火，默不做声，现在他终于公然为著名的黑尔斯效劳了。但是所有这些卑鄙的阴谋家即将演完他们卑鄙的角色，总的说来，这是件好事，使协会得以摆脱诸如著名的相格、黑尔斯等等的同路人。总之，这些人暴露了他们的真面目不是件坏事。我的纸已写完了；所以该是我再次向你们两位和亲爱的弗兰契斯卡表示我们美好祝愿的时候了。

请相信我永远是你们的忠实朋友

燕妮

---

① 《卡尔·马克思及其对价值的分析》，载于《自由报》1872年12月8日—22日第48期至第51期。

② 原稿被撕。

③ 约翰·黑尔斯，国际总委员会秘书，1872年12月退出。

④ 托马斯·莫特斯赫德，国际总委员会委员，在海牙代表大会后变成反对派。

⑤ 赫曼·相格（1833—1901年），国际总委员会委员，也在1872年（原文系1772年，显然错误。——中译者）12月退出。

7. 燕妮·马克思1873年5月12日致路·库格曼

1873年5月12日于伦敦

亲爱的朋友们：

　　一想到你们近来会认为我是个不忠实的朋友，我就深感遗憾。不，你们应当对我有足够的了解，能够考虑到我之所以未曾复信完全是由于其他的原因，而不是缺乏友谊。真的，除了这一点，一切都是我推迟复信的原因。自圣诞节以来，我完全被卷进人们称为生命而斗争这场愉快的战斗中去了。如果我要诉说我在伦敦从北到南，从东到西（徒劳地）寻找法语、德语、唱歌和朗诵的学生的全部经过，很快你们就会厌倦了。这场战斗的结果就是我终于获得了丰富的经验，而且我初步认识了那些广告商、中间人和学校校长的无耻的骗人的伎俩。像莎士比亚的罗萨林德那样，我宁可被小丑嘲弄，也不为经验悲伤。既然如此，我不后悔我所作的这次艰难的探索，因为我希望有朝一日向公众揭穿这些居间吸血鬼的诡计，使别人不再陷入我落进的陷阱。在这块自由的和自由竞争的土地上，我的丈夫并不比我有更多的机会。当然，如果我们愿意在外省某个偏僻的地方混日子，那我们早就找到工作了，只是虽然我已结婚，我的心仍然被拴在我爸爸所在的地方，在别处生活对我说来简直不可想象。然而，要是所有我们的计划都落空，我想我就得离开他……不过，每天的忧愁已经够了：我不愿事先去想它。

　　亲爱的朋友们，我还要再一次感谢你们最近的来信。我亲爱的医生，对于您所提出的关于代表大会汝拉代表的意见，还需要予以最简单的答复吗？时间已经替我做出了答复，而且时间比我所做的任何答复更有效力。那些卑鄙的阴谋家，其唯一的目的就是在协会内部挑拨离间，从中渔利，他们的反对者始终是极端仁慈地对待他们的。您看过《自由报》上相格这个满脑子虚荣心的无耻之徒所精心炮制的新作吗？谎言关系到我的丈夫，相格和一个老革命者共同捏造了这番谎言，后者如今在一家英国贵族家庭里当奴才，满足于发挥软弱无力的作用。这就是著名相格的可尊敬的伙伴！

您所暗示的消息不是真的，照此消息爸爸现在已去了美国。

《资本论》第二卷毫无进展，几乎必须全部重译的法译本占去了摩尔的全部时间。对此您是怎样想的？对《资本论》第二版的后记您有什么想法？

亲爱的特鲁特亨，我不必要对您说，我非常非常地想念您，渴望能再见到你们，您和亲爱的弗兰契斯卡。这位少女还记得从前的一位给她摇摇篮的女人吗？请向她转致我最美好的祝愿。摩尔、我的丈夫和妈妈一起向你们和温采尔问好。摩尔不久就会给你们写信。我永远非常忠实于你们

燕妮

（原载法国《思想》杂志 1957 年 9、10 月号总第 75 期）

（金嗣焜 译　白钢 校）

保·拉法格1881年的六封信[*]

1. 保·拉法格1881年4月致保·布[鲁斯]

[18]81年4月底

亲爱的布[鲁斯][①]:

让我们把观点明确一下。为此请允许我从您来信的结尾和关于个人的问题开始,对您的信作一答复。

您说:"您和盖得",——但是亲爱的,是谁说要给党一个领袖,不是您提出马隆吗?不过我认为,党既不应体现在盖得身上,也不应体现在马隆身上。我努力争取的是工人阶级的专政,而不是个人的专政。我给马隆写信,说盖得是我们的拉萨尔,他以自己见解的公正和有力的宣传把工人运动引上正确的道路,他应当发挥重大的作用。但我从来没有打算拥他为领袖。我非常清楚地了解拉萨尔献身于建立党的专政事业

---

[*] 本文选自《马列著作编译资料》1980年第5辑。
[①] 这封信看来是对布鲁斯1881年4月24日给拉法格的信的回答。拉法格在给《平等报》社的信(见文件4)中提到过布鲁斯的信。

而招致的不幸。我不是想以与拉萨尔作比较来侮辱盖[得]（或者我们中的其他任何人），拉萨尔不过是一个名声败坏和沽名钓誉的庸碌之辈，他把自己个人置于一切之上。我们是有威望的，但看一看我们所制定的纲领吧。我们有意使它成为不完全的（和……），以便使[事件]有可能根据形势来完成它。我们只想表达两件事：（1）目的——生产工具的国有化；（2）在一切领域进行斗争的必要性；（3）实行改革的必要性，因为越吃越想吃。而您呢，您拒绝在纲领上签字，甚至加以反对，而且不再就这个问题给《解放报》①写稿，同时，您制定了一个市政纲领。这是另一个纲领的补充，自以为考虑到了未来的一切情况。当有一定的任务需要完成，如管理现金、管理合作团体、领导报纸时，我是会有威信的。这时我需要高度的责任感。用不着哪个领导人说：这是某某人做的，与我完全无关。因此，个人的权力是必要的。从我们的交谈来看，我认为除了关于报纸问题外，我们的看法是一致的。您和马隆认为，报纸应当反映各种意见，而我不这样看；正因如此，我反对马隆把"工人党机关报"作为《解放报》的副题。在我看来，党的正式机关报应当是纯粹的行政公报，它不代表任何个人的理论性意见，因为工人党应当吸收各种意见，甚至合作社派和无政府主义者的意见，而希望对运动和对党发生影响的报纸，则是另一回事了；只是在这样的条件下，我才参加了报纸的编委会；它应当是一个正直的委员会，应当知道，它往何处去（应准备进攻），而不应成为人人都能发表自己散文的场所。

---

① 指根据马隆、盖得和布鲁斯的倡议在里昂出版的日报《解放报》（1880年8月—1881年11月）。

我再谈几句来结束关于个人问题的讨论。我在西班牙积极参加了运动①。如果确实存在英国的运动，那我在伦敦也会积极参加的。我认为不参与流亡者的行动是正确的。因为，他们置身于虚伪的环境中，只会在同各种派别和个人的斗争中耗费力量。

亲爱的布鲁斯，您知不知道我们的分歧究竟在哪里，幸而这些分歧是表面的分歧，而不是真正的分歧。分歧就在于：我们从什么观点来看待运动。您可以看到，我的观点是同盖得的观点大致符合的，我从我们之间长期交谈中确信，我的观点看来并不像您认为的那样简单。

资本主义文明（事业……）国家的所有制视情况不同而处于采取国家形式还是采取公社形式的进化过程中。在这个问题上我们之间没有分歧。但是我认为，经过若干年（五至十年）之后，运动将会采取革命的速度。俄国所发生的事件，将会最强烈地影响到欧洲；因美国的竞争而造成的（现象）经济困难，将以越来越快的速度增长，传播到英国和法国。另一方面，金融投机在欧洲和美国达到了史无前例的规模：我看到巴黎的变化时感到惊骇万分。《动产信用银行》②的倒闭，墨西哥事件的破产③和波拿巴财政的崩溃——同我们将愉快地面临的财政崩溃相比，这些都是神圣的约翰的大喜事情；所有的阶层都触及到了。周期性危机的新阶段在［18］87年就会到来，但是由于生产资料和投机事业的空前发展，危机完全有可能提前开始。应当做好准备——时间紧

---

① 指拉法格参加西班牙的工人运动。他作为第一国际总委员会委员，从1871年至1873年在西班牙同巴枯宁的拥护者进行了坚决的斗争。

② 动产信用银行——法国一家股份银行，创立于1852年；它与第二帝国的政界要人有密切联系。这家银行因通过它建立的股份公司进行大的投机事业而出名。它于1867年破产，1881年被取缔。

③ 指拿破仑第三1859年企图占领墨西哥没有成功。

迫。我们的事业成败未定。我们具有科学的运动意识；需要大声疾呼地宣布我们的观点，因而需要创造那种大家可以在其中自由自在地进行共产主义呼吸的理性气氛。因此必须使资［产阶级］及其思想受到打击；必须嘲笑［17］89年和［17］93年的所有旧的漂亮辞藻和意识形态：人的权利、自由，等等，普及教育、丰富的劳动产品等等，必须把所有资产阶级大人物描绘成蠢驴，以便使所有同我们一起走的人深深地坚信：必须改造一切，一切都陈旧了，资产阶级只是靠早先获得的力量支撑着，但是它没有自身的力量。您把您既不愿意写又不愿意说而我也不相信的事情写信告诉我；那样，您就得强迫您自己。宣传者的人数没有那么多。

这种使您稍稍感到厌恶的大张旗鼓的宣传对于发动群众来说是必要的，不过除此以外，还必须有我们有组织的骨干来接待所有对我们感兴趣和受我们影响的新来的人。

您聚精会神地观察您在南方和巴黎遇到的老的无政府主义者、皮阿分子①和其他人。应当做到：要么争取这些人在我们宣传的影响下有所改变，要么就抛弃他们。不应对他们有所指望；这是一些轻浮的人。你认为他们掌握在你的手中，可是他们却已经悄悄溜掉了。在马赛，马隆和您可能已经认为，人是属于你们的了，可是一下子忽然冒出一个勒克律②，到各个小组中说：朋友们，这一切都不是无政府状态。既用不着章程，也用不着组织！于是各个小组就瓦解了。［马隆］和您不要说这是盖得干的。如果除了他们，我们谁也没有找到，那就是说，我们还没

---

① 指法国政论家、小资产阶级民主派费里克斯·皮阿的拥护者。皮阿多年来一直对马克思和第一国际进行诬蔑诽谤。巴黎公社失败后流亡英国，1880年回到法国。

② 让·雅克·埃利塞·勒克律——地理学家和社会学者，无政府主义理论家之一，第一国际会员，巴黎公社参加者。

有接触到真正的工人阶层。马赛是一个工业城市，里昂也是，南方许多地方的工人阶级同北方一样，是遵守大工业的纪律的。或者是他们还不了解我们，或者是要采取另外的步骤，但千万不要无政府主义！恰恰相反，要不惜任何代价把他们同我们分开，并且说服他们，不要再像过去那样用越轨行动来反对我们，还要告诉他们：你们是无政府主义者，这是你们的事情，［因］如果你们愿意，就同我们一起走，我们并不抓住你们不放，因为你们既不代表工人阶级，也不代表哪一种科学理论；但是如果你们像过去那样干出什么越轨行为，我们就准备给予回击。你们安稳一点，我们就不来打扰你们。

话又说回来，您完全可以相信，所有仅仅在自己的漂亮空话和使别人感到的恐惧中吸取力量的吵吵嚷嚷的人们，很快会脱离运动或者遇到困难的。

2. 保·拉法格1881年10月26日致霍·梅萨①

1881年10月26日

亲爱的梅萨：

在接到您的信之后我再没有听到巴黎的任何消息。因此我一点不知

---

① 霍赛·梅萨－伊－列奥姆帕特——西班牙工人运动和社会主义运动的著名活动家，第一国际西班牙支部的组织者之一，《解放报》编辑部成员，新马德里联合会委员，曾积极与无政府主义进行斗争。1874年1月弗·塞拉诺将军在西班牙建立专制制度后，梅萨流亡到巴黎，他在巴黎同西班牙国际主义者小组一起同马德里的地下中心——以帕·伊格列西亚斯为首的西班牙社会主义党于1879年成立的核心建立了联系。

道，我的第二封信对布、马一伙①到底起了什么影响。也许，影响不会马上发生。不过如果我们继续公开向他们进攻，我们就会在他们的队伍中造成慌乱。盖得是很有策略的，表现得很有耐心，让布在《无产者报》上攻击他。但是今后再一个劲地忍耐，那就是软弱，［贝努瓦·马隆］不会原谅我们。应当以牙还牙。对我们有利的情况是：不是我们先开的头，我们只不过像耶稣会教徒——自治论者那样进行自卫，没有进攻，而我们做这一点是直截了当的、公开的。但是需要制订行动计划，因此我写信给您，而不是给盖得，因为［您］认为事情……并且会提出自己的建议而使事情收到成效。但是不要涉及有偏见的……因为他们会躲着您……

首先要打破全国委员会的计划，我可以证明，这个计划就是马隆的阴谋的产物。（盖得可以证实这一点）我有一封马隆骂我是无政府主义的极其有损名誉的信，因为我曾经写信给他，说这个委员会应当由党发起建立，而不要匆匆忙忙在巴黎成立。手法就是：要自治联合会选出五个能代表它们的成员；可见，马隆和布鲁斯是依靠他们的秘密组织来准备委员会委员的选举的。应当向代表大会揭穿这一手法。如果代表大会投票赞成［组织］全国委员会，那就要力争其驻在地不设在巴黎，理由恰好就是存在着阴谋和阴谋家。盖得要坚持这两点，不要怕挨打，要宣布，在下一期《平等报》上也坚持这两点，并且要预告，这样建立起来的全国委员会不是一个搞垮和拆散党员的阴谋机构，就是一个无法进行任何工作因而是毫无用处和有名无实的议会组织。

［不过］盖得在组织问题上应采取［明确的］立场。我把计划交给了他，他表示同意这个计划。他应在代表大会上认可这个计划，并

---

① 指布鲁斯和马隆。

宣布，我们将在《平等报》上坚持这个计划，我们要求《无产者报》同我们辩论。在还没有得到目前只根据马赛宣言和竞选纲领（布鲁斯想取消这个纲领）联合起来的各个团体的一致同意以前，就成立全国委员会，——这等于把权力交给阴谋家。在考虑成立全国委员会之前，应当考虑建立全国性的组织。因此要请代表大会任命一个由五人组成的委员会，其驻在地须设在巴黎之外，委托委员会同所有团体进行联系并征求它们对建立全国性组织的计划的意见。把这些意见汇总之后，拟出一个计划，然后把计划印出来通知各团体，各团体再做出决定：是马上召开代表大会来进行讨论并通过决议，还是可以等到另一次代表大会。

至少，（这三个）成员中有一人应拿工资。联合会必须确定每月至少五十法郎的会费。因为根据马隆给我的来信判断，布鲁斯领导着三十个联合会支部和一定数量的南方工人联合会，他从自己的南方朋友那里得到这五十法郎并不难。盖得将起一个非常好的作用，因为他会指出，我们的权威主义和他们的自治权之间有着什么样的差别。我们希望辩论，他们则希望回避辩论。他们指控我们（盖得和），说我们想编造《无产者报》在搞不正当的竞争。布鲁斯的阴谋和《无产者报》在组织问题上的立场倒使我们的处境十分有利。《平等报》第三种专刊要出版了，因为破坏国际事业的阴谋家的名字大家都知道了。为了揭露阴谋家，揭穿他们的阴谋，《平等报》恢复出版了。它无疑会办成一张反对市政论和反对自治论的报纸；只要存在资产阶级所有制，它就不承认有自由；它只知道一样东西，就是力量，而力量只有在等到情况使有组织的群众有可能转而采取行动时通过无数的组织来达到。

《平等报》第一期要阐述前两种报纸的历史。《平等报》第一种专刊确立了集体主义，从合作社派手中把运动夺了过来。第二种专刊传播了马克思教给我们的经济理论,完成了纲领的工作,这个纲领必须像维护我们的孩子一样加以维护。要注意《无产者报》的狡猾手腕和它对《平等报》第二种专刊的嫉妒态度。

第三种专刊比过去更有力了,因为它的编辑们在无政府主义者布[鲁斯]和马[隆]离开后在一个共同思想下团结一致了。这不是要求对党的正式公报进行专门垄断的商业小铺,而是一个进行斗争的机关刊物,它要继续《平等报》第二种专刊的事业,也就是要粉碎所有被所谓的社会主义者说得天花乱坠的资产阶级理论(自治论,完整的教育,等等)。《平等报》的全体编辑充满着热情的(不过也是必要的)、科学的信念。但是他们永远也不会为了自己思想的胜利而堕落到伪造信件或背着别人搞阴谋的地步。他们号召开展辩论,是因为自治论者占据了《无产者报》;他们强迫自治论者用说理的办法而不是用可耻的诽谤来讨论他们的原则,但是这样做并不妨碍他们把诽谤者和阴谋家钉在耻辱柱上。

如果《平等报》这样做了,并且转入进攻,那么布鲁斯分子很快就会被击溃。既然他们利用了我的一封信,我也就不客气地利用马隆和布鲁斯的信,我可以向您保证,这将是一件有趣的事情;这是两位无产阶级阴谋家的大作,如有必要,我会在《平等报》转载。您会感到吃惊,布[鲁斯]竟会天真到建议我……但是为此需要盖得在代表大会上确认我们的组织计划;他的态度就是我们的出发点。请您考虑一下我信上所说的问题,并请同盖得联系。如果他同意我的行动计划,就叫他告诉我,我起草一个《平等报》第三种专刊告朋友和敌人书,并把它寄给您。盖得从代表大会回来后可以对它进行修改,并把它交给《平等报》。

因为艾……①很忙,请写信给我,是否……无政府主义者的代表大会……

3. 保·拉法格1881年10月底致贝·马隆

1881年10月底②

公民马隆:

我接到巴黎来信,说人们关心着一种谣传,说我向布鲁斯建议[让]盖得担任我们的编辑。这是真的吗?

顺便说说,为什么我私人写信给您,而不是像我对布鲁斯那样公开地写信给您。

1. 我认为,把这些谣言告诉我的人对您的话作了错误的解释。

2. 我把您同布鲁斯区别开来,因为在理性方面您比他高明得多,如果说近来您的(相反的)做法同我要求于您的相反,那么这是因为您完全受了他[布鲁斯]的影响,从您到法国特别是从您离开里昂后的来信我可以看出,布鲁斯的[影响]正在加强。

我个人的这种算是过分尖锐的批评会刺痛您;但是[您不可能按其他方式行动],我是作为一个同志给您写信的;我向来……③是同您玩

---

① 专有名词,字迹不清。
② 日期是用其他笔迹写的。
③ 原稿删节。

[明牌的],(我想)我认为,自从您参加(《公民报》)《不妥协派报》①以来,我们对您的忠告总是有很大好处的;在《公民报》,您当了市镇选举的候选人时,您是犹豫不决的,这从您的来信可以证明。我对您的忠诚以及您信中所做的保证都不能使我相信(您会支持……)②您会完全成为布鲁斯(反对我)的驯服工具,而布鲁斯是带着破坏我们和《平等报》同仁所做的一切工作的明确计划离开伦敦的。

致(兄弟般的)敬礼

又及:我想看·看您的笔记本,因为我还没有机会用到它。其中唯一珍贵的是工人列举的一些有关工资的数字。请您用挂号把我关于……③的文章寄还给我。

我把您同布鲁斯区别开;如果说您近来采取了另外的立场,而不是从您信中可以推测出来的那种立场,那么这是因为,您又完全受到布[鲁斯]的影响,虽然您在理性方面比他高明得多。从您来到法国,特别是离开里昂以后,就感觉到这种(对党极其有害的)影响正在加强。

---

① 《不妥协派报》是昂·罗什弗尔于1880年创办的激进共和派报纸,《公民报》是1881年至1884年在巴黎出版的社会主义日报。参加编辑部的有茹·盖得、艾·马萨尔、贝·马隆、阿·塞孔迪涅。拉法格在1882年4月成为该报编委。

② 原稿删节。

③ 原稿删节。

4. 保·拉法格1881年11月30日致《平等报》社

1881年11月30日

致《平等报》社的公民们

公民们：布鲁斯不去回答我转寄给你们的两封信，却继续在背地里进行攻击。这一次他当上了老大。当我得知马隆也随声附和时，我写信给他要求解释。马隆老兄回答我说："您要求在党内为盖得建立独裁，这没有什么可说的，但是您想把他拥为党的首领，一定程度上的领袖"。我回答说，您说的不对，在我的信中您只能找到对盖得的忘我精神、天才和行为的赞美。首领不是造出来的，首领是自己涌现出来的。是否可以造出马拉呢？至于您和布鲁斯，那么当你们昔日的朋友塞孔迪涅称你们为党的领袖时，你们并没有反对过。

为了驳斥两位老兄的论点，我有比我的信稍好的东西。1881年4月24日，布鲁斯老兄写信给我："如果需要确定一个人担任这个职位（党的领袖职位），那么我亲爱的，无须怀疑，马隆在巴黎和外省会以压倒多数当选"。会以压倒多数当选——这种诽谤使我感到吃惊。我怀疑是图谋主席和副主席的职位，于是立刻回答说：党不需要领袖，党需要刚毅的、有才智和忠诚的人。布鲁斯老兄觉察到自己失算了，5月27日他试图为自己辩白："我是说，如果党接受一个领袖（不是像第一封信所说：如果党需要一个领袖），那么指的就是马隆，不过我也同您一样认为，党不要正式的或半正式的领袖也能过得去。"因此，布鲁斯老兄了解到我坚决反对设立任何主席职位的意思后，就责难我，说我想硬塞进一个领袖，一个"独裁者"（话已经说出口了）；因为他的主席候选人没有当选，他的希望落空了，马隆老兄也就随声附和他："我从拉法格的信中看到，他想拥盖得为党的领袖"。

公民们，我的目的就是向你们揭露那些依靠撒谎和机会主义做法在我们队伍中拨弄是非以及张罗着要把工人党变成资产阶级激进派社会主义同盟的翻版①的人。

随函附上两段布鲁斯老兄的信的摘录，请你们妥为保存。

敬礼和兄弟情谊。

保·拉法格

5. 保·拉法格致保·布鲁斯

没有送到②
未注明日期

亲爱的布鲁斯：

我猜想您不会说出自己的地址，因为您不希望安德里耶③看到您的信；因此我让梅萨把这封信转给您，这个办法比信件留局待领要可靠些。

听说布鲁斯太太顺利分娩，我感到很高兴，祝愿母亲很快康复，祝愿孩子有一个幸福年，因为第一年是一生中最了不起的一年。

---

① 指十九世纪八十年代法国的激进派和社会主义派试图组织广泛的联合。
② 这几个字不知道是谁写的，上面画了一个圈。
③ 巴黎警察局长。

现在转入政治问题。您责怪我们的巴黎朋友,说他们不能把计划变成现实。是啊,能证明这一点的后果是存在的。不过,您认为对一个周刊来说,有几千法郎就足以应付,那您就错了。如果我们不想再一次失算,我们就至少应有一万至一万五千法郎现款,给认真负责的管理人员和通晓业务的编辑支付工资,因为政治上的通讯报道和整个报社的生活问题都要托付给他们。忘我精神,这是好事,但是面包、肉、酒和咖啡,这是忘我精神的基础。像剥削阶级资本家那样去做——这就等于是,不管是谁,都要求他像盖得办《平等报》那样来办报,而《平等报》整个说来是我所知的最好的报纸之一。社会主义的读者在报纸上除了看到反映当前政治问题的文章外,还可以看到来自法国和国外的极其全面和极其有趣的消息。如果我们未来的机关刊物能办得像《平等报》一样,我们才能认为这是幸福。

您把我的意思理解错了,或者更确切地说是我表达得不对,我写了"印刷所";其实我只是想说排字车间,这种车间并不贵,管理得好,每周可以节省三十法郎。不过这是一个次要问题,讨论这个问题时要提到数字。

您毫无根据地指责盖得攻击无政府主义者。所有这些攻击几乎都是从我这里来的,我坦率地向您承认,我对所做的事表示遗憾。但是我认为,塞比尔在《世纪报》①上的攻击甚至超出了无政府主义的界线,他在报上把我们称作资产者,因为我们为了组织和斗争的目的把经济改革的纲领提到了首位。你看,他这个无政府主义者大发雷霆,居然请求资产阶级报纸来对我们进行侮辱!所有的无政府主义者都是如此。一触犯

---

① 《世纪报》——巴黎温和共和派日报。塞比尔——持无政府主义观点的新闻工作者。

他们，他们就向资产者求援，以便来开导我们。您听说过有这样的无政府主义者吗，当问题涉及要保护他的财产［或他］个人时，他却不急于向资产者的法庭和警察呼吁？就是这些奸诈之徒想阻挠工人阶级利用国家来缩短工作时间！无政府主义者对德国社会主义者的攻击和诬蔑早就使我非常生气，我想坦率地说几句。如果我平平静静地呆在伦敦，像一个照皮阿样子行事的弑君者那样辱骂您，说您还不去杀死格雷维或甘必大，或者说您还不去组织暴动以便把加利费送去服苦役，那么您会说什么呢？您会说我是一个挑拨离间的人，或者是一个像（莫斯特）① 那样的吵吵嚷嚷的人。您的德国朋友们被关进监狱，被流放，被镇压，被迫害②，别人想鼓动他们造反，以便有可能用波拿巴的办法来拯救社会；您可以设身处地想想，如果你了解这些朋友，如果你自身也处于这种境地，那么您告诉我，我把瑞士和法国的无政府主义者叫做无所作为游手好闲的人，究竟对不对。不过我承认，我把他们的作用说得过大了。我读了全部的《社会革命报》③ 和几期《造反者》④，我认为，同这些蠢人打交道，等于是浪费时间。他们的几次代表大会真是妙不可言；党内最聪明的人，各种各样的勒克律和卡菲埃罗⑤提出了一个共同

---

① 约翰·莫斯特——德国社会民主党人，1878年颁布反社会党人非常法后流亡英国，在英国出版有无政府主义倾向的《自由》报，1880年作为无政府主义者被开除出社会民主党；1882年侨居美国。

② 指俾斯麦实施反社会党人法后在德国进行的镇压。

③ 《社会革命报》是十九世纪八十年代在巴黎出版的巴枯宁派报纸。

④ 《造反者》——彼·阿·克鲁泡特金于1879年在日内瓦创办的无政府主义派别杂志。

⑤ 卡洛·卡菲埃罗——意大利工人运动活动家，第一国际会员。1872年起同巴枯宁建立了私人联系，成为无政府主义运动领导者之一。

的意见,要为党寻找一个名称:怎样来命名党——把它叫做集体主义的党,还是叫做共产主义者——无政府主义者的党?可以设想,我是走进了真正的中世纪时代,走进神学家的圈子里来了。无政府主义者甚至不知道他们要想干什么。他们怎样被打败这一点,就可以证明,他们一来到工人中间,而不是脱离劳动阶级的分子——某种程度的骨牌爱好者中间,他们就什么作用也起不了。

我所同意您的是:新的机关报应托付给负责的委员会。我认为(马克思和《平等报》也有这样的看法),盖得出色地领导了《平等报》的第二种专刊,尽管头几期有十分明显的无政府主义色彩以及盖得的言辞很像高贵的老爷。盖得以其坚定的不妥协立场,以其善于论战者的杰出才能和革命性,把周刊从一个小市民习气的刊物办成了一个使整个激进派报刊和所有右翼社会主义者(马萨尔①这样称呼他们)大为恼怒的机关报。为此需要不小的勇气,特别是当时盖得的个人处境并不太好。他把自身献给了党。正是他把别人的一切憎恨都招引到自己身上,而我们则可以收获他努力得来的果实。我们的任务同他所完成的任务比起来,是既容易又方便。在我们未来的机关报里不要再像在《平等报》那样有替人担过者,不过,我认为,应当抑制一下盖得这位过于热情的战士。如果您认为,工人党可以不向温情脉脉者宣战而成长起来,那就大错特错了,我说的不是无政府主义者,因为他们算不了什么。您可以看看所发生的事情。龙格②参加《正义报》③ 我是赞成的,他在《无产者

---

① 艾米尔·马萨尔——新闻工作者,社会主义者,法国工人党党员。
② 沙尔·龙格——马克思的女婿,法国工人运动活动家,蒲鲁东主义者,第一国际总委员会委员。
③ 《正义报》——日报,激进党的机关报,1880年至1930年在巴黎出版。1880年6月起沙·龙格成为该报编辑。

报》说，他打算在那里宣传社会主义，他到哈佛尔去，对里昂人表示偏爱，对我们的代表大会表示恶意，后来他又不参加已经成立的团体，却想从公社的残剩者中建立一个［极端的］左翼激进党，采用我们的纲领，并且阉割其内容，把我们蔑视地称做……委员会①。龙格，就其才华和品性来说，是一个优秀的温情脉脉者，然而他的举止却像一个坏透了的资产者。我要有一家报纸，我就会坚决对他进攻。我们的党一开始巩固，现在对我们笑脸相迎的人就会对我们凶相毕露，如果我们不想成为社会主义的基督徒，那么就必须以其人之道，还治其人之身；所有出于虚荣心而同我们亲昵的人由于轻率和无知而离开了我们的队伍，转到我们的敌人一边。这种淘汰是不可避免的。盖得不是等待形势和斗争去造成这种淘汰，而是徒劳无益地去促成它。这样他就遭到了激进派的怨恨和我们的非难。在策略上应当善于等待，委员会应当制止他的急躁行为。不过，现在我们有了一个对斗争的各种直接需要来讲都是非常全面的斗争纲领——两次代表大会都赞同的纲领，虽然有这样多考虑不周的人，没有一个指导方针，但是比起今年1月我们刚开始办《平等报》第二种专刊的时候来，我们在确定问题时还是要容易些。不管我们愿不愿意，未来的机关报都应是另一个样子；现在我们对自己多少有所了解，并且有了明确的目的和策略，这个策略虽然在法国没有很好确定下来，也没有得到贯彻，但是在德国却有了显著的效果。

我刚才接到马隆来信，他提出一个计划，我十分赞成。马隆说，三种报纸的突然消失，引起了慌乱，但并不严重。我们在我们的报纸上发起了法国前所未有的运动；从1848年起就没有理论上的社会主义。蒲

---

① 字迹不清，看来像"马隆的委员会"。

鲁东的最后一本社会主义著作《矛盾》① 是写于 1864 年。后来他发表的东西，就全只是一些先验的和无政府主义的政治文章和学院式的寓教。盖得及其三本小册子②和两种《平等报》，马隆和他的《评论》③以及《无产者报》都给法国革命者带来了新的思想。巴黎代表大会和哈佛尔代表大会表明，这些种子已经落进良好的土壤之中。新的理论（经济唯物主义，生产资料的集中，两个相互敌对阶级的形成，它们在经济和政府舞台上的斗争）在法国许多工人中心找到了新的追随者。他们在群众中又明确又不明确、又全面又不全面地传播这种理论。

我们的报纸可以消失，但是思想在继续开辟道路，在训练智慧；将来我们会对它的成就感到惊讶。我们的宣传开始深入群众——这一点很重要，有了这一点，我们就不会有难以对付的敌人。无政府主义者和个人主义者（无政府主义者的另一变种）的漂亮空话诱惑不了群众；当我们的纲领深入工人之中时，我们再来看看，激进主义者和形式主义的社会主义者的诺言是否能引诱他们。马隆的计划符合形势的需要：出版一批小册子，半个月出一次，售价二十五生丁（这样我们就可以继续《平等报》和《评论》的事业），同时筹办新的报纸。当前应当阐明的问题也要商量好。我已写信给马隆表示同意，并且告诉

---

① 指比·约·蒲鲁东的著作《经济矛盾的体系，或贫困的哲学》（système des contradictions économiques ou philosophie de la Misère de. Tt. 1 – 2. p. 1846），他在该书中阐述了自己关于用改革信贷和流通的办法和平改造社会的思想。

② 大概是指茹·盖得的下列著作：《共和政体和罢工》1879 年巴黎版（La République et les grèves, p. 1879），《集体主义和革命。1879 年 5 月写的序言》，1879 年巴黎版（Collectivisme et Révolution. Préface Mai 1879, p. 1879），《工资及其后果的法则》巴黎版，未注明年（La loi des salaires et ses conséquences. P. S. a.）

③ 《社会主义评论》是马隆于 1880 年至 1893 年出版的。

他，只要他愿意，我可以准备两本关于十九世纪下半叶劳动问题的小册子。您在伦敦对我说的那本小册子可以放到这一批小册子里面。请把我的信和出版小册子的计划转交盖得，同他一起好好商量一下，把你们的意见告诉我。

您这样卖劲地为这些伦敦人出力，把他们组织起来，为他们办报，他们却不怕主编的剪子，在报上登载耸人听闻的谰言，他们对您不满。有一次在里沙①那里，他们中有三个人骂您，说您把他们弃置不顾，不给报纸材料，不加以领导，而只顾一己私利，那时您在南方。我干预了他们的谈话，并且尽我所能，说明事情的真相。我把这种事告诉您，想证明，这些什么事也不干的人，不论在伦敦，在巴黎，还是在瑞士，总是要诋毁那些实干的人，您可以相信，那些反对盖得比谁都起劲的人，不是一些盖得的革命活动将其基础连根铲掉的沽名钓誉者和反动分子，就是一些只知道谩骂那些实干家的软弱无能的人。

我认为路易丝·米歇尔②是同我们一起的，尽管她对弑君的兔子皮阿软弱了些。把她吸引到我们这边来是非常重要的。这是公社的一位非常杰出的性格坚强的人，而且从来不会妥协，我们正需要经受了这样锻炼的人。原则不是为了妥协——既不同人妥协，也不同思想妥协。如果我们回到妥协的道路上，那我们就完了。这并不是说，在需要的时候就不能同资产阶级政党，不论它是激进主义的还是帝王复辟主义的，就联合行动问题进行协商；但是不要把这一点弄混了：每个人可以留在自己的旗帜下并准备在胜利后立即掐住另一人的脖子。阶

---

① 艾米尔·里沙——第一国际伦敦支部成员，巴黎公社参加者。
② 法国女革命家，女作家，巴黎公社参加者。大赦后于1880年回到法国，积极参加了工人运动，同无政府主义人物接近。

级斗争只允许暂时的联合。只有既不容许暂时休战也不容许休息的不停顿的战斗，才能保障生存。好吧，写的够长了。不过我认为讲清几个问题很重要。我们应当行动一致，就是说，要不怕交流思想和观点，坦率阐述自己的想法。

热烈握你的手

保·拉法格

如果您已经看完了我的手稿，就请用挂号把它寄还给我。手稿中有一些必要的段落，我在自己的笔记本中没有找到。

6. 保·拉法格致某人[①]

未注明日期

《公民报》举行的群众集会看来十分成功。我对此感到高兴是出于几个原因（这些原因我将告诉您）。这是一次反对俄国的行动，是我们所掌握的能帮助我们俄国朋友的唯一手段。重要的是使人民意识到不让甘必大站到俄国一边。对沙皇的卑鄙行为宣传得越起劲，就越能揭穿从著名的宣言[②]发表后才变得一钱不值的俄国的价值。没有钱，就不能继续干。沙皇必须违背自己的意愿召开立宪会议，以便弄到他所十分需要的金钱。目前在俄国妨碍一切运动的就是村社自治。每个省，每个村社都是各行其是，当然处处都呈现出颓丧景象。在圣彼得堡或莫斯科召开

---

① 收信人未查明。
② 指亚历山大三世于1881年4月29日发表的宣言。

会议时，运动就会有一个中心，来同独裁政府直接作斗争，到那时真正的革命就开始了。

《公民报》举行的群众集会使《不妥协派报》和其他一些激进派大为恼怒；这次集会证明，在巴黎可以不顾政府的反对组织集会，只要敢于作为，就能做到这一点。布朗基主义者（因为这是他们干的事）表现得很好。

但是对于我们的领导工作来说，还有一个必须从中吸取的教训。那就是：《公民报》和布朗基主义者利用了我们的组织，并且巧妙地使整个运动变得于他们有利，只要我们不打算退出我们的小圈子，情况就会一直如此。显然，法国人民不管什么事情都是满腔热情，正因如此，他们总是会上一些招摇撞骗者的当：从国民公会议员及其伟大的公式——自由、平〔等〕起到拿破仑第三和拿破仑思想以及皮阿和弑君行为止；不仅如此，法国人民需要反对政府的斗争，需要一种采用普遍形式并超越行会斗争范围的斗争。甘必大十分清楚地了解这一点，所以要求按名单选举候选人。如果我们做不到这一条，那么，尽管我们不想联合，不论在选举的第一阶段还是第十阶段，我们就只能成为一种提名的工具，去给（好讲空话者）激进派连同其自诩代表工人政党，其实是冒名顶替的夸张作品提名。我们是有这种可能性的。过去在《平等报》时期领导过运动的社会主义政党，难道现在不就是只代表一些游手好闲而又马马虎虎的人吗？当需要凑一帮子人时，总是可以把希望寄托在这些人身上的。很可惜，无产者不是深信自己，不在委员会和讲台上要求一个位置，却满足于充当别人的支持者。您瞧，我们多丢脸：选举马隆的事就好像一件什么坏事一样被巧妙地阻止了；拉比斯基埃尔①的发言被无

---

① 拉比斯基埃尔——过去是第一国际法国支部成员，盖得派。

限期地推迟，而塞孔迪涅和居埃①的荒唐话却任其散播。

在我想参加《公民报》的时候，我曾经想过，我们可以同外部和内部的一些人商量，像……②那样把它变成一种武器，建立自己的……③现在我认为……④总有一天会赶我们的！您可以看到，马隆会被抛弃的。如果……⑤终于不把他赶出报纸的话。告诉塞孔迪涅，他太无聊了。从您的信来看，看来您是认为，可以另找机会来创办机关刊物。我深信，如果在最近两个月内我们弄不到一份日报或一份周报（我认为最好是周报），那么我们就会被各种各样的塞孔迪涅和其他事实上在极其无耻地嘲笑我们的资产者完全打垮。

（原载苏联出版的《历史问题》1978年第11期）

（吴惕安 译）

---

① И.В.居埃——共和派分子，机会主义者，激进党的积极党员。
② 下面字迹不清。
③ 原稿删节。
④ 原稿删节。
⑤ 下面字迹不清。

译者附记

保尔·拉法格写给布鲁斯等人的 6 封信，主要是反映当时法国工人党内部以盖得、拉法格为首的坚持马克思主义原则的一派和以布鲁斯、马隆为首的机会主义派别（可能派）之间的斗争。

法国工人党成立于 1879 年，当时的领导人盖得曾通过拉法格（这时拉法格因巴黎公社失败正流亡在英国）与马克思、恩格斯取得了联系，在马克思、恩格斯的帮助下制定了党的纲领。但是这个党从一开始成分就非常复杂，党内除了愿意接受马克思和恩格斯的影响、拥护马克思主义原则的派别外，还有布朗基主义分子、无政府主义分子、合作社派以及其他一些代表资产阶级和小资产阶级利益的分子。党内思想斗争一直十分激烈。思想上的分歧最终导致 1882 年该党组织上的分裂。

1881 年 4 月至年底这一时期，拉法格虽然身在英国，但一直关心着法国工人党的成长、发展。拉法格经常通过书信往来和在《平等报》上发表文章等方式与党及盖得等人保持密切联系，积极投身于法国工人运动和无产阶级政党的事业。这六封信就是拉法格针对当时法国党内机会主义头子马隆和布鲁斯等人反对马克思主义原则的言行所进行的斗争。它既反映了当时法国工人运动内部的一些发展情况，也说明了拉法格本人忠于马克思主义原则的革命态度以及当时马克思、恩格斯对法国工人党和整个法国工人运动的影响和帮助。

文中方括号、脚注和篇末注均为俄文编者所加。

爱琳娜·马克思－艾威林致霍雷修·布莱恩·唐金[*]

伦 敦

1886年2月8日于
西中央区大拉塞尔街35号

亲爱的唐金医生：

我从俱乐部那里得知，皮尔逊先生请我参加俱乐部，我很感激皮尔逊先生的邀请。但是，我不能加入，理由如下。首先我相信，俱乐部的许多成员可能会坚决反对我加入俱乐部。您瞧，在理论上支持某件事情或者有勇气把自己的理论变成实践，这是完全不同的两码事。俱乐部里的许多善良的女士一想到我能成为其中的一员，无疑会十分震怒。如果我接受皮尔逊先生的友好建议，那么我只会给他带来麻烦。另外还有一个原因。现在的情况是，我几乎没有丝毫时间从事真正的科学研究；我本来应该做的工作的一半我都完成不了。撇开这一点不说，我认为，我必须把除谋生（而正是谋生对一个女人来说是十分艰难的！）以外的每一分钟都献给我可以承担的最伟大、最重要的工作——传播社会主义思想。

成为这个俱乐部的一员而又清楚地知道，我不能为它的"进步"做一点事情，或者经常亲临它的聚会，或者哪怕只是像一个成员本来应该做的那样去关心它，这是不合常理的。但是，如果也允许"来访者"

---

[*] 本文选自《马克思恩格斯研究》1992年总第11辑。

参加，又没有人反对我，那么我将十分愉快地参加每一次与我有所了解的题目相关的会议和讨论。请您向皮尔逊先生表示由衷的谢意，感谢他的邀请。我常常想结识皮尔逊先生，但总是错过机会。如果有一天晚上我去俱乐部，而且您也在场，那我将感到非常高兴。

忠实于您的爱琳娜·马克思－艾威林

（原载《马克思恩格斯年鉴》（柏林）第12卷第219页）

（李耀群 译　李成毅 校）

译后记

这里发表的新文献,即弗·恩格斯致爱琳娜·马克思-艾威林的信①以及同时发表的爱琳娜·马克思-艾威林致霍雷修·布莱恩·唐金的信,是在卡尔·皮尔逊(1857—1936年)的学术遗物中发现的,这些东西现保存在伦敦大学附属学院图书馆。这两封信是在唐金给皮尔逊和他后来的妻子的一捆信札中找到的。恩格斯和爱琳娜·马克思的信之所以会到皮尔逊的手中,显然是因为唐金充当了皮尔逊和恩格斯以及爱琳娜·马克思之间的联系人的角色。

唐金曾就学于牛津,1873年完成学业。从1874年起,他在威斯敏斯特医院和伦敦东区儿童医院任助理医师。与此同时他还在伦敦妇科学校授课。1880年,唐金被选为有名望的伦敦皇家医学院院士。后来,他主要作为神经病学家和法医而名震一时。许多学术著作表明,他终生献身于犯罪学和心理学的边缘科学。1911年,唐金由于其成就被授予贵族称号。朋友们对他的评价是:他是一位热情而又富有幽默感的人,他不仅对科学表现出浓厚的兴趣,而且在政治、艺术和音乐方面也表现出了聪明才智。在马克思恩格斯著作的人名索引中提到了唐金:唐金——英国医生,1881—1883年曾给马克思及其一家治病。(参看《马克思恩格斯全集》第1版第35卷第573页)马克思在1881年4月11日给他的女儿燕妮的信中第一次提到唐金:"我又给妈妈请来了由朗凯

---

① 根据本丛书不收录马克思、恩格斯书信的宗旨,此信未收录。——本丛书编者注

斯特教授推荐给我的一位新医生，就是唐金医生；看样子他是一个富有学识的聪明人，不过对妈妈的病来说，我看所有的医生实际上都一样好"。（参看《马克思恩格斯全集》第1版第35卷第170—171页）70年代末，马克思夫人病重，马克思恩格斯的好友爱德华·龚佩尔特医生最初诊断为肝病，后来证实为肝癌。尽管当时的医生（现代的医生也一样）都对这种病束手无策，但燕妮·马克思仍然对唐金寄予很大的希望。

1885年皮尔逊成立了"男人和女人俱乐部"，以便对涉及男人和女人之间的关系的所有问题进行自由的、无拘无束的讨论。该俱乐部有15至20名成员，除皮尔逊、唐金和玛丽亚·夏普——皮尔逊后来的妻子外，爱琳娜的好友奥利夫·施赖纳也是该俱乐部的成员。俱乐部成员可向俱乐部提交论文进行讨论，比如皮尔逊提出的是："妇女问题"及"社会主义和性"。施赖纳显然由于自己参与俱乐部活动而萌发出写作《妇女和劳动》一书的动机，她在该书中坚决捍卫妇女的就业和经济独立的权利，她认为这种权利是真正平等的先决条件。该俱乐部也常常邀请一些宾客作报告或演讲。比如英国的无神论者安娜·贝赞特和俄国的政论家斯捷普尼亚克都曾在这个俱乐部作过演讲。

显然是皮尔逊请求唐金邀请恩格斯和爱琳娜参加俱乐部的有关问题的讨论的。皮尔逊发出这一邀请的原因主要是：1. 恩格斯和爱琳娜在当时对俱乐部所讨论的中心问题也曾公开发表过看法。1884年恩格斯的著作《家庭、私有制和国家的起源》在苏黎世出版，爱琳娜于1885年8月就倍倍尔的著作《妇女和社会主义》发表了谈话；2. 皮尔逊在当时对社会主义观点持同情态度，而且他在1881年就曾推荐自己担任马克思的《资本论》的翻译工作。

恩格斯以他特有的友好而又坚决的态度拒绝了这一邀请。恩格斯很忙，当时《资本论》第1卷英译文即将完成，而且还要对马克思的主要著作的其他各卷进行加工工作。正如他在给杜西的信中所说："几年来我所从事的工作十分紧迫，量又很大，所以我不得不完全放弃出席各种集会和拜访各种协会以及参加讨论或者为此类活动准备演讲。"同样，爱琳娜也拒绝了邀请。她由于同爱德华·艾威林结合而冒犯了英国清教主义的清规戒律，因而在此之前一直受到敌视。此外，她要挣钱糊口，因此几乎没有时间来从事严肃的科学工作。

这两封信首先证明，19世纪末，英国知识分子对科学社会主义创始人关于当时的焦点问题所作的回答表现出了越来越浓厚的兴趣。

新发现的卡尔·马克思和劳拉·拉法格的书信*

在准备出版《马克思恩格斯全集》原文版（新版）第一部分第24卷时，查找马克思英文手稿原件的工作也在美国佛蒙特伯灵顿大学里进行。人们希望在约翰·斯帕戈留下的遗物中发现马克思的手稿。这项工作没能达到预想的结果，却有了出人意料的发现。斯帕戈的遗物中，有许多一直未发表过的信件。有六封信是马克思本人写的，四封信及一张明信片是劳拉·拉法格写的，两封信和一张明信片是卡尔·考茨基写的，另外还有海尔曼·施留特尔的书信两封，爱德华·伯恩施坦以及爱德华·艾威林的书信各一封。除上述书信以外，还有《爱之书。第一部》扉页的原件，是十八岁的马克思亲笔写给他的未婚妻燕妮·冯·威斯特华伦的。

劳拉·拉法格的四封信和一张祝贺新年的明信片是寄给约翰·斯帕戈的。这四封信和一张明信片的发现至少有两个方面的意义。

首先，我们从马克思的女儿劳拉那里几乎没有见到过对她父亲生平方面篇幅较长的叙述，而这几封信对马克思的幼女爱琳娜及马克思的战友留给我们的书面回忆是一个极好的补充。劳拉写这几封信时已是一位年近花甲的老人，但她的信热情洋溢，生气勃勃，使人不由自主地想到

---

* 本文选自《马列主义研究资料》1987年第1辑。

她母亲的语言风格。

另一方面，这四封信还回答了迄今为止涉及约翰·斯帕戈撰写的马克思传记的一些问题。这部传记是一个美国人全面叙述马克思生平事业的第一次尝试，1910年在纽约出版，书名为《卡尔·马克思，他的生平和事业》。斯帕戈在这部书的前言中列出了许多人的名字，这些人为他的写作提供了素材，有弗·梅林、卡·考茨基、海·施留特尔、弗·列斯纳等人，他尤其对劳拉·拉法格表示了深切的谢意，因为在这部传记的每一个写作阶段，劳拉都给予他热情的支持和帮助，并提了不少宝贵意见。

约翰·斯帕戈1876年出生在英国的康沃尔，于1901年2月移居美国。1894年至1896年，他在英国工人运动中从事宣传工作期间认识了爱琳娜，1896年7月27日至8月2日在伦敦举行的国际社会主义工人和工联代表大会上，又认识了劳拉·拉法格和保尔·拉法格。可能从1907年起他和拉法格夫妇就有了通信联系。

斯帕戈的这部著作1912年被译为德文在莱比锡出版。对于研究马克思的学者来说，不一定认为它的内容有多么大的价值，而主要感兴趣的是其中收入的许多珍贵的图片资料。

劳拉·拉法格的这些书信也使人们了解到，原来斯帕戈这部著作中的许多珍贵图片都是由马克思的亲属直接提供的。

1. 劳拉·拉法格致约翰·斯帕戈

纽约　扬克斯

1907年12月27日于法国

塞纳-瓦瑟　德拉韦伊

尊敬的同志：

本月23日接到您的信，我连忙抽空复信，回答您提出的问题。

我的父亲是犹太人出身，无论父系还是母系方面都是犹太血统。

我的祖父于1824年①与犹太教脱离了关系而改宗新教。他这样做是出于自愿，并非为了遵从官方的规定。他告诉自己的儿子，他相信上帝，在他之前，牛顿、洛克和莱布尼茨也是这样做的。同时，他也相信伏尔泰。至于我的祖母，要是问到她是否相信上帝时，她说，她相信，但并不是为了上帝，而是为了自己。

我父亲的外貌是这样的：身材中等偏高，肢体匀称有力，宽肩，手和脚都相当小。

他的面部表情非常生动，他有着高贵的颊头，双目炯炯，透着幽默，嘴角带着一丝嘲讽的意味。

我的母亲长得很美，她身材修长，风姿绰约，使我父亲为之倾倒。我记得，当我们还是孩子的时候，父亲总是习惯用手臂搂着母亲的腰，在房间里踱来踱去。

---

① 亨利希·马克思并不是在1824年，而是早在马克思出生之前，也就是1816年至1817年8月期间就转到福音教会去了。

卡尔·马克思是最慈爱最称职的父亲，他从不装腔作势，独断专行。他生性豪爽，热情奔放，使年轻人极为钦佩；他容易冲动，但我从未见到过他怨天尤人，疾首蹙额。尽管他工作繁忙，操心的事情很多，但他从来都非常高兴和我们孩子在一起，他总是喜欢开玩笑，也喜欢和我们逗乐。他是我们的朋友和游伴。

全家福照片没有，但按您的要求我寄给您一张马克思出生的房屋的图片。①

最后，我想顺便提一句，李卜克内西撰写的那本小册子虽然出于一片至诚，但仍有许多不准确的地方。②

1907年梅林在《新时代》上发表的《研究卡尔·马克思和弗里德里希·恩格斯生平的新文献》③ 和不久前左尔格发表的书信④都很有价值。

我父亲去世后不久，我的丈夫为《新时代》写过一篇文章，文中

---

① 这可能是指卡尔·马克思在特利尔出生的屋子布吕肯巷664号的图片，是卡尔·考茨基寄给劳拉·拉法格的明信片（上面未写明日期）。这张明信片一直保存在斯帕戈的遗物里，斯帕戈在自己写的马克思传记里采用了这张明信片的局部作插图。

② 见威廉·李卜克内西：《回忆卡尔·马克思——生平与回忆》1896年纽伦堡版，弗兰茨·梅林对李卜克内西的描述评价很高。

③ 此文载于《新时代》1906—1907年斯图加特版第2卷第27号15—21页；第28号53—59页；第29号98—103页；第31号160—168页；第32号180—187页；第33号222—228页。

④ 见《约翰·菲力浦·贝克尔、约瑟夫·狄慈根、弗里德里希·恩格斯、卡尔·马克思等人致弗·阿·左尔格等人的书信及书信摘录》。由弗·阿·左尔格编辑，1906年在斯图加特出版。

描述了许多马克思私人生活的细节。①

在梅林的著作中，在 1902 年出版的《卡尔·马克思、弗里德里希·恩格斯和斐迪南·拉萨尔的遗著》② 以及 1903 年出版的《德国社会民主党史》第二版（由斯图加特狄茨出版社出版）中，您也能了解到有关历史背景和马克思生平的翔实的情况，搜集到丰富的资料。这些书异常珍贵，实际上对于所有准备研究德国社会主义历史、希望深入了解《资本论》作者的人来说，都是不可缺少的。

我和我的丈夫向您——亲爱的同志，衷心地致以兄弟般的问候。

您的劳拉·马克思·拉法格

约翰·斯帕戈
美国，纽约，扬克斯

附上照片两帧，如能用后归还，我将不胜感谢，因为我只有这两帧加印的照片。

其中一张是我父亲的侧面像，③ 照得很好，十分珍贵，另一张是我父亲和他的长女燕妮的合影，燕妮站在父亲身旁。④ 那个"小外孙"是我的小儿子，生于 1868 年 12 月。

---

① 见保尔·拉法格：《忆马克思》，原文发表在《新时代》1890—1891 年第 1 卷第 1 号 10—17 页；第 2 号 37—42 页。中译文见人民出版社 1982 年出版的《摩尔和将军》第 88—115 页。

② 此书由弗兰茨·梅林编辑，四卷本，1902 年在斯图加特出版。

③ 这是指马克思唯一的一张侧面像，是 1867 年 4 月在汉诺威拍摄的。斯帕戈遗物中保留下来的那张是用借来的照片翻拍而成的。

④ 劳拉提到的这张照片大约是在 1868 年底和 1869 年初这段时间拍摄的。

2. 劳拉和保尔·拉法格致约翰·斯帕戈

纽约　扬克斯

1908年底于德拉韦伊

斯帕戈同志：

祝愿1909年万事顺遂！

劳拉·拉法格、保尔·拉法格

3. 劳拉·拉法格致约翰·斯帕戈

纽约　扬克斯

1909年1月8日于塞纳
瓦瑟德拉韦伊大街20号

尊敬的斯帕戈同志：

只简单写几句作为对您十二月来信的回复。梅林所提到的那三本诗集的手稿当初并不是为了发表而写的。它们是一个十七八岁的青年写给一个二十一岁的姑娘的，而且这种年轻人表露心迹的东西保存下来，完全是出于偶然。我将让人把扉页给您翻拍下来①。

我有一幅我母亲十八岁时的油画肖像，我将让人给您翻拍成一张照片寄给您。我这里附上几张我的姐妹们和我的照片，这些照片虽说意义

---

① 实际上劳拉寄给斯帕戈的是扉页的原件。

不大，但仍然请您能够寄还给我。

有我姐姐燕妮的照片是1869年拍摄的。我父亲那张照片拍摄的确切日期我不知道。

非常感谢您赠给的小册子，我正读得津津有味，也非常感谢您对新年友好的祝贺，我希望，新的一年将是运动卓有成效的一年，是全体同志们有所作为的一年。

致以兄弟般的问候！

您的劳拉·马克思·拉法格

您有魏德迈的照片吗？他是我父亲的挚友。

4．劳拉·拉法格致约翰·斯帕戈

纽约　扬克斯

1909年3月12日于法国塞纳
瓦瑟德拉韦伊大街20号

尊敬的斯帕戈同志：

2月26日的信已收悉，感谢您寄还了照片和文献。

今寄去赫斯、魏德迈、厄内斯特·琼斯和威廉·沃尔弗（我父亲的挚友，《资本论》第一卷就是献给他的）的照片，因为您可能没有。

此外，遵嘱寄去诗集扉页①。

我们这辈人的生卒年月，我没有把握——说出确切时间。

燕妮，长女，生于1844年5月1日，卒于1882年。

劳拉，次女，生于1845年9月26日。

埃德加尔（大约生于1847年，卒于1856年）。

亨利和弗兰契斯卡，我记得，前者生于1850年，后者生于1851年，两人均卒于1852年。

爱琳娜，年纪最小，生于1856年1月16日，卒于1898年3月30日②。

欣闻您打算来欧洲；您在法国逗留期间能与您面晤，我们为此而感到高兴。

致以兄弟般的问候！

您的劳拉·拉法格

---

① 《爱之书。第一部》、《爱之书。第二部》以及《歌之书》这三张扉页，劳拉是全寄给了斯帕戈，还是只寄了《爱之书。第一部》的扉页，目前尚未弄清。《爱之书。第一部》的扉页斯帕戈没有寄还给劳拉。

② 马克思夫妇的子女的全名和生卒年月为：燕妮·卡罗琳，1844年5月1日生于巴黎，1883年1月11日卒于阿尔让台。燕妮·劳拉，1845年9月26日生于布鲁塞尔〔1911年11月26日卒于德拉韦伊〕。查理·路易·亨利·埃德加尔，1846年12月或1847年1月生于布鲁塞尔，1855年4月6日卒于伦敦。亨利（亨利希）·爱德华·居伊（格维多），1849年11月5日生于伦敦，1850年11月19日卒于伦敦。燕妮·艾威林纳·弗兰契斯（弗兰契斯卡），1851年3月28日生于伦敦，1852年4月14日卒于伦敦。燕妮·尤莉娅·爱琳娜，1855年1月16日生于伦敦，1898年3月31日卒于伦敦。第七个孩子的性别和名字均未记载下来，只知道1857年出生，只活了几个小时。所有女儿的名字中都带有她们的母亲燕妮的名字，但只有大女儿一直被叫作燕妮。

5. 劳拉·拉法格致约翰·斯帕戈

佛蒙特　本宁顿中心

1909年9月28日于法国
塞纳-瓦瑟　德拉韦伊

尊敬的斯帕戈同志：

我已经收到了您的信和那篇从杂志上"剪下来的文章"。文章中有关我父亲同海涅关系的描述与我从父母那儿听到的完全相吻合。他们非常赞赏海涅，海涅也尊重他们的意见。每当我这位"不讲情面，十分严格"的父亲刺伤了这位脸皮太薄的诗人，他就去找我的母亲，我母亲是一位善良亲切的女性，她总是用自己轻柔的双手抚慰诗人的伤痛。至于信中提到的洗澡这件事①，我真的不知道是否确有其事。不过这无关紧要。

我没有布赫尔的照片，但我寄给您一封他写给我父亲的信，您会感兴趣的，另外，请您用后寄还给我。

您答应送我两本您的书，对于您的厚意，我表示由衷的谢忱。能够读到您的书，我感到非常高兴。

---

① 关于这件事情，亨·格姆科夫著《马克思传》（1978年三联书店版）第58页是这样叙述的："有一天，马克思夫妇眼看着患病的小女儿剧烈痉挛，有窒息危险，正一筹莫展感到绝望时，诗人看到这种情景，就非常沉着地喊道：'必须给孩子洗个澡！'马上亲自给孩子准备了澡盆，把她泡在里面，正如马克思说的，就这样救了小燕妮的性命"。

这里给您寄去我丈夫的书《马克思的决定论》①和我自己翻译的我父亲的《批判》一书②。

致以兄弟般的问候。

您的劳拉·拉法格

我母亲一提到海涅，总说他"挺能跟上时代潮流的"。

（原载《马克思恩格斯年鉴》1985 年第 8 卷）
（李华 译）

---

① 指法文版的《卡尔·马克思的经济决定论》一书。
② 指卡尔·马克思的《政治经济学批判（草稿）》法文版，劳拉·拉法格翻译，1909 年在巴黎出版。

图书在版编目（CIP）数据

马克思恩格斯列宁相关书信及其研究Ⅱ／史清竹主编. —北京：中央编译出版社，2015.11
（马克思主义研究资料／杨金海主编；27）
ISBN 978-7-5117-2853-1

Ⅰ.①马… Ⅱ.①史… Ⅲ.①马列著作-书信集-研究
Ⅳ.①A811.3 ②A821.3

中国版本图书馆 CIP 数据核字(2015)第 276318 号

马克思恩格斯列宁相关书信及其研究Ⅱ

出 版 人：	刘明清
责任编辑：	盛菊艳
责任印制：	尹　珺
装帧设计：	田晗工作室
排版制作：	北京吉浪世纪制版科技有限公司
出版发行：	中央编译出版社
地　　址：	北京西城区车公庄大街乙 5 号鸿儒大厦 B 座（100044）
电　　话：	（010）52612345（总编室）　　（010）52612335（编辑室）
	（010）52612316（发行部）　　（010）52612317（网络销售）
	（010）52612346（馆配部）　　（010）55626985（读者服务部）
传　　真：	（010）66515838
经　　销：	全国新华书店
印　　刷：	山东鸿君杰文化发展有限公司
开　　本：	787 毫米×1092 毫米　1/16
字　　数：	342 千字
印　　张：	27.5
版　　次：	2015 年 11 月第 1 版第 1 次印刷
定　　价：	160.00 元

网　　址：	www.cctphome.com　　邮　箱：cctp@cctphome.com
新浪微博：	@中央编译出版社　　微　信：中央编译出版社（ID：cctphome）
淘宝店铺：	中央编译出版社直销店(http://shop108367160.taobao.com)　（010）52612349

本社常年法律顾问：北京嘉润律师事务所律师　李敬伟　问小牛
凡有印装质量问题，本社负责调换。电话：（010）55626985